변화

스트레스

끄기

견고한 유연성으로
변화 스트레스 끄기

초판 1쇄 2024년 5월 27일

지은이 브래드 스털버그
옮긴이 최정민
발행인 최홍석

발행처 (주)프리렉
출판신고 2000년 3월 7일 제 13-634호
주소 경기도 부천시 길주로 77번길 19 세진프라자 201호
전화 032-326-7282(代)   **팩스** 032-326-5866
URL www.freelec.co.kr

편 집 박영주
표지디자인 황인옥
본문디자인 박경옥

ISBN 978-89-6540-388-3

이 책에 대한 의견이나 오탈자, 잘못된 내용의 수정 정보 등은 프리렉 홈페이지(freelec.co.kr)
또는 이메일(webmaster@freelec.co.kr)로 연락 바랍니다.

케이틀린에게

For Caitlin

브래드 스털버그 Brad Stulberg 지음 | 최정민 옮김

견고한
유연성으로

변화
스트레스 끄기

Master of
Change

'바뀐다' 소리에
멘붕에 빠진
당신을
구하는 변화의
뉴 노멀

프리렉

차 례

견고하고 유연한 정체성

95

견고하고 유연한 행동

157

변화의 뉴 모델,
견고한 유연성

RUGGED FLEXIBILITY

변
화

스
트
레
스

끄
기

"내 발 아래 땅이 흔들리고, 상황이 급변하고 있었어요." 나의 오랜 코칭 고객, 토머스가 회상했다. "모든 게 걷잡을 수 없게 느껴졌죠."

많은 이에게 그랬듯이, 2020년부터 2022년은 두 아이의 아버지로 전문 서비스 회사에서 일하는 45세 토머스에게 특히 힘든 시기였다. 두어 달 사이에 그는 재택근무를 하도록 강요받았고, 가장 큰 고객을 잃었고, 학군이 멀어진 아이들의 홈스쿨링을 하게 되었으며, 아내가 직장에서 정리해고되는 걸 지켜봤고, 코로나바이러스로 삼촌을 잃었다. 2022년 초에 암으로 돌아가신 아버지와 시간을 많이 보내지도 못했다. "정말 짧은 시간에 너무 많은 것이 변했어요. 혼란스러웠고, 그 상황을 따라갈 수 없었어요."

신종 코로나바이러스가 전 세계를 할퀴면서 심각한 인적, 경제적 피해를 남긴 그 시기, 토머스의 사정은 특별한 게 아니었다. 그것은 우리가 일하고, 놀고, 사랑하고, 애도하고, 지역 사회에 참여하는 방식에 지장을 주었다. 코로나바이러스 팬데믹은 내가 '무질서 사건disorder event'이라 부르는, "우리 자신과 우리가 살고 있는 세상에 대한 경험을 근본적으로 변화(때로는 좋게, 때로는 나쁘게)시키는 무엇"의 대표적인 예다. 팬데믹은 가장 최근에 일어난 대규모 무질서 사건이긴 하지만, 처음은 아니고 마지막도 아닐 거란 것은 분명하다.

우리가 집단적으로 극적인 혼란을 경험하지 않은 것은 사실 10년이 채 되지 않는다. 예를 들면 전쟁, 인터넷이나 더 최근의 인공 지능 같은 기술의 출현, 사회적·정치적 불안, 경제 불황, 환경 위기 등이 있으며, 이 모든 것은 빠르게 심화되고 있다. 심지어 개인적 수준에서는 무질서 사건이 더 흔하다. 취직, 퇴직, 결혼, 이혼, 출산, 사랑하는 이의 죽음, 질병, 새로운 동네로의 이사, 학교 졸업, 절친한 친구 새로 사귀기, 저서 출간, 대대적인 승진, 자녀의 독립, 은퇴 등이 그 예다. 연구에 따르면, 평균적으로 사람들은 성인기에 36번, 혹은 18개월마다 한 번씩 무질서 사건을 경험한다. 항상 존재하고 진행 중이지만 많은 사람이 헛되이 저항하고 거부하는 무질서 사건인 노화는 여기에 포함되지 않는다. 현실에서는 변화와 무질서가 규칙이지만, 사람들은 그것들이 예외라고 생각하는 경향이 있다. 자세히 들여다보면 우리를 포함해 모든 것이 항상 변하고 있다는 것을 알게 될 것이다. 삶은 끊임없이 변한다.

이 책이 나오기 몇 년 전, 나는 단독 저서 『나는 단단하게 살기로 했다The Practice of Groundedness』를 출간했고, 둘째 아이가 생겼으며, 안정적인 직장을 떠났다. 또한 수년간 내 정체성의 커다란 원천이었던 운동을 그만두었고, 다리 수술을 받았고, 몇몇 가족 구성원들과 고통스럽게 멀어졌다. 이 변화 목록에 좋은 것과 나쁜 것이 섞여 있음에 주목하라. 이 짧은 시간 동안 힘든 일들이 일어난 게 아니라, 이 짧은 시간 동안 '많은' 일이 일어난 거다. 실로 엄청났고, 도전적인 것까지는 아니더라도 흥미로운 몇 년이었다.

이렇게 주요한 인생 경험을 고객, 동료, 친구, 이웃에게 이야기할 때마다, 그들은 그것이 나에게 적어도 약간은 혼란스러웠다는 사실에 즉각적으로 공감했다. 나는 내가 혼자가 아님을 깨달았다. 거의 모든 사람이 삶이 우리가 생각하는, 혹은 바라는 만큼 안정적이지 않다는 것을 가까이에서 직접 인식하면서 생기는 의심, 두려움, 당혹감을 경험한다.

문제는 여기에 있다. 우리 문화의 중심 서사는 우리에게 안정성을 추구하라고 강하게 설파하지만, 이는 변화가 지속적이며 적절한 기술만 있다면 성장을 위한 극적인 힘이 될 수 있다는 현실을 반영하지 않는다. 이제 그 대본을 뒤집을 때다. 처음에는 변화의 불가피함을 인정하는 게 두려울 수 있다. 그러나 내가 지금까지 보아 왔으며 당신이 앞으로 이 책에서 보게 될 바와 같이, 삶의 유동성을 받아들이는 것은 실제로 힘이 되어주고 심지어는 이점이 된다. 의심할 여지없이, 변화는 아프지만 온갖 이득도 가져온다.

우리는 견고한 유연성rugged flexibility, 변화를 생각하고 다루는 완전히 새로운 방식을 배워야 한다. 견고한 유연성은 우리의 괴로움, 초조, 불안을 경감시키고, 깊은 행복감과 지속적인 성취감을 높여준다. 더욱이 우리가 가장 중시하는 활동과 목표에서 더 낫고 더 지속 가능한 성과를 이끌어낸다. 이렇게 해서 견고한 유연성은 지속 가능한 탁월함의 토대가 된다. 다시 말해 우리의 장기적인 목표에 호응하는 방식으로 좋은 일을 하게 하고, 기분을 좋게 해준다. 마찬가지로 중요한 것은 변화에 대한 능숙한 대처가 사람들을 더 친절하고 현명하게 만든다는 것이다. 이건 세상이 간절히 필요로 하는 일이다. 게다가 이 문제에 대해 우리에게 선택의 여지가 있는 것도 아니다. 당신이 원한다고 해서 시간을 멈추거나 삶을 통제할 수는 없다. 그러려는 노력은 헛수고이고 완전히 지치는 일이며, 건강한 사람들에게 번아웃과 쇠약함을 가져오는 흔한 원인이다.

심리학, 생물학, 사회학, 철학, 첨단 신경과학의 최신 연구 결과는 모두 변화 자체가 중립적임을 보여주고 있다. 변화는 우리가 어떻게 바라보느냐, 더 중요하게는 무엇을 하느냐에 따라 부정적으로 혹은 긍정적으로 변한다. 한편 삶을 선형적이고 비교적 안정적인 것으로 보는 현대 서양과는 다르게, 불교, 스토아 학파Stoicism, 도교 같은 세계 많은 나라의 고대 지혜 전승은 현실의 순환적인 특성과 변화의 만연함을 인정한다. 오랜 지혜와 현대 과학은 모두 일시성impermanence이 부정할 수 없는 현실이자 우주의 근본적인 진리라는 데 동의하고 있다. 변화에 부딪히지 않고 거의 동일한 상태에 머무르길 바라면서 영속의 허상에 집착하는 것은 잘해봐야 잘못된 길로 가는 것이고, 최악의 경우에는 고통에 빠지는 함정이다. 인생은 계속해서 요동치는 밀물과 썰물의 연속이다. 강하고, 지속적이고, 응집력 있는 자기감sense of self을 개발하려면 특별한 파도타기 기술이 필요하다. 안타깝게도 이러한 기술은 학교에서 일반적으로 가르쳐주지 않고, 통제, 안정성, 불변성을 지나치게 자주 과신하는 요즘 세대에게 크게 무시되어 왔다. 물론 모두 잘 통해 왔다…… 그렇지 않게 될 때까지는.

그래서 우리는 이 책을 펼쳤다. 이 책에서 나의 중심 목표는 과학, 지혜, 역사, 관행을 살펴보고, 변화와 무질서 속에서 단지 살아남는 게 아니라 번영하기 위해 필요한 기본 자질을 포함하는 포괄적인 프레임워크를 제안하는 것이다. 나는 이것을 '견고한 유연성'이라 부른다. 하지만 변화를 이해하고 다루는 이 새로운 방법을 심도 있게 알아보기 전에, 우리가 왜 불안정과 변동을 두려워하고 그 가운데서 무력감을 느끼게 되었는지를 이해해보고자 한다. 어쩌다 지금 이 자리에 오게 됐는지 이해하면, 앞으로 가고 싶은 곳에 도달하는 데 도움이 될 것이다.

1865년, 클로드 베르나르Claude Bernard라는 52세의 프랑스 의사는 획기적인 깨달음에 도달했다. 그는 인체에 대한 관찰을 바탕으로, 변화와 파괴를 건강에 상반되는 것으로 보는 모델을 제안했다. 그는 당시 급성장 중이던 과학계의 많은 추종자에게 "내부 환경의 불변은 자유로운 삶의 조건"이라고 설명했다. 60년이 지난 1926년이 되어서야 미국의 과학자 월터 캐넌Walter Cannon이 공식적으로 '항상성homeostasis'이라는 용어를 만들었다.

과학자가 아니더라도 대부분의 사람이 항상성을 알고 있다. 이 단어의 어원은 그리스어로 '비슷하다' 혹은 '같다'는 뜻을 가진 '호모이오스homoios'와 '멈춤'을 의미하는 '스타시스stasis'이다. 현대적인 정의는 "안정적이고 상대적으로 일정한 내부 환경을 유지하기 위해 변화에 저항하는 생체 시스템의 성질"이다. 항상성은 질서, 무질서, 질서의 순환을 말한다. 시스템이 X에서 안정적인 상태에 있다가, 무질서를 일으키는 사건이 발생해서 혼돈과 무질서 상태인 Y로 이동하게 되면, 다시 X의 안정 상태로 돌아가기 위해 가능한 한 빠르게 할 수 있는 모든 조치를 취한다는 것이다. 예를 들어 당신이 아프면 몸에서 열이 날 수 있지만, 체온을 기준치인 섭씨 37도(화씨 98.6도)로 되돌리기 위해 수많은 과정이 진행된다.

몇 가지 한정적인 경우(체온 예시처럼)에서 항상성은 정확한 모델이다. 그러나 이제 곧 알게 되겠지만 다른 많은 경우에는 그렇지 않다. 그럼에도 불구하고 항상성은 거의 모든 영역에서 변화에 대해 생각하는 지배적인 방식으로 채택되어 왔다. 인터넷에 '항상성'과 '변화'를 검색하면, 체중 감량, 글

변화의 뉴 모델: 건강한 불안정

길 막힘 현상writer's block, 금연, 새로운 운동 프로그램 시작하기, 사내 문화 바꾸기 등 다양한 주제에 대한 셀 수 없이 많은 글을 발견하게 될 것이다. 모두 '항상성 극복'과 변화에 대한 뿌리 깊고 보편적인 저항에 '맞서 싸우는' 정신으로 작성된 것이다.

항상성의 오랜 역사와 단순하고 직관적인 호소력은 사람, 조직, 심지어는 문화 전체가 변화에 대해 생각하는 방식을 형성해 왔다. 우리가 일반적으로 외부 변화를 바람직하지 않은 것으로 보고, 우리 내면에서 시작하고 싶어 하는 변화조차 정해져 있는 질서에 반하는 것으로 보는 원인이 여기에 있다. 어떤 경우에는 불가피하게 비정상적인 변화를 경험할 수도 있지만, 대다수의 경우에는 그렇지 않다.

그렇지만 오랜 편견의 결과로, 대부분은 변화에 직면했을 때 자기 자신에게든 혹은 인생의 더 넓은 체계에든 다음 네 가지 중 한 가지 방식으로 대응하는 경향이 있다.

1. 변화를 피하거나 인정하지 않으려고 한다

우리는 주변에서 일어나는 일들로부터 자신을 격리하려 애쓰고, 때로는 변화를 완전히 거부하기까지 한다. 그 예로는, 디지털 비즈니스 모델로 전환하길 거부하는 회사, 전성기에 유익했던(하지만 더 이상 그렇지 않은) 자신의 강점을 고수하는 연로한 농구 선수, 문제를 보려고 하지 않고 망가진 관계를 유지하는 사람, 또는 현실을 직면하지 않으려고 마음에 드는 데이터만 골라 쓰는 두뇌 집단 등이 있다.

우리는 변화가 일어나는 것을 막으려 노력하며, 심지어 변화가 필연적이고 그 힘이 압도적이라고 할지라도 변화를 미루기 위해 할 수 있는 모든 걸 한다. 그 예로는, 양쪽 무릎의 연골이 퇴행하고 있지만 수술을 계속 미루는 테니스 선수, 혁신을 꾀하는 대신 대기 오염 방지법 반대 운동을 하기 위해 국회의사당으로 가는 회사, 평소의 9시간 수면을 유지하기 위해 무익한 조치를 취하는 신생아 부모, 대학생 딸에게 뭘 먹고 뭘 입을지 아직도 간섭하고 싶은 구닥다리 부모, 또는 노화를 '역행'하고 싶은 마음에 온갖 제품을 강박적으로 사용하는 마흔다섯의 중년 등이 있다.

우리는 변화를 우리에게 '일어나는' 일로 인식하고, 그 상황에 대한 모든 통제권을 포기해버린다. 이는 건강 검진 결과가 나쁘게 나오자 즉시 식단 관리를 그만두는 남성이고, 바뀌는 건 없을 거라 말하면서 도움받기를 거부하는 불안증 여성이며, 미디어에 대한 관심을 통제하지 못해 24시간 뉴스 사이클에 희생되는 사람이고, 문제를 해결하는 게 아니라 포기하는 정책 입안자이며, 점점 더 늘어가는 원격 근무 인력에 대해 신중하고 사려 깊은 전략을 개발하기보다는 마구잡이로 반응하는 회사다.

우리는 무질서 사건 이전의 삶이 어땠는지 생각하고, 새로운 상황을 이전과 비교하고 대조하며, 과거에 도움이 되었던 태도와 행동으로 되돌아가려 한다. 여기에는 결혼했지만 여전히 모든 걸 혼자 결정하는 남자, 사양 산업에서 일자리를 잃고도 다른 데서 같은 일자리를 얻길 기대하는 여자, 새로운 지역에 이사와 사람들을 만나자마자 고향의 절친한 친구들과 비교하는 가족, 또는 직원 20퍼센트를 정리해고해야 하는데도 아무런 조치도 취하지 않은 채 넘어가는 회사가 있다.

이 모든 사례에 공감되는 건 아닐 수도 있지만, 어쩌면 이러한 성향 일부가 자기 자신, 직장, 가족, 혹은 지역 사회에 있음을 알아차릴 수도 있다. 분명 새로운 것의 가능성을 열어두는 대신 기존의 질서를 고수하는 데 집착하는 강력한 경향이 실재한다. 그런 전략들은 그 순간에는 좋게 느껴질지 몰라도, 장기적으로는 거의 항상 문제를 야기한다.

변화와 무질서를 탐색하는 신모델

1980년대 후반, 펜실베이니아 대학교의 두 연구자가 한 가지 흥미로운 현상을 관찰했다. 대다수의 상황에서 건강한 시스템은 변화에 완강하게 저항하지 않는다는 것이다. 오히려 변화에 적응하고, 품위와 기개를 가지고 앞으로 나아간다. 이러한 현상은 서식지의 변화에 반응하는 종 전체든, 산업 변화에 반응하는 조직이든, 혹은 인생에서 일어나는 무질서 사건이나 노화 같은 진행 중인 과정에 대응하는 개인이든 간에 모두 사실이다. 생명체는 무질서 뒤에 안정을 갈망하는데, 그 안정은 새로운 곳에서 달성된다. 두 연구자, 피터 스털링Peter Sterling(신경과학자이자 생리학자, 의과대학 교수)과 조셉 아이어Joseph Eyer(스트레스를 연구하던 생물학자)는 이 과정을 설명하기 위해 '알로스타시스allostasis'라는 용어를 만들었다. 이 말은 그리스어로 '가변'을 의미하는 '알로allo'와, 앞서 배운 그리스어 중 '멈춤'이란 뜻을 가진 '스타시스stasis'에서 왔다. 스털링과 아이어는 알로스타시스(이하 '신항상성')를 "변화를 통한 안정"이라 정의했다.

항상성이 질서, 무질서, 질서의 패턴을 설명하는 반면, 신항상성은 질서, 무질서, '재'질서의 패턴을 설명한다. 항상성은 건강한 시스템이 무질서 사건 후에 처음 시작했던 안정 상태로, 즉 X에서 Y 그리고 다시 X로 돌아간다고 설명한다. 신항상성은 건강한 시스템이 안정 상태로 돌아가기는 하지만 처음에 있었던 곳이 아닌 새로운 곳으로, 즉 X에서 Y 그리고 Z로 간다고 설명한다. 항상성은 대체로 잘못된 명칭이다. 우리를 포함해 모든 것은 항상 변화하고 있다. 우리는 질서, 무질서, 재질서의 끊임없는 순환 어딘가에 있다. 우리의 안정감은 이 순환을 항해할 수 있는 능력에서 비롯되거나, 스털링과 아이어가 말한 것처럼 "변화를 통해 안정 상태에 도달한다." 나

현재 일부 과학자들은 '항상성의 상향조절homeostatic upregulation'이라는 용어를 사용해 신항상성의 요소를 설명하지만, 우리는 변화에 대한 기존 모델과 새로운 모델 사이의 혼란을 최소화하기 위해 '신항상성'이라는 용어를 계속 사용할 것이다.

는 이 문구를 이중적인 의미로 해석하고 있다. 변화의 과정을 통해 안정을 유지하는 방법은, 최소한 어느 정도는 변화하는 것이라는 뜻으로 말이다.

개념을 이해할 수 있도록, 신항상성에 대한 전체적인 개요에서 간단하고 구체적인 몇 가지 예시로 넘어가 보자. 가령 당신이 주기적으로 역기를 들거나 정원을 가꾸기 시작한다면, 손의 피부는 거의 항상 손상될 것이다. 부드럽게 유지하려고 헛되이 애쓰는 대신 자연스레 두고 보면, 결국 손에는 굳은살이 생길 것이고 힘든 일도 더 잘할 수 있게 된다. 디지털 세상에서 계속 주의를 전환하는 습관을 들이게 되면, 처음에는 당신의 뇌가 방해 없이 책 읽는 것을 거부할 것이다. 그러나 그 상태를 유지하면, 결국 당신의 뇌는 집중하기 위해 스스로 적응하고 재배선된다. 과학자들은 이것을 '신경발생neurogenesis' 또는 '신경가소성neuroplasticity'이라 부른다. 또 다른 예로는 우울증이나 가슴앓이 경험이 있다. 회복은 강렬한 정신적 고통을 경험하기 전으로 돌아가는 게 아니다. 그보다는 주로 정서적 괴로움에 대한 더 큰 인내와 고통받는 타인에 대한 더 깊은 연민을 가지고 앞으로 나아가는 것이다. 이러한 예시에서 알 수 있듯, 당신은 변화와 싸우거나 원래 상태로 돌아가는 게 아니라 변화에 능숙하게 대처하고 새로운 상태에 도달함으로써 안정 상태를 달성한다.

스털링은 이렇게 썼다. "조절의 핵심 목표는 엄격한 불변성이 아니다. 오히려 적응적 변화를 위한 유연성이다."

스털링과 아이어가 처음으로 신항상성의 기본 원리를 설명한 것은 1988년 이지만, 이 개념은 여전히 일반인들 사이에서 거의 알려져 있지 않다. 이는 안타까운 일이다. 왜냐하면 신항상성은 변화를, 그리고 우리의 정체성이 시간이 지남에 따라 진화하고 성장하는 방식을 나타내는 가장 정확하고 유익한 모델이기 때문이다. 다음의 예시들이 그 심오한 보편성을 보여준다.

자연과학의 대이론인 진화론은 끊임없이 변화하는 상황에 적응함으로써 생명이 발전해 나가는 과정을 말한다. 예전으로 돌아가는 일은 없다. 변화는 지속적이다. 적응하는 종은 번성하고 살아남는다. 저항하는 종은 고통받고 멸종한다.

문학에서 '영웅의 여정hero's journey'은 문화와 시대를 초월하는 신화들의 주된 주제를 설명한다. 영웅은 안정적인 가정 환경에서 자라나지만, 주요한 변화 혹은 무질서 사건을 경험하면서 고향을 떠나도록 강요받는다. 그리고 새로운 세상으로 모험을 떠나 장애물과 난관에 직면하고, 이전과 동일하지만 한편으로는 변화된 자기감을 얻고 결국 집으로 돌아온다. 이 원형이 이스라엘 민족의 모세 이야기부터 불교의 고타마 싯다르타, 「라이온 킹」의 심바와 「엔칸토: 마법의 세계」의 미라벨에 이르는 신화와 이야기들에 담겨 있다.

현대 심리학의 창시자 중 한 사람인 카를 융Carl Jung은 개인이 되는 과정은 지속적인 적응과 성장의 과정이라 주장하며, 계속되는 자기 변화를 표현하는 데 '원'을 사용했다. 그 이후로 인지행동치료cognitive behavioral therapy,

CBT와 수용전념치료acceptance and commitment therapy, ACT 같은 더 새로운 치료 모델들은 일시성에 저항하거나 예전으로 돌아가려 하지 말고, 일시성에 마음을 열고, 대처하고, 초월하도록 사람들을 가르치고 있다.

프란치스코회 수사인 리처드 로어Richard Rohr는 질서, 무질서, 재질서의 반복을 통해 가장 진실된 자기 자신이 된다고 가르친다. 그는 이것을 '보편적 지혜 양식universal wisdom pattern'이라 일컫기까지 한다. 불교 강사이자 심리치료사인 마크 엡스타인Mark Epstein은 불안으로부터 자유로워지려면 통합, 해체, '재'통합의 불가피한 순환을 다루는 방법, 즉 그가 '절망하지 않고 무너지기going to pieces without falling apart'라 부르는 것을 배울 필요가 있다고 썼다.

조직 과학 연구자들은 성공적인 변화를 동결, 해동, '재'동결의 패턴으로 설명한다. 해동 시기는 종종 혼란스럽지만, 안정 상태와 향상된 최종 지점에 도달하기 위한 필수 단계다. 한편 관계 치료사들은 조화, 부조화, 치유의 순환을 모든 중요한 유대 관계에서 성장하기 위한 열쇠라 말한다.

행복하고, 건강하고, 지속 가능한 성과를 내는 개인과 조직도 이러한 패턴을 보인다. 그들은 반복적으로 자기를 쇄신함으로써 강인하고 지속적인 정체성을 유지한다. 그들은 현재의 위치를 버리고 무질서 상태에 들어가 장차 강화된 안정 상태와 자기감sense of self에 도달할 용기가 있다. 그들 모두가 공통적으로 가지고 있는 것은 정체성을 안정적인 동시에 변화하는 것으로 보는 관점이다.

작가이자 코치로서 나의 직업적 기본 원칙은 패턴 인식이다. 나는 '치트 키', 임시변통 또는 소규모 연구 하나하나에는 관심이 없다. 이러한 것들은

*변화와 진보의 계속적인 순환을 나타내는 몇 가지 방식

질서		무질서		재질서
Order	〉〉	Disorder	〉〉	Re-order

X에서의 안정		Y에서의 혼돈과 불확실		Z에서의 안정
Stability at X	〉〉	Chaos and uncertainty at Y	〉〉	Stability at Z

통합		해체		재통합
Integration	〉〉	Un-integration	〉〉	Re-integration

방향 설정		방향 상실		방향 재설정
Orientation	〉〉	Disorientation	〉〉	Re-orientation

동결		해동		재동결
Freezing	〉〉	Unfreezing	〉〉	Refreezing

조화		부조화		치유
Harmony	〉〉	Disharmony	〉〉	Repair

모두 장래성은 높아 보이지만 실효성은 낮은 경향이 있다. 광고, 낚시성 기사, 사이비 과학 전도사들이 뭐라고 하든, 진정한 탁월함, 지속적인 안녕, 오래가는 힘을 위한 마법의 로션이나 물약, 알약은 없다. 내가 관심이 있는 건 융합이다. 여러 과학 연구 분야, 세계의 주요 지혜 전승, 탁월함과 성취를 입증한 사람들과 조직의 실천법이 모두 같은 진실을 가리킨다면, 그 진실은 아마도 주목할 가치가 있을 것이다. 이 경우, 변화와 일시성은 두려워하거나 저항해야 할 현상이 아니다. 최소한 기본적인 입장으로는 그렇지 않다. 항상성이라는 역사적 개념이 우리의 집단적 정신에 깊숙이 스며들었지만, 그것은 삶을 헤쳐 나가고, 정신 건강을 유지하며, 진정한 탁월함을 추구하는 모델로는 구시대적이다. 신항상성이 훨씬 더 타당하다.

처음 변화의 편재성遍在性, ubiquity에 맞닥뜨렸을 때, 그것은 나를 불편하게 만들었다. 나는 안정을 갈망하는 사람이다. 계획을 세우고 그대로 실천하는 것을 좋아한다. 선의 한쪽 끝이 안정, 다른 쪽 끝이 변화라고 한다면 안정의 극단에서 약 1밀리미터(이것도 많이 쳐준 것이다) 떨어진 곳에 나를 올려놓을 수 있을 것이다. 하지만 온갖 종류의 변동성을 경험하면서 인생의 여로를 걷다 보니, 그리고 이 책을 위한 조사를 계속 하다 보니, 그런 선은 존재하지 않는다는 생각이 들었다. 그리고 그 발견은 강력했다.

나는 견고한 유연성의 원칙을 연습(우리 모두에게 평생에 걸친 과정이 될 것이기 때문에 '연습'이라 강조한다)하기 시작한 후, 노화, 질병, 인간관계, 이주, 사회적 불안 등 앞서 다뤘던 인생의 주요한 우여곡절들뿐만 아니라 작은 일들에 대한 불안과 걱정도 덜 느끼기 시작했다. 일을 하다 생각지도 못한 차질이 생겨도 크게 당황하지 않았다. 아픈 상태로 학교에서 돌아온 아이, 설사하는 반려견, 인터넷 먹통, 온갖 돌부리에 걸려 망가진 '완벽한' 일정 앞에서 덜 좌절하게 되었다. 수술 후 합병증이 생겨 재활 기간이 두 배로 늘었을 때도 예전만큼 속상하지 않았다. 이러한 일들은 비교적 사소해 보이지만(대부분은 실제로 사소하다), 하나씩 쌓이다 보면 모르는 새 많은 사람에게 만성적인 좌절감을 떠안긴다. 그 결과 사람들은 잠재력의 한계에 부딪히게 된다. 생각해보라. 직장에서의 나쁜 일진, 사랑하는 사람과의 입씨름, 잠 못 이루는 괴로운 밤은 왜 오는가? 그것들은 근본적으로 불확실성과 변화에서 비롯된다.

제한 속도로 운전하고 있거나 아니거나, 임신했거나 아니거나. 인생의 어떤 것들은 정말로 '이것 아니면 저것'이다. 하지만 더 많은 것은 '이것과 저것'이다. 예를 들면, 의사결정은 이성 '또는' 감정이 아니라, 이성'과' 감정으로 하는 것이다. 강인함은 자기 훈련 '또는' 자기 연민이 아니라, 자기 훈련'과' 자기 연민으로 얻어지는 것이다. 거의 모든 노력은 힘든 수행 '또는' 휴식이 아니라, 힘든 수행'과' 휴식으로 진척된다. 철학자들은 이런 종류의 사고를 '비이원적non-dual'이라고 한다. 비이원적 사고는 세상이 복잡하고, 많은 것이 미묘하며, 진실은 종종 역설 속에서 발견된다는 점, 즉 이것 '또는' 저것이 아니라 이것'과' 저것이라는 사실을 인정한다. 비이원적 사고가 비록 놀라울 정도로 잘 쓰이지 않을지라도, 여기서 다루는 주제를 포함해 인생의 많은 측면에서 중요한 개념이다. 따라서 이 책 전반에 걸쳐 반복적으로 등장할 것이다.

비이원적 사고를 안정과 변화에 적용하면, 흥미로운 일이 일어난다. 목표는 안정적이 되어 절대 변하지 않게 되는 것이 아니다. 삶의 변덕에 소극적으로 굴복하며 모든 안정감을 희생하는 것도 아니다. 오히려 목표는 이러한 특성들을 결합해 내가 '견고한 유연성rugged flexibility'이라 부르는 특성을 함양하는 것이다. 견고함이란 강인하고, 단호하며, 지속적이라는 것이다. 유연함이란 바뀐 상황이나 상태에 의식적으로 대응하고, 부러짐 없이 쉽게 적응하고 굽힌다는 것이다. 이들이 합쳐지면 굳센 지구력, 즉 변화를 견딜 뿐만 아니라 그 속에서도 번영하는 반취약성anti-fragility이 된다. 이것이 무질서와 혼돈을 성공적으로 헤쳐 나가고 장기전을 견뎌내는 자질이자, 변화의 주인이 되기 위해 갖춰야 할 견고한 유연성이다.

견고한 유연성은 무질서 후에는 상황이 다시 예전으로 돌아갈 수 없다는 것을, 즉 더 이상 질서는 없고 재질서만 있을 뿐이라는 것을 인정한다. 견고한 유연성의 목표는 유리한 재질서에 도달하고, 강한 핵심 정체성을 유지함과 동시에 적응하고, 진화하고, 성장하는 것이다. 변화에 대한 과거의 접근법과 다르게, 견고한 유연성은 변화를 자신에게 일어나는 급격한 사건보다는 인생의 상수, 자신이 계속 참여하고 있는 순환으로 여긴다. 변화를 일으키는 이 근본적인 변화를 통해, 변화와 무질서를 자신이 소통하고 있는 무언가로, 자신과 환경 사이에서 계속되는 춤으로 바라보게 된다. 이 춤에 더 능숙해질수록 더 행복하고, 건강하고, 강해질 것이다.

견고한 유연성의 법칙

지난 몇 년 동안, 나는 변화에 통달하는 데 견고한 유연성이 어떻게 도움이 될 수 있는지, 어떻게 하면 가장 잘 개발할 수 있을지 생각하는 데 수많은 시간을 보냈다. 수천 수만에 달하는 철학과 심리학 책들을 읽었고, 최신 신경과학 연구들을 샅샅이 조사했으며, 여러 분야의 전문가 수백 명을 인터뷰했다. 나는 나 자신을 위해, 내 코칭 고객들을 위해, 당신을 위해 이 여정을 떠났다. 앞으로 이 책에 내가 찾은 것들을 제시할 것이다. 이 책은 '견고하고 유연한 사고방식', '견고하고 유연한 정체성', '견고하고 유연한 행동', 총 3가지 스텝으로 구성된다. 견고한 유연성을 뒷받침하는 필수적이고 증거에 기반한 자질, 습관, 실천에 대해 자세히 설명할 것이다.

첫 번째 스텝으로, '견고하고 유연한 사고방식'을 개발하는 방법을 배울 것이다. 이는 변화와 더욱 조화로운 관계를 구축하는 데 도움이 된다. 또 변화가 종종 혼란스럽게 느껴지는 이유는 무엇이며, '소유'와 '존재'의 차이는 어떤 것인지 그리고 처음에 두렵게 느껴지던 일시성에의 통찰이 결국은 우리를 강하게 만들어주는 이유를 탐구할 것이다. 더 나아가 의식의 작용에 대한 흥미롭고 새로운 연구들을 심도 있게 살펴보고, '비극적 낙관주의tragic optimism'라 불리는 중요한 감각을 키우는 방법을 배울 것이다. 견고하고 유연한 사고방식이 어떻게 우리에게 삶의 흐름을 열어놓고, 그것이 힘들 것으로 예상하기를 요구하는지 알게 될 것이다. 이는 역설적이게도 변화를, 말하자면 인생을 조금 더 쉽게 만드는 자세다.

두 번째 스텝으로는 '견고하고 유연한 정체성'을 개발하는 방법을 배울 것이다. 이는 우리와 우리 주변의 모든 것이 계속해서 변할 때 우리 자신을 이해하는 데 도움이 된다. 자기성selfhood에 관한 오랜 가르침을 조사하고, 자아ego가 변화에 그토록 저항하는 이유가 무엇이며 어떻게 자아의 힘이 실제로 (방해가 되지 않는 선에서) 도움이 될 수 있는지 탐구할 것이며, 복잡성 이론complexity theory, 시스템 사고systems thinking, 생태학을 다루는 최신 연구들을 살펴볼 것이다. 다양한 연구 분야가 '유동적 자기감 개발'과 앞으로 펼쳐질 인생을 위한 '견고하고 유연한 경계 구축'이라는 두 가지 중요한 주제를 중심으로 수렴하는 것을 보게 될 것이다.

마지막 세 번째 스텝으로 '견고하고 유연한 행동'을 취하는 방법을 배울 것이다. 변화와 소통한다는 것은 주체성의 일부를 내준다는 의미이지만, 모든 걸 포기한다는 의미는 아니다. 우리에게 일어나는 일들을 통제할 수는 없다. 그러나 그 결과로 우리가 취하는 행동은 통제할 수 있다. 여기서는, 우리를 만드는 것의 핵심이 우리의 사고에 있는 것이 아니라 우리의 감정과 그 감정을 일으키는 행동에 있음을 보여주는 흥미로운 새 연구들에 대해 배울 것이다. 또, 성격의 신경과학을 심도 있게 살펴보고, 뇌의 하드웨어는 꽤 단단한 반면 소프트웨어는 매우 순응적이라는 사실을, 특히 감정적으로 격앙된 상황에서 우리가 취하는 행동에 따라 뇌의 소프트웨어가 업데이트된다는 사실을 배울 것이다. 이는 우리가 반응하기보다는 대응하기를 고를 수 있으며, 투쟁을 의미 있는 것으로 바꾸도록 해준다는 점에서 반가운 소식이다.

도로와 오솔길

이 책의 핵심으로 들어가기 전에, 앞으로 유용한 은유가 되어줄 '도로road'와 '오솔길path'의 차이를 간략하게 살펴보자. 도로는 선형적이며, 가능한 한 신속하게, 적은 노력으로 한 곳에서 다른 한 곳으로 도달하는 것을 목표로 한다. 도로는 풍경을 거부한다. 환경과 조화를 이루기보다는 자신을 가로막는 모든 것을 갈아엎는다. 도로를 따라 여행할 때, 당신은 자신의 목적지를 알고 있다. 도로를 이탈하면 그건 분명히 나쁜 일이다. 다시 돌아와 순조로운 여행을 재개해야 한다. 흥미로운 기회가 옆에서 당신을 부를지도 모른다. 하지만 도로 위에 있을 때는, 도로에서 벗어나지 않고 가고자 하는 곳에 최대한 빨리 도달하는 것이 목표가 된다.

반면, 오솔길은 전혀 다르다. 그것은 주변 환경과 조화를 이루며 작용한다. 오솔길 위에서 여행할 때 당신은 어디로 가고 있는지 대략 알고는 있지만, 어떤 우회로가 나타나든 탐색을 꺼리지 않을 것이며, 심지어는 활용할 수도 있다. 오솔길은 환경에서 분리된 것이 아니라 그 일부다. 도로에서 이탈하면 충격을 받고 방향 감각을 잃게 될 수 있다. 하지만 오솔길에서는 이탈할 일이 없다. 언제나 당신 앞에 펼쳐져 있고 드러나 있기 때문이다. 도로는 시간과 비바람에 맞서며 팽팽함을 고조시키다가 결국에는 갈라지고 부서진다. 오솔길은 변화를 수용하고 그에 따라 끊임없이 길을 바꾼다. 처음에는 도로가 더 튼튼해 보일 수 있지만, 오솔길이 훨씬 더 탄탄하고, 오래가며, 끊임없이 지속된다.

강하고 지속적인 자기감을 기르는 것은, 곧 삶을 오솔길처럼 대한다는 뜻이다. 다시 말해 어떤 '질서'의 시기나 특정 경로에 너무 집착하지 않을 것을 요구하는데, 그러한 집착은 보통 득보다 실이 더 많고 온갖 종류의 기회를 놓치게 만든다. 개인, 조직 또는 문화가 무질서 기간 동안 (연구자들이 '알로스타시스 부하allostatic load'라 부르는) 고통을 더 많이 경험할수록, 질병과 사망 가능성이 더 커진다는 것을 무수한 과학 연구가 보여주고 있다. 다행히도, 과학 연구들은 우리가 변화를 통해 더욱 강해지고 성장할 수 있으며 변화를 헤쳐 나가는 방식은 대체로 행동에 관련이 있다는 데도 동의한다. 말하자면, 개발되고 실천될 수 있다는 뜻이다. 그리고 그게 앞으로 이 책에서 다룰 내용이다.

* 문자 그대로 도로와 오솔길 풍경의 차이를 조사한 웬들 베리Wendell Berry의 1968년 에세이 「네이티브 힐A Native Hill」을 읽은 후, 나는 처음으로 도로와 오솔길의 차이를 생각했다.

첫
번
째
스
텝

견고하고 유연한
사고방식

MINDSET

변화

스
트
레
스

끄
기

삶의 흐름에
열려 있어라

분명 일생일대의 모험이 되어 가는 듯 보였지만, 어떻게 해서 그리 될지는 아무도 상상할 수 없었다. 20대 초반의 전문 등반가 토미 콜드웰Tommy Caldwell은 파트너 베스 로든Beth Rodden 그리고 절친한 친구 제이슨 스미스Jason Smith, 사진작가 존 디키John Dickey(이들 또한 숙련된 등반가였다)와 함께 키르기스스탄의 외딴 산을 탐험하는 중이었다. 여행 시작 후 수일째, 그들은 미국 요세미티 국립 공원을 연상시키는 수직 암벽들이 우뚝 솟아 있는 키르기스스탄의 카라수 밸리Kara Su Valley에 깊숙이 들어와 있었다. 길고 고된 등반 후 휴식이 절실히 필요한 상태에서, 그들은 포탈렛지portaledge(암벽 측면에 매다는 알루미늄 간이침대)에서 비바크(텐트 없이 하는 야영)를 하기로 결정했다. 별빛 아래 사랑하는 사람들과 나란히 매달린 콜드웰은 신체적으로, 감정적으로, 영적으로 고양되었다. 일행은 편안한 저녁을 기대하며 긴장을 풀고 휴식을 취하기 시작했다. 하지만 오래된 이디시어 속담대로, "인간은 계획하고 신은 비웃는다Mann tracht, un Gott lacht."

일행이 아래에서 울리는 일련의 총소리를 들은 것은 자리 잡은 지 얼마 되지 않았을 때였다. 처음에 그들은 반군들 사이의 교전이라고 생각했는데, 그 지역에서는 드물지 않은 일이었다. 그들의 생각은 총알이 주변 바위에 맞고 튕겨 나가기 시작하면서 빠르게 바뀌었다. 그들의 평화로운 포탈렛지가 표적이 되어 있었던 것이다.

콜드웰과 로든, 디키, 스미스는 총을 든 이들과 협상하는 것이 최선의 희망이라 판단했고, 고작 스물다섯이지만 일행 중에선 가장 나이가 많았던 디키를 내려보내기로 했다. 산기슭까지 현수 하강을 마치자마자, 디키는 키르기스스탄에 이슬람 독립 국가를 세우기 위해 싸우는 무장 조직인 '우즈베키스탄 이슬람 운동Islamic Movement of Uzbekistan'의 무장 조직원 세 명과 맞닥뜨렸다.

조직원들은 영어를 거의 못 했지만, 미국인들을 그냥 보내줄 협상의 여지는 없음을 분명히 했다. 디키는 일행 세 사람을 산 아래로 불러 내렸고, 그렇게 그들의 포로 경험이 시작되었다. 이 위태로운 상황에 (긍정적인) 불확실성이 조금이나마 있었다면, 그것은 억류 몇 시간 후 같이 인질로 잡혀 있던 키르기스스탄 정부군을 조직원이 총으로 쏴 살해했을 때 끝났다.

이후 5일 동안 일행은 총구가 겨누어진 채 산악 지형을 횡단하며 밤을 지새우고 낮에는 숨어 지내며, 키르기스스탄 군인들에게 발각되지 않을 고립된 지역 안팎으로 이동했다. 콜드웰과 친구들은 음식을 제공받지 못했고, 오염된 물을 마시도록 강요받았다. 시간이 지날수록 점점 더 끊어질 가능성이 높아 보이는 실낱같은 희망에 매달린 채, 그들은 추위에 떨고, 앓고, 굶주렸다.

6일째가 되자, 상황은 흩어져서 음식을 찾기로 결정한 조직원들을 포함해 모두가 견딜 수 없게 변해 있었다. 한 조직원이 키르기스스탄 정부군이나 다른 잠재적인 구조대의 눈에 띄지 않고 숨어 있을 수 있는 산의 외진 곳으로 등반가들을 데려갔다. 올라가기 시작하면서, 콜드웰, 로든, 디키, 스미스는 조직원이 암벽면에서 안절부절못하는 것을 알아차렸다. 그렇다, 그는 무장하고 있었지만, 높이 올라갈수록 더 떨고 긴장했다. 콜드웰은 이게 절호의 기회라고 생각했다.

영원처럼 느껴지는 시간 동안 머리를 쥐어짠 콜드웰은 필요한 게 무엇인지, '그가' 무엇을 해야 하는지 알았다. 일행은 그들을 간신히 지탱할 수 있을 만한 너비의 돌출부가 있는 작고 들쭉날쭉한 절벽에 다다랐다. 이러한 지형은 콜드웰, 로든, 디키, 스미스에게는 친숙했지만, 포로보다도 자신의 발 디딤과 외부 노출에 더 신경 쓰는 듯한 조직원에게는 전혀 그렇지 않았다. 콜드웰은 모든 육체적, 정신적 힘을 끌어모아, 잽싸게 움직여 조직원을 밀었다. [쿵. 탁. 쿵.] 조직원은 절벽에서 떨어져서 튀어나온 바위에 부딪히고, 구르더니, 이윽고 저 너머 가파르고 끝없는 어둠 속으로 사라졌다. 그때 일을 돌이켜 보면, 콜드웰은 믿을 수가 없었다. "제가 누군가를 막 죽였잖아요. 온 세상이 제 위로 한꺼번에 무너져 내렸어요."

그러나 그 순간, 등반가들에게는 무슨 일이 일어난 건지 파악할 시간이 없었다. 그들은 근처에 두 번째 납치범이 숨어 있다는 걸 알고 있었고, 도망가지 않으면 그가 그들을 모두 죽일 터였다. 등반가들은 얼른 정신을 차리고, 마침내 키르기스스탄 군 기지를 발견할 때까지 네 시간을 넘게 달렸다. 그곳에서 음식과 물을 얻은 그들은 이내 헬리콥터에 실려 산을 탈출해 드디어 미국으로 송환되었다.

콜로라도주 러브랜드의 집에 도착한 지 얼마 지나지 않아, 콜드웰은 자신이 얼마나 무서운 일을 저질렀는지 알게 되었다. "제가 악한 사람이라고 생각했어요." 콜드웰이 기억을 떠올렸다. "베스에게 '이런 짓을 했는데 어떻게 나를 사랑할 수 있어?' 하고 말했죠."

콜드웰은 이 경험이 자신을 크게 변화시켰다는 사실을 피할 수 없었다. 그는 더 이상 친절하고, 밝고, 낙관적이기만 한 등반가가 아니었다. 또 다른 인간을 죽인 사람이기도 했다. 그는 이 엄청난 무질서 사건을, 껍데기가 되어버린 이전의 긍정적이고 활기찬 자신의 서사에 통합하려고 몸부림쳤다. 그의 친구들과 가족들은 그를 거의 알아볼 수도 없었다. 그는 경험의 심각성을 최소화하고 맞서 저항하면서 예전처럼 자신의 삶을 살아가려고 애썼다. 하지만 되려 더 불안해졌고, 다른 사람들과 멀어졌으며, 자기 자신(혹은 그가 생각한 자기 자신, 과거의 자신)과의 관계도 끊어졌다. 산에서 있었던 일은 상상할 수도 없을 만큼 힘들었지만, 그 후폭풍은 여러 면에서 훨씬 더 힘들었다. 콜드웰의 정체성은 갑작스럽게 바뀌었다. 그것은 고통스럽고 혼란스러운 경험이었다.

변화는 혼란스럽다

변화를 더 잘 다루는 방법을 알아보기 전에, 어지간해서는 변화가 쉽지 않다는 걸 먼저 인정할 필요가 있다. 콜드웰의 이야기가 극단적이기는 하지만, 그것이 주는 기본 교훈은 보편적이다. 많은 사람에게 변화는 심란함, 압도감, 괴로움의 근원이 되는 경향이 있고, 그 영향은 우리의 건강, 인간관계, 번영 능력에 해롭다. 그러나 곧 알게 되겠지만, 해를 끼치는 것은 변화 자체라기보다는 변화를 느리게 받아들이는 우리 자신이며, 더 나아가 때로는 우리의 철저한 저항과 거부다. 이는 종종 첫 번째 장애물이 된다. 변화와 생산적으로 협력하려면, 우선 변화를 변화 자체로 보아야 한다. 그러기 위해서는 조건 반응을 극복하고, 포용까지는 아니더라도 변화를 불가피한 것으로 받아들이는 사고방식을 취해야 한다. 여기서는 그 사고방식에 대해 논의하고, 어떻게 개발하는지 제시할 것이다. 먼저 오직 스톱워치와 카드 한 벌만을 사용한 획기적인 연구부터 시작하겠다.

20세기 중반, 하버드 대학교 심리학자 제롬 브루너Jerome Bruner와 레오 포스트먼Leo Postman은 사람들이 예상치 못한 변화와 부조화를 어떻게 인지하고 반응하는가에 관심을 갖고 있었다. 1949년 『성격학회지The Journal of Personality』에 발표된 획기적인 실험에서, 브루너와 포스트먼은 참가자들에게 카드 한 벌을 보여주었다. 거기에는 빨간색 스페이드 6나 검정색 하트 10 같은 변칙 카드(일반 카드 덱에는 존재하지 않는)가 포함되어 있었다. 참가자들 앞에 카드가 하나씩 빠르게 지나갔다. 일부 피험자는 변칙 카드를 빠르게 알아채고 그것의 이상한 점을 설명했으나, 다른 피험자들은 어리둥절

해했다. 피험자들이 보통 카드를 인지하고 설명하는 데 20밀리초가 걸린다고 하면, 변칙 카드를 인지하고 설명하는 데는 100~200밀리초가 걸린다. 트럼프 카드 생김새에 대한 선입견을 조정하길 심하게 꺼리는 사람들의 경우, 보통 카드를 보는 데 소요되는 평균 시간의 15배가 소요됐다. "저는 그 카드들을 이해할 수 없어요. 그게 뭐든요. 심지어 그때는 카드처럼 보이지도 않았죠. 지금은 그게 무슨 색인지, 스페이드인지 하트인지도 모르겠어요. 스페이드가 어떻게 생긴 건지도 확실히 모르겠네요. 맙소사!!" 그런 참가자 중 한 사람은 이렇게 외치기도 했다.

같은 시기에 인디애나주 하노버 연구소에서 진행된 또 다른 상징적인 연구에서는, 연구원들이 특수한 반전 렌즈로 고글을 만들었다. 피험자들이 그 고글을 쓰자 세상은 위아래가 뒤집혔다. 그 결과, 그들은 완전히 지각 기능을 상실했고, 극심한 해리, 방향 감각 상실, 심지어는 개인적 위기까지 경험했다. 하지만 무엇보다도 실험 참가자들은 상실감을 느꼈다고 보고했다.

이 두 실험은 사회과학 분야의 토대로 여겨진다. 발표 이후 무수한 연구가 뒤따랐고, 사람들이 예상치 못한 변화 앞에서, 특히 그 변화가 자기감

굳건하고 유연한 사고방식

과 밀접하게 관련되어 있을 때 심각한 어려움을 겪는다는 사실을 보여주었다. 이는 안전하고 통제된 실험실 환경에서는 물론이고 실생활에서는 더 말할 것도 없는 사실이다. 토미 콜드웰을 다시 생각해보라. 상상도 할 수 없는 패를 받지 않았더라면, 갑자기 삶이 뒤집혀버리는 일을 당하지 않았더라면, 키르기스스탄에서 그의 경험은 어땠을까?

세계의 주요 고전 철학은 변화에 대한 도전을 인식하고 있다. 2,500년이 넘는 동안, 불교의 핵심 목표는 모든 것이 항상 유동적인 세상에서 소유물, 계획, 자기개념self-concept에 지나치게 집착하고 매달림으로써 생기는 고통을 해결하는 것이었다. 산스크리트어 '위빠리나마 둑카viparinama-dukkha'는 대략 "변화 가운데 집착하는 데서 생기는 불만족"으로 번역된다. 모든 불교 철학은 무상함을 받아들이고 대처하는 법을 배움으로써 이 불만족을 줄이는 것과 관련이 있다.

　역사적 붓다historical Buddha가 그의 가르침을 펴던 무렵, 고대 중국의 철학자 노자가 철학적 도교의 초석이 될 『도덕경』을 집필하고 있었다. 『도덕경』에서 노자는 삶을 역동적 흐름의 원천인 불확실성과 불안정으로 가득 찬 역동적인 길로 묘사했다. 그에 따르면, "그 근원을 깨닫지 못하면, 혼란과 슬픔에 빠진다."

　몇 세기 후 서양에서는 스토아 학파 철학자 에픽테토스Epictetus가 훗날 기독교의 대중적인 평온을 비는 기도serenity prayer가 될 '통제의 이분법dichotomy of control'을 소개했다. 통제의 이분법이란 인생에는 우리가 통제할 수 있는 것들도 있지만 그렇지 않은 것들이 더 많다는 개념이다. 에픽테토스는 후자를 조종하려는 시도로부터 고통이 발생한다고 가르쳤다. 더 최근에는, 실존주의 철학자들(장-폴 사르트르Jean-Paul Sartre, 쇠렌 키르케고르Søren Kierkegaard, 알베르 카뮈Albert Camus, 프리드리히 니체Friedrich Nietzsche, 시몬 드 보부아르 Simone de Beauvoir 같은 19세기와 20세기의 위대한 사상가들)이 그들이 '실존적 딜레마'라 부르는 것, 혹은 모든 것이 영원하지 않은 광활한 세상을 살아가는 데 수반되는 혼란과 두려움의 암류에 대해 말했다.

그리고 오늘날 우리는 변화에 저항하는 것이 심리적 고통뿐만 아니라 육체적 고통도 초래한다는 것을 알고 있다. 연구에 따르면, 당신이 만성적으로 변화에 맞서 싸울 때 당신의 신체는 스트레스 호르몬인 코르티솔을 분비한다. 코르티솔은 대사 증후군, 불면증, 염증, 근육 손실 및 수많은 기타 질병과 관련이 있다. 어쩌면 지난 2,500년 동안 변하지 않은 한 가지는 변화가 대단히 어렵다는 사실 그리고 그에 저항하는 것이 대단히 헛되고 심신 건강에 해롭다는 사실일 것이다.

다행히도 어떻게 다루어야 하는지만 알면 변화의 효과가 반드시 해롭지는 않다. 브루너와 포스트먼의 실험에서, 피험자들이 변칙 카드를 뉴 노멀new normal의 일부로 인식하고 수용하자 그들의 괴로움은 빠르게 사라졌다. 하노버의 거꾸로 된 고글 연구 피험자들은 일단 초기 혼란을 이겨내고 경직성과 저항에서 벗어나 더 편안하고 열린 상태로 이동할 수만 있었다면, 이내 거꾸로 된 시야를 이해하고 다시 한번 방향을 찾기 시작했다. 불교부터 도교, 스토아 학파 그리고 실존주의까지 온갖 사상은 하나같이 우리가 끊임없는 변화의 불가피성을 받아들이고 함께하면 훌륭하고 깊고 의미 있는 삶이 가능할 뿐만 아니라 거의 확실해진다고 가르친다. 한편, 마찬가지로 변화에 대한 저항이 건강에 미치는 해로운 영향을 증명하는 현대 과학 또한 우리가 고집과 반항을 내려놓을 수 있다면 변화는 실로 건강, 장수, 성장을 촉진한다는 것을 보여준다. 이 모든 것을 종합해보면 하나의 공통된 주제가 드러난다. 목표는 삶의 흐름에 마음을 열고 변화를 받아들이는 것, 우리 각자의 경험에 있는 변칙 카드를 이해하고, 때로는 거꾸로 보이는 세상에서 편안하게 지내는 것이다.

이는 쉽지 않다. 쉬웠다면 모두가 그렇게 했을 것이다. 그러나 좋은 것이든 나쁜 것이든 우리가 인생에서 일어나는 변화에 저항할 때, 우리 대부분은 그 사실을 알고 있으리라 생각한다. 자신에게 물어보라. "지금 정말로 무슨 일이 일어나고 있는지, 그리고 내가 무엇을 할 수 있는지?"라고. 보통 마음 깊은 곳에서는 자기 자신을 기만하고 있는지 아닌지 알고 있다. 자신이 분명하게 대답하는 대신, 일어나는 일에 대한 변명이나 이유를 찾으려 열심히 노력하고 있는가? 그렇다면 억눌린 저항감이 있을 가능성이 높다는 좋은 단서다. 처음에는 힘들겠지만, 우리가 숨김없이 대답할 수 있게 되면 어깨 위에 얹힌 무거운 저항, 부정, 기만의 짐이 덜어질 것이다. 그 짐을 내려놓아야만, 비로소 변화를 우리에게 '일어나는' 어떤 일로 간주하지 않고, 변화 자체와 '직접 소통'을 시작할 수 있다. 이러한 입장 전환은 힘이 된다. 우리 자신의 삶에 더 적극적으로 참여하게 하고, 우리만의 이야기를 써내려갈 수 있게 해준다.

진보, 저항, 사회 변화에 대한
간략하지만 중요한 딴소리

15세기가 끝날 무렵, 유럽인들은 지구가 우주의 중심에 있다고 믿고 있었다. 당시 종교적 신념에 깊이 얽혀 있는 믿음이었다. 교회는 신이 사람을 만들어 중심에 두었다고 주장했다. 하지만 두려움 모르는 수학자이자 천문학자는 그럴 리가 없다고 생각했다. 신이 전지전능했을지언정, 수학적으로는 맞지 않았던 것이다.

1514년, 니콜라스 코페르니쿠스Nicolaus Copernicus는 자신이 고안한 아름다운 우주 모델을 몇몇 친구들에게 공유했다. 일출과 일몰, 별들의 움직임, 계절의 변화는 천상의 힘에 의한 것이 아니었다. 지구가 태양 주위를 공전하고 있다는 사실 때문이었다. 이후 그는 29년이나 걸려 저작 『데 레볼루티오니부스 오르비움 코엘레스티움De revolutionibus orbium coelestium』의 최종 원고를 완성했는데, 현대 영어로는 "천체의 회전에 관하여On the Revolutions of the Heavenly Spheres"라고 번역되는 것이었다. 자신의 걸작이 반발을 불러일으킬 수 있음을 감지한 코페르니쿠스는, 순전히 외교적 차원에서 이 책을 교황 바오로 3세에게 헌정하기로 결정했다. 다행스럽게도 교회는 그 책을 최소한 곧바로 금지하지는 않았다. 그러나 코페르니쿠스는 그의 이론이 널리 받아들여지는 모습을 살아서 보지 못했다. 그는 책이 발표되고 2개월 후인 1543년 5월에 사망했다.

『천체의 회전에 관하여』는 다른 젊은 천문학자가 기반으로 삼을 수 있을 만큼 오랫동안 회자되었다. 1564년 이탈리아 피사에서 태어난 갈릴레오 갈릴레이Galileo Galilei는 어려서부터 하늘에 매료되었다. 그가 읽은 모든 자료 가운데 가장 이치에 맞는다고 생각하는 이론은 코페르니쿠스의 이론이었다. 그 무렵, 그 이론은 '헬리오센트리즘heliocentrism', 즉 '태양 중심설'로 불렸다. 수년 동안 갈릴레오는 태양 중심설을 개선하고 널리 알렸다. 그의 지적 전성기에 이르렀던 1616년, 그는 끔찍한 결과를 맞지 않으려면 태양 중심설을 설파하는 것을 중단하라는 교회의 명령을 받았다.

그러나 갈릴레오는 단념하지 않았다. 1632년, 그는 『두 우주 체계에 관한 대화: 프톨레마이오스 체계와 코페르니쿠스 체계Dialogue Concerning the Two Chief World Systems: Ptolemaic and Copernican』를 발표해 태양 중심설을 분명하게 주장했다. 이 책은 빠르게 금지되었고, 갈릴레오는 유럽과 아메리카 전역에서 이단을 근절하고 처벌하기 위해 가톨릭교회 내에 설치된 강력한 재판소인 종교 재판소에 회부되었다. 그는 가택 연금을 선고받았고, 그렇게 10년을 살다 1642년 사망했다.

『대화』는 111년 동안 금서 목록에 들어 있다가, 1744년에 이르러 겨우 심하게 검열된 버전으로 발간되었다. 원래 버전은 첫 출판 이후 200년이 넘은 1835년에야 재발간되었다. 같은 해, 『천체의 회전에 관하여』에 대한 교회의 금지 또한 마침내 풀렸다. 천국이 실재한다면, 그곳에서 코페르니쿠스와 갈릴레오가 자신의 글을 읽는 수백만 명의 사람들, 실제로 태양을 공전하는 행성에 살고 있는 사람들을 지켜보며 미소 나누길 바랄 뿐이다.

다행히도 지난 400년간 많은 것이 '변했다'. 현실과 비교해 선입견을 시험하고 변화에 개방적인 태도를 지닐 것을 핵심으로 삼는 과학적 방법론이 이제 세계 여러 곳에서 지배적인 사고방식이 되었다. 그럼에도 여전

삶의 흐름에 몸을 맡겨라

히 새로운 개념의 도입은 많은 혼란과 분쟁을 불러일으킨다. 철학자 토마스 쿤Thomas Kuhn은 자신의 인기 저서『과학혁명의 구조The Structure of Scientific Revolutions』에서 과학적 진보가 예측 가능한 주기를 따른다고 말한다. 첫 번째 단계는 '정상 상태'로, 사물의 방식에 대한 일반적인 합의가 이루어진 상태다. 그러다 누군가 기존의 사고방식을 뒤집는 발견을 하면 이는 종종 '위기'로 이어진다. 마침내 새로운 패러다임에 도달할 때까지, 하노버의 거꾸로 된 고글을 처음 착용하는 것과 같은 수준의 사회적 혼란과 불안의 시기가 뒤따른다. 본질적으로 쿤은 과학적 진보를 질서, 무질서, 재질서의 순환으로 묘사한다.

코로나19와 관련하여 쿤이 설명하는 과정이 얼마나 빠르게 일어났는지, 그리고 여전히 일어나고 있는지 생각해보라. 새로운 바이러스가 전 세계에 퍼진 지 2년이 채 되지 않아 과학은 전파 메커니즘과 바이러스의 DNA를 풀어내 효과적인 백신과 치료제를 개발했다. 과학이 이 이상 더 효과적으로, 더 빠르게 작용할 수 있었을까? 물론이다. 하지만 넓게 보아 수 세기 전과 비교해보면, 코로나19에 대한 수용과 대응은 기적처럼 보인다. 그럼에도 불구하고 쿤은 끝까지 변화에 저항하는 일부 사람들은 거의 항상 존재하고, 그렇게 함으로써 많은 고통이 뒤따른다고 보았다. 불행하게도 이것은 '변하지 않은' 한 가지다.

선동가, 권위주의자, 사기꾼은 무질서의 시기에 창궐한다. 그들은 일어나고 있는 일을 싫어하거나 그로 인해 위협을 느끼는 사람들에게 그릇된 권력감과 안정감을 제공한다. 그들은 과거의 대변자로, 더 나은 것을 향해 앞으로 나아가기보다 예전으로 돌아가기 위해 싸운다. 이 책이 정치적인 목적을 가지고 있는 건 아니지만, 대중에게 모호한 두려움을 부추기고 이들을 착취하는 독재적인 리더들이 내 조국인 미국을 포함해 전 세계적으로 부활하고 있다는 걸 언급하지 않을 수 없다. 2016년, 미국인들은 도널드 트럼프Donald Trump와 "미국을 '다시' 위대하게Make America great again"로 막연하게 정의되는 정치 운동, 트럼프주의Trumpism의 부상을 목격했다('다시'의 따옴표는 내가 붙인 것이다).

트럼프주의가 불편할 수는 있지만, 놀랍지는 않다. 앞서 살펴본 바와 같이, 변칙 카드를 건네받은 많은 사람이 공황 상태에 빠진다. 성 소수자와 여성의 권리 신장, 기후 변화의 현실과 그로 인해 우리가 직면하고 있는 문제들, 노예 제도의 유산 청산과 진정한 인종 간 정의를 위한 노력, 지나치게 느슨한 총기법의 끔찍하고 당혹스러운 대가, 더 많은 기술과 자동화로 이루어진 경제에의 적응…… 하나같이 많은 미국인이 상상조차 하지 못했던 카드들이다. 트럼프주의와 기타 유사한 정치 운동들은 사람들의 혼란을 이용하며, 사람들에게 그들의 운동에 동참한다면 성공적으로 변화를 모면하고 자신의 지위와 강세를 유지하게 될 거라는 거짓된 희망을 준다. 물론 어떤 변화는 저항할 만한 가치가 '있다'. 당장 떠오르는 것은 나치주의 같은 사악한 세력의 부상이다. 그러나 기초 과학, 기본 권리, 기본예절과 기본적인 자유주의에 맞서 싸우는 것은 이해하기 어렵다. 특히 이러한 이상 위에 세워져 그 이상 덕분에 충분히 잘 기능하는 사회에서는 더욱 그렇다.

트럼프주의가 앞에서 언급한 사회적 발전을 전부 경시하거나 저항하거나 부정했을 뿐만 아니라 코로나19 또한 경시하고, 저항하고, 부정했다는 건 전적으로 예상 가능한 일 아닌가? 이는 모두 동일한 기저 증후군의 일부다. 변화에 대한 걷잡을 수 없는 두려움이자 변화에 생산적으로 대처하기는커녕 받아들일 의지조차 전혀 없는 병이다. 유약하고 뻣뻣하며, 견고하고 유연한 사고방식의 정반대다. (굳이 말하자면, 우파가 반자유주의를 독차지하고 있지는 않다. 정치적 좌파 특정 일부는 점점 열린 담론을 회피하고 사실을 왜곡하고 있다. 다만 내 생각에 우파만큼은 아닐 뿐이다.)

트럼프주의 및 유사 정치 운동들은 단기적으로 일부 사람들로 하여금 더 안전하다고 느끼게 할지 모른다. 하지만 장기적으로는 재앙을 초래하는 처방이며, 상당히 퇴보한 집단들로 이루어진 분열 사회로 이끄는 길이다. 기억하라, 인생은 곧 변화다. 변화를 두려워하면 많은 면에서 인생을 두려워하게 되고, 만성적인 두려움은 자기 자신과 문화 전반에 독이 된다. 그럼에도 만일 보다 많은 사람이 불확실성과 일시성에 맞서는 기술을 가지고 있었더라면, 우리는 사기꾼과 선동가, 권위주의적 리더에 대해 그렇게 걱정할 필요가 없었을 것이다. 결국 우리는 모두 불확실성과 일시성의 궁극적인 근원, 즉 피할 수 없는 죽음을 공유하고 있다. 우리가 죽음과 사소한 우발적 상황들에 더 용감하게 맞설 수 있다면, 두려움을 마비시키기 위해 희생양과 독재자가 필요치 않게 된다면, 대신 더 품위 있게 변화를 수용할 수 있다면, 나는 우리 사회에 극단주의, 외로움, 절망보다는 풍부한 연민, 소속감 그리고 희망이 태어날 거라 생각한다.

토미 콜드웰Tommy Caldwell은 그 후로도 착실하게 자신의 삶을 살았다. 비록 키르기스스탄의 경험 이전과는 결코 같은 사람일 수 없겠지만, 그는 여전히 누릴 수 있는 즐거움과 아직 쓰지 못한 자신만의 이야기가 상당 부분 남아 있다는 걸 깨달았다. 하지만 콜드웰이 다시 땅에 발을 딛고 일어서는 데 어쩌면 무엇보다도 큰 도움이 된 것은 커다란 벽을 오르는 것이었다. 핵심 가치에 부합하면서 크고 버겁고 압도적인 세상을 더 작고 다루기 쉬운 듯 느끼게 해주는 활동들은, 중대한 변화를 삶에 통합하고 미지의 세상으로 대담하게 걸어 들어가는 데 있어 아주 유용하다(이 주제에 대해서는 추후 더 자세히 살펴볼 것이다). 콜드웰에게 그 활동은 바로 클라이밍이었다.

완전한 탈출은 아니었다. 그건 아마 건강에 해로울 것이고, 이 경우에는 가능하지도 않았다. 회상, 불현듯 치미는 두려움, 자신이 누구인지 그리고 무엇을 할 수 있는지에 대한 의문이 여전히 그를 괴롭혔다. 그러나 클라이밍은 억류 이전, 도중, 이후에도 콜드웰의 일부이자 그의 인생 전체를 관통하는 하나의 맥락이었으므로 그에게 연속성을 주었다. 어려운 기하학과 물리학 문제를 풀면서 수십 미터 공중에 떠 있을 때, 과거에 있었던 일이나 할 수 있었던 일이 아니라 현재 당신 앞에 놓인 문제에 집중할 수밖에 없는 건 당연하다.

그래서 콜드웰은 클라이밍을 했고, 새로운 버전이기는 하지만 점차 자기 자신이 돌아오는 기분을 느꼈다. "제 방법은 그저 다시 일어나 클라이밍을 하는 것이었습니다." 그는 말한다. "저는 키르기스스탄에 대해 어떻게 생각해야 할지 몰랐어요. 하지만 클라이밍을 하니 제 일부가 힘을 다시 얻은 것 같았지요. 정말 궁지에 몰리니 거기에서 빠져나오기 위해 필요한 일을 할 수 있었던 것 같아요."

키르기스스탄 여행 이후 약 18개월이 지난 2001년 11월, 콜드웰과 로든은 콜로라도주 에스테스 파크Estes Park의 로키산맥에 있는 그들의 집을 리모델링하고 있었다. 당시 스물세 살이던 콜드웰은 새로 산 세탁기와 건조기를 둘 받침대를 만들고자 했다. 한창 테이블 톱에 나무를 세로 방향으로 넣으며 2×4인치 규격으로 자르던 중, 갑자기 작은 파편 조각이 튀었다. 그는 톱을 끄고 무슨 일인지 살피다가, 테이블의 까만 표면에 떨어진 액체 몇 방울을 발견했다. 콜드웰은 자신의 책『더 푸시The Push』에서 이렇게 회상한다. "나는 왼손을 들었다. 새는 식수대의 물처럼 손가락의 절단 부위에서 피가 솟았다. 검지의 하얀 뼈 토막이 보였다. (…) 극심한 공포가 밀려들었다. '왼쪽 검지 없이 어떻게 클라이밍을 하지?'"

현기증이 파도처럼 콜드웰을 덮쳤다. 그는 몇 번 눈을 깜빡이고 심호흡을 했다. 손가락을 찾아야만 했다. "나는 테이블을 살펴보고 주변을 샅샅이 뒤졌으며, 바닥을 훑는 동안 손을 심장 위쪽으로 올려 조심했다. 베스를 곤란하게 하고 싶지 않았던 나는 집 쪽으로 몸을 돌려 침착한 목소리로 그녀에게 '방금 손가락이 잘렸어. 여기로 좀 와 줘.'라고 말했다."

로든이 달려 나와 톱 옆에 놓여 있는 콜드웰의 손가락을 발견했다. 그녀는 톱밥 더미에서 그것을 꺼내 찬물이 가득 담긴 지퍼백에 넣었다. 그들은 에스테스 파크에서 가장 가까운 병원으로 부리나케 갔다. 그곳에서 의사들은 콜드웰에게 마취제 노보카인Novocain을 주사하고 손가락을 얼음에

건고하고 유연한 사고방식

싼 뒤 그를 차로 한 시간 거리의 동쪽 이웃 마을 포트 콜린스Fort Collins에 있는 더 큰 상급 병원으로 보냈다. 그 후 2주 동안 의사들은 세 번의 서로 다른 수술을 시도하며 그의 손가락을 다시 붙이기 위해 할 수 있는 모든 노력을 기울였다. 하지만 결국 현대 의학은 테이블 톱과 손의 해부학적 구조를 당해내지 못했다. 인대와 신경 말단의 복잡한 구조로 인해 성공적인 재접합이 거의 불가능해졌다.

암벽 등반에는 검지가 필수적이다. 바위를 잡는 방법은, 등반가들이 '홀드hold'라고 부르는 작은 돌출부에 검지를 위치시키고 엄지로 검지를 감싸 지지력을 더하는 것이다. 검지 없이 등반하는 건 손 없이 농구하는 것과 비슷하다. 가능은 하지만, 일류 수준에서 뛰는 건 상상하기 어렵다. 특히 그러한 상실이 경력의 전성기에 갑작스레 발생해 형성적 적응을 불가능하게 만든다면 더욱 그렇다. 의사는 콜드웰에게 새 직업을 찾아야 할 것 같다고 말했다. "베스와 부모님을 뺀 주변 사람들이 다 '이 사람은 끝났어. 정말 안타깝네.'라는 듯 나를 쳐다봤어요." 콜드웰은 회상한다.

콜드웰의 길은 다시 한번 순식간에 변하고 말았다. 그러나 이번에 그는 자신이 받은 변칙 카드를 더 빠르게 파악했고, 그 카드에 저항하거나 자포자기하는 데 시간을 거의 낭비하지도 않았다. "다시 클라이밍을 시작했을 때, 저는 엄청난 흥분을 느꼈습니다. 제 초점과 방향은 명백했지요." 그가 말했다. "저는 무엇이 잘못되었는지 깊이 생각해봤자 도움이 되지 않는다는 걸 깨달았어요. 고통은 곧 성장이라고 저 자신에게 말했습니다. 트라우마가 제 집중력을 높여줄 거라고요. 가족 외에 그 누구도 제가 완전히 복귀할 거라 기대하지 않는다고 생각했습니다. 그 생각이 이상하게도 저를 자유롭게 해주었죠." 의심할 여지없이 여전히 큰 신체적, 정신적 고통을 받고 있었지만, 그는 자신에게 왼쪽 검지가 없다는 사실을 받아들이고 다시 자기 할 일을 하러, 그가 항상 하던 게임을 하러 갔다. 견고함과 유연함을 담고 있는 새로운 카드를 들고서 말이다. 클라이밍은 몹시 힘들었고, 실망과 좌절로 가득 찼다. 한때는 자면서도 할 수 있었던 간단한 동작들도 복잡하고 어려워졌다. 그러나 그는 굴하지 않고 계속했다.

그는 자신이 어디까지 갈 수 있을지 확신하지 못했고, 자신의 장애가 문제가 되지 않을 거라는 착각도 하지 않았다. 하지만 자신의 운명을 받아들이고 계속해서 자신의 길을 갔다. 그것이 자신을 어디로 데려갈지 확신할 수 없을지라도 그마저 괜찮다는 생각이 들기 시작했다. 그는 저항의 짐을 내려놓고 삶의 흐름에 마음을 열고 있었다.

소유 vs. 존재

"만약 내가 가진 것이 곧 나 자신인데 가진 것을 잃게 된다면, 그럼 나는 누구인가?" 박식가인 에리히 프롬Erich Fromm은 1976년에 출간된 끝에서 두 번째 저서 『소유냐 존재냐To Have or To Be?』에 이렇게 썼다. 이 주제가 프롬의 마음속에 있었다는 사실은 놀랍지 않다. 원고를 작업하던 당시 그는 70대 중반이었다. 그동안 그는 조국에서 쫓겨나 나치가 고국을 파괴하는 모습을 지켜보았고, 결혼하고 이혼했으며, 심리학자, 정신 분석가, 사회학자, 철학자라는 꼬리표와 지적 훈련을 초월했고, 20권이 넘는 저서를 출판했

견고하고 유연한 사고방식

다. 그리고 말년에는 여러 가지 심각한 질병에 시달렸고, 수많은 동료와 친구의 쇠퇴와 죽음을 목격했다. 간단히 말해, 프롬은 충만하고 굴곡진 삶을 살았다. 이는 그가 많은 무상과 변화를 경험했다는 뜻이다.

『소유냐 존재냐』의 주된 주장은 단순하면서도 심오하다. 소유 모드having mode로 움직일 때 당신은 자신이 가진 것으로 자기 자신을 정의한다. 그런 물건과 속성은 언제든지 없어질 수 있기 때문에 이는 당신을 취약하게 만든다. 프롬은 "가진 것은 잃을 수 있기 때문에 필연적으로 나는 끊임없이 가진 것을 잃을까 봐 걱정한다. (…) 사랑을, 자유를, 성장을, 변화를 그리고 미지의 것들을 두려워한다."라고 썼다. 그러나 당신이 존재 모드being mode로 움직이면, 자신의 본질과 핵심 가치, 상황에 대응하는 능력, 무엇이 됐든 자기 안의 더 깊은 부분에 동질감을 느끼게 된다. 소유 지향having orientation은 정적이고 변화를 용납하지 않는다. 존재 지향being orientation은 역동적이고 변화에 개방적이다. 끊임없는 변화의 현실을 고려하면, 후자가 이로운 이유를 쉽게 알 수 있다. 토미 콜드웰은 수용에 도달하기 위해 계획을 '가지고', 청년 특유의 천진함을 '가지고', 검지를 '가진' 상태로부터, 삶과의 소통에 '참여하고' 삶이 주는 모든 것과 함께하는 상태로 이동해야 했다.

존재 지향을 취함으로써 얻는 이익과 관련된 더 공감하기 쉬운 예시는, 아마 나의 코칭 고객인 크리스틴의 사례일 것이다. 코로나19가 창궐하기 몇 년 전, 크리스틴은 남편이 다른 두 사람과 공동 설립한 빠르게 성장 중인 피트니스 회사에서 마케팅 디렉터로 일했다. 그녀의 직무는 웹사이트 디자인부터 카피라이팅, 행사 기획, 신입 사원 교육, 직원 커뮤니케이션까지 폭넓고 흥미로웠다. "일이 힘들고 근무 시간도 길었지만, 제가 해본 중 최고의 일이었어요." 그녀가 말했다.

2020년 3월, 팬데믹의 현실이 다가오자 헬스장은 오프라인 지점을 폐쇄할 수밖에 없었다. 경영진은 허겁지겁 코로나19 대응 계획을 실행했고, 물리 공간이 없더라도 고객들에게 계속해서 가치를 제공하기 위해 최선을 다했다. 하지만 셧다운이 길어질수록, 격리가 3주로 끝날 일시적인 문제가 아니라는 사실이 더욱 분명해졌다. 수개월 동안 지속되는 새로운 현실이 될 것이었다. 하룻밤 사이에 회사는 성장 모드에서 생존 모드로 전환되었고, 이는 더 이상 크리스틴에게 급여를 줄 여력이 없음을 의미했다. 한편, 남편과 막 첫 주택을 구입하면서 융자를 받은 크리스틴 역시 무급으로 일해줄 여유가 없었다.

"리더 자리에서 물러난 것이 잘못된 일이라고 느꼈어요. 마치 포기하는 것 같았죠." 크리스틴이 내게 말했다. "운동을 하러 헬스장에 갈 수도 없었어요. 제가 더 이상 이 회사의 마케팅 디렉터가 아니라는 사실을 운동이 상기시켜 주었으니까요. 물론 저는 더 불안해졌죠. 거의 10년 동안 시련에 대처하는 제 주요 방식 중 하나가 웨이트 트레이닝이었어요. 이제는 그것도 무용지물이 된 거죠. 저는 제가 누구인지, 지역 사회에서 제 역할이 무엇인지 확신이 없었어요. 길을 잃고 말았죠."

좋은 일인지 나쁜 일인지, 그녀는 괴로움에 빠져 있을 시간도 별로 없었다. 그녀와 남편은 돈이 필요했다. 그녀의 머릿속에 어떤 목소리가 "작가가 되어 보면 어때?" 하고 물은 것은 구직 활동을 시작한 지 불과 며칠 되지 않았을 때였다.

견고하고 유연한 사고방식

크리스틴은 기억할 수 있는 한 오래전부터 글쓰기를 좋아했다. 다른 어린아이들이 우주 비행사나 의사, 수의사가 되고 싶어 했던 반면, 그녀는 항상 작가가 되고 싶었다. 대학에서 영문학을 전공하기는 했지만, 졸업할 때는 글쓰기가 현실적인 진로가 아니라고 자기 자신을 설득했다. 그녀는 생계를 유지하려면 더 안정적인 일을 추구해야 한다고 생각했다. 그래서 크리스틴은 더 실용적이라고 생각되는 옷을 입고 글을 쓰는 직업을 가졌다. 처음에 그녀는 영어 교사가 되어 작문을 가르쳤다. 그러다 커리큘럼 디자이너가 되어 수업 계획서를 작성했다. 그다음에는 마케팅 디렉터가 되어 광고 카피를 쓰고 전략 기획서를 작성했다. 격리 기간 동안 그녀는 '보장되고 안정적인' 일들이 무자비하게 뜯겨나간 직장에 앉아서, 인생의 많은 것이 생기고 사라지는 동안에도 글쓰기에 대한 애정과 작가가 되고자 하는 열망은 언제나 존재했다는 것을 깨달았다.

크리스틴이 내게 이 이야기를 해주었을 때, 나는 그녀에게 잃을 게 뭐 있느냐고 물었다. 그녀의 글을 본 적이 있는데, 그 글은 탄탄했다. 나는 너무 많은 사람이 충분한 실력을 가지고도 완벽을 추구하느라 아무런 시도조차 하지 않는다고 말했다. 크리스틴이 카피라이팅과 대필 사업을 시작하는 데는 그다지 많은 격려가 필요하지 않았다. 그녀는 조금씩 다듬으며, 지역 사회에서 자신의 작업물을 마케팅하고 소규모 창작 서비스를 확충하기 시작했다.

오늘날 크리스틴의 글 가게는 잘나가고 있고, 그녀는 자신의 창작 프로젝트에 큰 변화를 주기 시작할 자신감을 얻었다. 또한 다시 헬스장에 가서 웨이트 트레이닝도 한다. "어린 시절의 꿈을 적극적으로 좇고 있다는 사실이 믿기지 않아요. 물론 어려운 일이지만, 저는 어떤 이유로도 그 도전을 포기하지 않을 거예요. 설령 그 이유가 정말 좋아했던 마케팅 업무라고 해도요. 맞아요. 피트니스 회사를 떠나는 건 고통스러웠어요. 하지만 그러지 않았더라면 이 일을 하고 있지 않았겠죠. 지금의 일은, 저에게 인생을 충실하게 사는 것과 같아요."

크리스틴의 '존재' 지향은 너무나 많은 변화와 불확실성 속에서 그녀가 생존하고 나아가 번영하는 데 반드시 필요했다. 그녀는 자신의 정체성이 자신이 가진 것(마케팅 디렉터로서의 역할) 이상이라는 사실을 빠르게 깨달았고, 이는 그녀가 견고함과 유연성을 가지고 앞으로 나아갈 수 있도록 해주었다. 크리스틴의 존재에 중심이 되는 것은 창의성과 글에 대한 애정이었고, 그 누구도 이 두 가지는 빼앗아 갈 수 없었다. 프롬은『소유냐 존재냐』의 말미에서 진정한 즐거움이란 "우리 자신이 되는 목표에 점점 가까워지는 성장 과정에서 우리가 경험하는 것"에 있다고 썼다. 정확히 크리스틴이 하고 있는 일이다.

피할 수 없는 방아쇠

콜드웰과 크리스틴은 자기 인생과 소통하기 위해 소유 지향을 버렸을 뿐만 아니라 하버드 대학교 행동 과학자인 대니얼 길버트Daniel Gilbert가 '피할 수 없는 방아쇠inescapability trigger'라 부르는 것을 유익하게 활용했다. 길버트에 따르면, "우리는 우리가 처하지 않은 상황보다 처해 있는 상황에 대해 더

견고하고 유연한 사고방식

긍정적인 견해를 기대하며, 또 찾을 가능성이 높다. 경험을 바꿀 수 없을 때, 그 사실을 온전히 깨달을 때에야 비로소 우리는 경험과의 관계를 변화시킬 수 있다." 콜드웰은 그의 손가락이 돌아오지 않는다는 걸 알고 있었다. 크리스틴은 코로나19가 하룻밤 새 사라지지 않으리란 걸 알고 있었다. 두 사람 모두 각자의 상황에서 벗어날 수 없다는 것이 분명했다.

무언가를 현재 그 순간에 바꿀 수 없는 현실로 받아들이면, 그것이 사라지길 바라거나 자기 방식대로 조종하려는 시도를 멈출 권한을 자기 자신에게 부여하게 된다. 이는 자신의 모든 에너지를 수용과 진전에 쏟을 수 있게 해준다. 핵심은 자신의 현실을 '진정으로' 수용하는 것이다. 수용에 대해 생각하거나, 말하거나, 바라는 게 아니라 실제로 수용하는 것이다. 자기 자신에게 거짓말을 할 때, 마음은 그것을 너무나 쉽게 알아차린다.

이것은 왜 어려운 상황(예를 들면, 영혼을 갉아먹는 직장)에 처한 사람들이 본격적으로 앞으로 나아가기 전에 종종 온갖 바닥을 쳐야 하는지를 설명해준다. 사람은 현재 하고 있는 일이 자신에게 이롭지 않으며 따라서 그만두어야 함을 알아차릴 수는 있지만, 그 사실을 뼛속 깊이 온몸으로 깨닫기 전까지 그들의 정신적, 감정적 에너지는 완전히 새로운 상태를 상상하는 대신 현재 상태에서 해결책을 찾는 방향으로 흘러간다. 그러나 만약 우리가 자신을 속이는 대신 냉엄한 진실을 인정할 수 있다면 그 보상은 매우 특별한, 즉 더 의미 있는 삶이 될 것이다.

제1차 세계 대전 초반이자 1918년 인플루엔자 팬데믹이 일어나기 3년 전인 1915년, 지그문트 프로이트Sigmund Freud는「덧없음에 대하여On Transience」라는 짧고 강력한 에세이를 썼다. 비록 이후 프로이트의 견해 중 많은 것이 틀렸음이 증명되었지만, 이 에세이는 오랜 세월에도 살아남았다. 글은 프로이트가 두 친구와 시골길을 산책하며 시작된다. 그중 한 친구가 "젊은 나이에 이미 유명한 시인"인데, 많은 이가 이 친구를 라이너 마리아 릴케Rainer Maria Rilke로 추측하고 있다.

프로이트는 썼다. "시인은 우리를 둘러싼 풍경의 아름다움에 감탄했지만 그 속에서 즐거움을 느끼지 못했다. 모든 인간적 아름다움과 인간이 창조하거나 창조할 미와 광영처럼, 이 모든 아름다움이 소멸의 운명에 처해 있다는, 겨울이 오면 사라질 것이라는 생각에 불안해했다. 그에게는 사라지지 않았다면 그가 사랑하고 감탄했을 모든 것이 그들의 운명, 즉 덧없음에 의해 가치를 빼앗기는 듯 보였다." 그는 이어서 모든 것의 덧없음, 심지어 가장 아름답고 완벽한 것조차 덧없다는 사실에는 반박하지 않았지만, 시인의 비관주의와 경멸에 대해서는 반박했다고 설명했다. 프로이트는 오히려 그 반대를 주장했다. 세상의 모든 것이 덧없다는 사실이 그것들의 가치를 끌어올린다고 말이다. "덧없음의 가치는 시간에 따른 희소가치다. 즐거움의 가능성에 대한 한계는 즐거움의 가치를 증가시킨다. 단 하룻밤 피는 꽃이 우리에게 덜 사랑스러워 보이는 건 아니다." 프로이트는 이 모든 내용을 시인과 공유했지만 달라지는 건 없었다. 시인은 자기 주변의 아름다움을 온전히 경험하지 못했다. 그 또한 상실의 불가피성을 받아들여야 하는 일이었기 때문이다.

시인의 딜레마는 흔하고 아주 오래된 것이다. 고대 산스크리트어 문헌에는 두 가지 종류의 변화, 아낫따anatta와 아닛차anicca가 나온다. 아낫따는 '자신'으로 정의하는 것은 언제나 변한다고 설명한다. 아닛차는 빠르게 변화하는 만물의 본성을 설명한다. 아낫따와 아닛차 모두 큰 고통의 근원이 될 수 있는데, 단지 우리가 움켜쥐고 있는 모든 것에 대한 상실을 수반하기 때문만은 아니다. 우리가 이 상실로부터 달아난다면 함께할 무언가 또는 누군가에 대해 깊이 배려하는 완전한 아름다움을 결코 경험할 수 없기 때문이다. 프로이트 에세이에 나오는 시인처럼, 모든 것이 변한다는 사실에 완전히 편안해지지 못하면(최소한 충분히 편해지지 못하면) 우리는 가장 참혹한 삶의 제물로부터 손 뻗으면 닿을 거리에서 삶을 살아가는 위험을 감수하게 된다. 변화의 경험으로부터 우리 자신을 보호하려고 노력함으로써 결국 우리 삶의 깊이를 제한하게 되는 것이다.

불교에는 인생이 만 가지 기쁨과 만 가지 슬픔으로 차 있다는 말이 있다. 그리고 후자 없이는 당신은 전자를 결코 경험할 수 없다.

2015년 1월, 암벽 등반이라는 비주류 스포츠가 세계를 장악했다. 수백 명의 기자들이 요세미티 국립공원Yosemite National Park으로 몰려들었다. 모든 아침 정보 프로그램이 갑자기 암벽 등반을 다루었고, 「뉴욕 타임스」와 「월스트리트 저널」도 마찬가지였다. 비쩍 마르고 거의 탈진 상태의 두 남성이 엘 캐피탄El Capitan 또는 줄여서 엘 캡El Cap으로 불리며 숭배되는, 어렵기로 악명 높은 3,000피트 암벽 루트 던 월Dawn Wall의 정상에 접근하고 있었다. 등반가들은 이 도전적인 루트를 그냥 오르는 것도 아니라, 인공적인 보조 장비를 모두 금지하는 클라이밍 유형인 프리 클라이밍으로 오르고 있었다. 그런 위업은 한 번도 달성된 적 없었는데, 시도하는 사람이 없었기 때문은 아니었다. 역사상 최고의 등반가들이 여러 차례 던 월에서 프리 클라이밍을 시도했으나 모두 성공하지 못했다. 그 누구도 가능하다고 생각하지 않았다. 던 월은 암벽 등반의 꽃이자, 최고봉, 독보적인 존재였다.

프리 클라이밍을 할 때, 마음대로 쓸 수 있는 것은 분필이 든 주머니 하나, 떨어질 때 잡아줄 로프, 열 발가락과 열 손가락이다. 콜드웰의 경우에는 아홉 손가락이 되겠다. 약 3주 동안 콜드웰은 그의 파트너인 케빈 조지슨Kevin Jorgeson을 이끌고 암벽을 올랐다. 끼니를 때우고는 또 올랐다. 그들은 온갖 위험에 노출된 포탈렛지에서 잠을 잤다. 그러고 나서는 다시 암벽을 올랐다. 요세미티 국립공원 전체에서, 어쩌면 미국 전체, 심지어는 전 세계에서 시도할 수 있는 중 단연코 최고의 클라이밍 도전이었다. "이 루트를 등반하는 건 마치 손가락으로 할 수 있는 가장 힘든 일 같아요." 다큐멘터리 「던 월The Dawn Wall」에서 콜드웰이 이렇게 말한다. "정말 면도날을 잡고 있는 거죠." 하지만 콜드웰은 개의치 않는 듯 보였다. 그는 맹렬한 강도로 등반하고 있었는데, 이는 클라이밍뿐만 아니라 수년간의 인생 경험과 분투로부터 힘들게 얻은 지혜였다.

1월 14일 수요일, 태평양 표준시로 오후 3시 25분, 암벽에서 19일을 보내고 정상에 오른 두 사람은 전 세계에 반향을 일으키는 역사를 만들었다. 「뉴욕 타임스」가 "불가능을 좇아 정상에 이르다Pursuing the Impossible, and

건고하고 유연한 사고방식

Coming Out on Top"라는 헤드라인으로 이 이야기를 다루었다. 엘 캡 정상 너머로 해가 지자, 콜드웰은 완전히 무아지경에 빠졌고, 그 순간에 몰입했으며, 놀라운 경치와 극적인 기분을 맛보았다. 동시에 그는 이 또한 곧 지나가리라는 것을 알고 있었다. 고점과 저점 그리고 그 사이에 있는 모든 것은 최소한 한 가지 공통점을 공유하고 있었다. 바로 변화였다.

철학자 토드 메이Todd May는 저서 『죽음이란 무엇인가Death』에서 어떻게든 불멸의 존재가 될 수 있다면 삶은 그다지 의미가 없을 것이라고 주장한다. 완전히 이해하기는 어려운 개념인데, 나 자신도 이해에 어려움을 겪고 있다. 우리가 영원히 산다면 결국 지루해지거나 거의 위태롭지 않다고 느끼기 시작할 거란 뜻으로 나는 이해했다. 하지만 지구는 광대한 곳이고, 은하 간 여행이 가능한 미래에 무엇이 있을지 누가 알겠는가. 나는 삶이 영원한 분투가 되기까지는 꽤 오랜 시간, 적어도 수천 년이 걸릴 것으로 생각한다. 그러니 불멸에 초점을 맞추는 대신, 우리가 수천 년을 살 수 있다고 상상해보자. 그것은 분명 좋은 일처럼 들린다. 그러나 그때조차 우리가 여전히 살과 뼈로 이루어져 있는 한, 교통사고나 전염병처럼 우리의 삶을 끝장낼 비극을 당하게 될 수 있다. 완전한 장수를 보장하기 위해서는 점점 더 조심해야 할 것이고, 어쩌면 너무 조심해서 삶을 거의 누리지 못하게 될 것이다.

산다는 것은 잃는다는 것이다. 그리고 잃을 것이 확실하기에 삶이 의미 있는 것이다. 잃는 것이 아니라면 변화가 무엇인가? 청년 특유의 천진함 상실. 손가락 상실. 직장 상실. 계획 상실. 친구 상실. 연인 상실. 원래 상황의 상실. 당신이 예상한 상황의 상실. 이런 식으로 처음 변화를 생각해보면, 불안이 당신을 가득 채울지 모른다. 이 책을 쓰는 동안 나는 이 주제를 오랫동안 곰곰이 생각했는데, 그것은 아직도 이따금 나를 정말 속상하게 만든다. 내 첫째 아이가 얼마나 빨리 크고 있는지 자각할 때 특히 더 그렇다. 시간이 언제 이렇게 가버린 걸까? 제발 일시 정지할 순 없을까? 할 수 없다. 이것이 나를 슬프게 한다. 눈가에 눈물이 차오르는 것이 느껴진다.

헛된 저항이나 피상적인 기만은 살 길이 아니다. 그렇다, 우리는 상실의 현실에서 필연적으로 심오한 슬픔을 경험할 것이고, 어쩌면 가끔 끝없이 변화하는 우주의 무한한 경치를 바라볼 때 우리의 삶이 무서울 정도로 작고 보잘것없다고 느낄지도 모른다. 하지만 우리는 우리가 발견하는 모든 경이에 대해, 그리고 일단 우리가 여기 있다는 터무니없고 믿기 힘든 사실에 대해 엄청난 감사 또한 경험할 것이다. 마치 길 위의 탐험가처럼 변화하는 풍경에 더 가까이 다가가고 친밀해질수록 여정은 더 아름다워지고, 흥미로워지며, 깊은 성취감을 줄 것이다. 그것이 변하리라는 것을 알고 있음에도 불구하고 그렇게 되는 게 아니라, 프로이트가 아주 유창하게 언급했듯이 '바로 그것 때문에' 그럴 것이다.

견고한 유연성의 첫 번째 핵심 자질은 삶의 흐름에 마음을 여는 것이다. 변화와 무상함에 대처하는 일이 쉬울 거란 뜻은 아니다. 그러나 적절한 기대치를 설정하고 도전에 대해 몸과 마음을 준비시킬 구체적인 기술을 개발하는 법을 배울 수는 있다.

#마음을 열어라

- 비이원적 사고를 받아들여라. 이것 '또는' 저것이 아니라 이것 '과' 저것이다.

- 변화를 부정하면 단기적으로 기분이 나아질 수 있지만 장기적으로는 거의 항상 더 나쁘게 느껴지며, 삶에서 깊이, 굴곡, 진정한 탁월함에 대한 잠재력을 제한하게 된다.

- 개인적으로나 사회적으로 우리의 많은 문제는 변화에 저항하는 데서 비롯된다.

- 우리가 삶의 흐름에 마음을 열고 진정한 변화 수용에 도달해야 비로소 모든 일이 제자리를 찾아가기 시작하고, 이는 우리가 각자의 길을 실용적이고 생산적으로 나아갈 수 있도록 힘을 실어준다.

- 소유 지향 대신 '존재' 지향을 채택하는 데는 많은 이점이 있다. 더 견고하고 유연해지며 변화에 덜 취약해진다는 점이다. 당신이 소유하고 있는 것들이 더 이상 당신을 정의하지 않는다.

- 벽을 들이받고 있는 자신을 발견한다면, 피할 수 없는 방아쇠를 생각해보라. 당신의 현실을 있는 그대로 온전히 받아들이는 것은 어떤 모습일까? 어떻게 그것에 다르게 대처할 수 있을까?

- 변화가 없다면, 우리의 존재는 지루하고 따분해질 것이다. 의미 있는 삶을 살고자 한다면 변화는 그저 거래의 일부일 뿐이다.

변
화

스
트
레
스

끄
기

최악을
예상하라

15개월간의 셧다운, 격리, 질병, 죽음 끝에, 2021년 5월, 마침내 약간의 빛이 보였다. 미국 내 코로나19 감염자가 한때 증가하던 속도만큼이나 빠르게 격감한 것이다. 이 급격한 감소는 백신 접종과 행동 변화, 집단 면역, 따뜻한 날씨가 복합적으로 작용한 결과였다. 미국의 많은 지역에서 교통사고를 당할 확률이 바이러스에 감염될 확률보다 높아졌다. 1년여 만에 비로소 사람들은 별다른 걱정 없이 가족, 이웃, 친구들 집에 갈 수 있게 되었다. 그때 세 살짜리 아들의 얼굴에 떠올랐던 흥분된 미소가 지금도 생생히 기억난다. 아들 인생 최초로 친구가 집에 놀러 왔을 때였다. 오로지 야외 아니면 페이스타임FaceTime과 줌Zoom에서만 사람들을 만났던 아들은, 즐거워하며 소리쳤다. "사람들이 정말로 우리 집에 들어올 수 있어요, 현실에서요!"

그간 나이가 많고 면역이 약한 가족 구성원들을 심히 불안해하던 아내는 한시름을 놓았다. 나 역시 대도시 의사로 당시 끊임없는 육체적, 감정적

63

노동으로 완전히 녹초가 되어 있던 친형제와 친한 동생이 이제 좀 쉴 수 있겠다는 생각에 매우 기뻤다. 그해 가을, 내 책『나는 단단하게 살기로 했다The Practice of Groundedness』가 나올 예정이었고, 나는 가장 좋아하는 서점에서 라이브 이벤트가 열리기를 고대했다. 아주 많은 사람이 그랬듯, 나는 돌아온 정상 상태가 반가웠다. 우리는 충분히 오래 기다렸다…… 아니, 그렇게 생각했다.

7월 초, 감염자가 다시 늘어나기 시작했다. 대다수는 더 새롭고, 더 전염성이 높으며, 잠재적으로 더 심각할 수 있는 델타 변이로 확인되었다. 2021년 8월 초까지 감염률은 팬데믹 기간 중 어느 시점보다도 빠르게 증가했다. 잠깐 엿보였던 정상 상태는 돌아올 때만큼 빠르게 사라져버렸다. 델타 변이는 충격 그 자체였고, 사람들은 어느 때보다도 더 절망했다. 이해할 수 있는 반응이었지만, 완전히 논리적이지는 않았다.

오해는 하지 말자. 델타 변이의 등장은 끔찍한 소식이었다. 그러나 전반적으로, 여전히 대부분 사람에게는 팬데믹 초기보다 객관적으로 나은 상황이었다. 입원율과 사망률을 대략 10배에서 20배 낮춰주는 과학의 기적, 백신이 널리 보급되었다. 새로운 치료제가 시장에 출시되기 시작했고, 전염 경로와 후속 완화 전략에 대한 공중 보건 지식이 크게 늘었다. 그럼에도 불구하고 코로나19 델타 변이 앞에 전 세계가 절망했다. 모두가 오로지 팬데믹의 점진적인 완화만을 기대하고 있었지만, 우리가 얻은 것은 완전히 다른 것이었다.

아무것도 먹지 못한 채 긴 하루의 육체노동이 거의 끝나간다고 상상해보라. 당신은 굶주려 있다. 무엇이든 먹겠지만, 고를 수 있다면 가장 좋아하는 음식인 알프레도 스파게티를 먹을 것이다. 오후 5시쯤 누군가 당신의 일을 방해하더니, 6시 30분이 되면 무려 미쉐린 스타 셰프가 준비한 성대한 식사가 당신을 기다릴 거라 설명한다. 입 안에 침이 고인다. 어쩌면 입맛을 다셨을 수도 있다. 당신의 배고픔 수준이 9였다면, 이제는 10이다. 일에 집중하기가 힘들지만, 다시 일로 돌아와 하루를 마무리하기 위해 최선을 다한다.

6시 30분이 되고, 식탁이 있는 방으로 안내되는 동안 당신은 배가 고파 죽을 것 같은 기분이 든다. 뒤에서 짜증 나는 동네 이웃인 빌리가 나타난다. 그는 길에서 당신을 지나칠 때마다 이렇다 할 이유 없이 투덜거리는 사람으로, 으르렁대는 개를 항상 데리고 다닌다. 빌리는 소금기 없고 약간 오래된 프레첼이 담긴 커다란 그릇을 들고 있다. 빌리는 당신이 약속받은 스파게티가 자신이 사촌과 함께 꾸민 잔인한 농담이었고, 아까 당신에게 스파게티 이야기를 한 사람은 자기 사촌이라고 알려준다. 그는 그릇을 내려놓고, 뒤돌아 방을 나서며 중얼거린다. "맛있게 먹으라고." 자, 기분이 어떻겠는가? 이 질문을 받으면, 대부분은 격분할 것이라 대답한다. 상황이 이전보다 현저하게 좋아졌음에도 불구하고 말이다. (동의할지 모르지만) 어쨌든 음식을 앞에 놓고 굶는 것이 음식 없이 굶는 것보다 백 번 낫다. 비록 제공된 음식이 약간 오래된 프레첼일지라도.

많은 심리학 연구가 증명하듯, 주어진 어떤 순간의 행복은 기대를 뺀 현실의 함수다. 현실이 기대와 일치하거나 그 이상일 때 우리는 기분이 좋아진다. 현실이 기대에 못 미치면 우리는 기분이 나빠진다. 꾸준히 행복한 국가 순위에 오르는 나라들의 사정이 꼭 주변국보다 나은 건 아니다. 하지만 이러한 국가의 시민들은 기대치가 더 낮은 경향이 있다. 왜 그럴까? 한 획기적인 연구에서, 서던 덴마크 대학교의 전염병학자들은 왜 자국 시민이 행복과 삶의 만족도 측정에서 다른 서방 국가보다 자주 더 높은 점수를 받는지를 조사했다.『영국의학저널British Medical Journal』에 발표된 그들의 연구 결과는 기대의 중요성에 초점을 맞추었다. "비현실적으로 높은 기대치는 실망으로 이어지고 삶의 만족도가 저하되는 원인이 될 수 있다." 저자들은 썼다. "덴마크 사람들은 삶에 매우 만족하지만, 그런 반면 그들의 기대치는 다소 낮다." 이는 어린 나이부터 쾌락적 행복이 궁극적인 목표이고, 언제나 이를 기대해야 한다고 믿으며 자라는 서양의 아주 많은 다른 나라와는 극명한 대조를 이룬다.

보다 정확한 신 변화 모델, 신항상성(알로스타시스)이 기존 모델인 항상성과 구분되는 주요 특징은 바로 예상 요소가 있다는 점이다. 항상성이 예상을 불가지한 것으로 보는 반면, 신항상성은 당신이 무언가 일어나길 예상하고 있다면 이후 무질서 시기 동안 덜 고통받을 것이라 설명한다. 예를 들어, 항상성은 전쟁터에서 다리에 총을 맞든, 식료품점에서 다리에 총을 맞든 상관없이 당신의 반응은 '다리에 총을 맞았다'로 동일하다고 말한다. 신항상성은 반응이 다를 것이라는 점을 더 정확하게 인식한다. 전쟁터에서 다리에 총을 맞은 사람은 심리적 고통은 물론이고 심지어는 생리적 고통

긴고히고 낡인한 사고방식

도 덜 경험할 것이다. 이는 혈액 내에서 순환하는 호르몬에서도 관찰될 수 있는 현상이다. 식료품점의 쇼핑객과는 달리, 군인은 다리에 총을 맞는 일을 예상은 하지 않았을지언정 그 가능성은 염두에 두고 있기 때문이다.

따라서 견고한 유연성의 중요한 부분은 적절한 기대치를 설정하는 것이다. 기대가 왜 그렇게 중요한지, 이제부터 흥미로운 최첨단 신경과학을 탐구하면서 자세히 알아보겠다. 그런 다음, 적절한 기대치를 설정하는 강력하고, 근거 있으며, 구체적인 방법 3가지를 논의할 것이다. 모두 맹목적인 낙관주의와 해로운 긍정주의로부터, 다른 한편으로는 파멸과 절망으로부터 어느 정도 우리를 보호해줄 방법들이다. 또한 고통pain과 통증suffering 이 왜 비슷하면서도 다른지 알아보고, 이들 사이의 순응적인 관계를 살펴보고자 한다.

뇌는 예측 기계다: 기대의 신경과학

기대는 어떻게 우리에게 그토록 극적인 영향을 미치는가? 그 이유는 전전두엽 피질prefrontal cortex(수의적 움직임을 제어하는 뇌의 사고 부분)을 더 오래된 뇌간brain stem(불수의적 움직임을 제어하는 뇌의 감정 부분)과 연결하는 신경 회로에서 찾아볼 수 있다. 이삼십 년 전까지만 해도, 의식이란 주로 뇌가 세상을 있는 그대로 경험하는 것이라는 게 신경과학계의 지배적인 견해였다. 신경과학자 앤디 클라크Andy Clark(스코틀랜드 에든버러 대학교), 야콥 호위Jakob Hohwy(호주 멜버른 모내시 대학교), 마크 솜스Mark Solms(남아프리카 공화국 케이프타운 대학교)가 선봉에 서 있는 더 최근 연구들은, 뇌가 마치 예측 기계처럼 기능한다는 것을 보여준다. 우리의 전전두엽 피질은 앞으로 일어날 일을 지속적으로 예측한다. 이러한 예측은 뇌간으로 보내져 예상되는 모든 일에 대비해 심신을 준비시킨다.

뇌가 이렇게 미래 지향적 입장을 취하는 데는 그럴 만한 이유가 있다. 다음에 일어날 수 있는 일에 대한 아무런 생각이나 편견 없이 매 순간을 접하는 것보다 훨씬 더 효율적이기 때문이다. 당신이 공항에서 비행기를 타기 위해 탑승교를 걷고 있다고 상상해보라. 예측 기능이 없다면 당신의 뇌는 절벽을 걷거나 수영장에 들어가거나 차도로 걸어 들어갈 때와 동일하게 당신을 준비시킬 것이다. 이것은 엄청나게 비효율적이며, 당신의 모든 신경 에너지를 소모시키는 일이다. 우리의 진화 과정에서 이것은 생존에 커다란 불이익이 되었을 테고, 오늘날 당신은 아무 일도 해내지 못하게 됐을 것이다.

"예측 구성 요소prediction component는 신경 하위시스템subsystem이 통신 하위시스템의 실제 신호뿐 아니라, 계층적으로 조직된 네트워크 내 신호에 관한 동적 예측에도 기반하여 작동한다는 개념을 제공한다. 이러한 다중 예측의 연속성은 안정적이고 에너지 효율적인 처리를 위해 오류 신호를 다루고, 신호 가중치를 할당하며, 시스템의 다른 부분에서 이득변조gain-modulation에 영향을 주는 국소적·후발적인 조절 과정의 필요성을 제기한다." 스웨덴 예테보리Gothenburg 대학교의 신경과학 연구팀이 『프런티어스 인 휴먼 뉴로사이언스Frontiers in Human Neuroscience』지에 발표한 내용이다. 비전문가의 말로 풀자면, 뇌는 현실에 맞게 지속적으로 조정되는 예상 시나리오에 따라 가

동된다. 이 시나리오가 현실에 가깝게 맞춰질수록, 우리의 기분은 나아지고 에너지 소모는 줄어드는 것이다.

노벨상을 수상한 저명 심리학자 대니얼 카너먼Daniel Kahneman이 주도한 유명 실험에서, 연구자들은 실험 참가자들에게 우선 극도로 차가운 물에 60초 동안 손을 담근 채 있으라고 지시했다. 그런 다음에는 똑같이 차가운 물에 60초 동안 손을 담갔다가, 이어서 14~15도로 데워진 물에 30초 동안 담그라고 지시했다. 그렇게 두 차례 실험한 뒤, 참가자들에게 첫 번째와 두 번째 중 어느 실험을 다시 하겠느냐고 물었다. 대다수의 참가자는 두 번째라고 대답했다. 손을 아주 차가운 물에 60초 담갔다가 꽤 차가운 물에 다시 30초 담그는 것이, 아주 차가운 물에만 60초 담그는 것보다 불편함의 총량은 더 크다. 그러나 두 번째 조건에서 상황은 실험이 끝나갈수록 점차 나아졌으며, 참가자들은 그 사실을 선호했다. 카너먼과 동료들은 다양한 환경에서 이 연구 결과를 재현했다. 예를 들어, 대부분의 사람은 느린 줄에서 45분간 기다리다가 마지막 10분간 줄이 빠르게 줄어드는 경험을, 느린 줄에서 45분간만 기다리는 경험보다 더 긍정적으로 평가한다. 첫 번째 조건에서 총 대기 시간이 더 긴데도 말이다.

1990년대 중반에 이러한 연구들이 처음 발표되었을 때, 연구의 주요 시사점은 사람들이 경험의 끝에 과도한 가치를 둔다는 데 있었다. 현재 우리가 의식과 뇌의 예측 기능에 대해 알고 있는 사실을 고려할 때, 나는 그 이면의 메커니즘이 주어진 특정 상황 동안 앞으로 일어날 일에 대한 우리의 기대를 키운다고 추정한다. 경험의 끝에서 기대는 현실과 일치하거나 (찬물이 차갑게 유지되고, 줄이 주는 속도도 마찬가지다), 현실에 미치지 못하며(찬물이 더 차가워지고, 줄은 더 느리게 줄어든다), **때로는 현실을 넘어선다**(찬물이 따뜻해지고, 줄이 더 빠르게 줄어든다). 우리는 비록 객관적으로 더 큰 고통을 겪게 될지라도, 주관적으로 현실이 우리의 기대를 넘어서는 것을 선호한다. 이것이 바로 여기서 반복적으로 다루게 될 주제다. "의식은 현실에 대한 우리의 순수한 경험이 아니라, 우리의 기대에 의해 여과되고 변조된 현실에 대한 경험이다."

더 최근 연구들은 기대가 현재 경험과 과거 경험 기억에 대한 우리의 인식에 영향을 끼칠 뿐만 아니라, 우리가 미래에 접근하는 방식에도 다방면으로 영향을 미친다는 사실을 보여준다. 언뜻 보면 당연해 보이지만, 그 의미는 심오하다. 운동선수는 지쳐서 탈진 직전에 있다가도 경주 결승선에 가까워졌다는 말을 들으면, 기분이 나아지기 시작하고 신기하게도 기력을 회복한다. 짐작건대 모퉁이를 돌면 결승선이 있기를 기대하는 그들의 뇌가 에너지 보존을 중단하고 체력을 쏟아낼 수 있도록 하기 때문일 것이다. 다른 실험에서는 지친 운동선수가 스포츠 음료로 입을 헹구면 즉시 기분이 나아지고 더 많은 힘을 내는 것으로 나타났다. 여기서 주목할 점은 입을 헹군 후에 스포츠 음료를 뱉는다는 것이다. 열량과 영양분이 운동선수의 위장은커녕 목구멍도 넘어가지 않는다. 그래도 힘이 나는 건 아마도 뇌가 스포츠 음료의 맛을 보고, 그것이 곧 소화되리라 예측한 후 신체 능력에 대한 통제를 풀어 밀어붙이기 때문이다. 하지만 만약 운동선수가 반복적으로 스포츠 음료를 뱉어내고, 그렇게 시간이 흐르면 긍정적인 효과는 더 이상 나타나지 않게 된다. 뇌가 입속의 스포츠 음료를 다가오는 열량과 연관시키기를 그만둘 테니 말이다. 결승선이 가깝지 않음에도 가까워졌다는 말을 들은 운동선수의 경우도 똑같다. 일단 그들의 뇌가 상황을 파악하고 나면, 참가자들은 속도를 낼 수 없을 것이다. 뇌를 속일 수 있는 건 딱 그 정도까지다.

모든 면을 감안할 때 뇌가 예측 기계라는 점은 굉장히 유리하다. 그러나 기대가 현실과 일치하지 않는 경우에는 악순환에 빠지게 된다. 불일치가 클수록, 특히 기대가 현실보다 장밋빛일수록 고통이 더욱 심해진다. 이는 심리적으로뿐만 아니라 생리적으로도 그렇다. 잘못된 예측을 할 경우 다시 현실에 맞추어 돌아가기 위해 더 많은 에너지가 필요해진다는 것을 기억하라. 우리 뇌와 몸은 에너지를 보존하도록 만들어졌기 때문에, 기대가 더 많이 어긋날수록 문제는 더 커진다. 우리가 의식으로서 경험하는 것은, 많은 면에서 우리의 예측이 올바른 방향으로 가고 있는지를 알려주기 위해 뇌가 만들어내는 생각과 감정의 끝없는 연속이다. 예측이 정확하다면, 기분이 좋아지고 일반적으로 차분하고 행복한 생각을 하게 된다. 그러나 예측이 지나치게 낙관적이면, 기분이 나빠지고 생각은 부정적으로 변한다.

많은 이가 '마음'이라 부르는 기본적인 심리학과 많은 이가 '뇌'라고 부르는 기본적인 생물학 사이의 흥미로운 연관성이 여기에 있다. "행복은 현실 빼기 기대"라는 심리학 방정식은 본질적으로 생물학적(우리 뇌가 하는) 예측의 정확성을 나타낸다. 나는 이 사실을 처음 깨달았을 때 충격을 받았는데, 그럴 만한 이유가 있었다. 나는 심리학과 생물학의 통합이 내 연구의 방향이 되리라곤 생각하지 못했다. 그것은 내가 전혀 예상할 수 없었던 통찰이었고, 그에 따른 강한 감정이 들었던 것이다.

코로나19 델타 변이가 출현한 2021년 여름 이야기로 되돌아가자. 분명 대부분 사람의 상황이 팬데믹 시작 당시보다 실증적으로 나아졌음에도, 모두가 비탄에 빠졌다. 우리가 방금까지 다룬 내용에 비추어보면 당연한 이야기다. 마치 마라톤 중에 누군가가 우리에게 39킬로미터 지점에 있다고 말한 것 같았는데, 온 힘을 다해 막판 스퍼트를 올리고 보니 18킬로미터 지점에 와 있다는 것을 알게 된 것과 같았기 때문이다. 같은 해 가을에 나는 이와 똑같은 비유를 담은 짧은 글을 썼다. 그리고 한 예리한 독자가 댓글로 말하길, "맞는 말인데 한 가지 예외가 있다면, 코로나19가 마라톤과 다르다는 점이다. 그것은 결승선이 어디인지 모르는 초장거리 트레일 마라톤이다."라 했다.

그의 현명한 발언은 코로나19를 뛰어넘는다. 이 책의 서문에서 보통의 성인은 삶에서 36번의 주요한 혼란을 경험한다고 말했던 걸 기억하라. 여러 면에서, 우리의 삶과 존재 자체는 결승선이 어디인지 모르고 가는 길에 어떤 장애물이 튀어나올지도 모르는 초장거리 마라톤과 같다. 그렇다면 눈에 띄는 의문이 있을 터다. 도대체 어째서 우리는 이 마라톤을 뛰어야 하는 걸까?

비극적 낙관주의

세르지 홀러바흐Serge Hollerbach는 1923년 러시아 레닌그라드에서 태어났다. 그는 열일곱 살에 미술 고등학교에 입학했는데, 불과 여섯 달이 지나 1941

년 6월 독일군이 침공했다. 그와 다른 많은 러시아인이 나치 공장의 노동 자로 강제 동원되었다. 그는 수용소에서 살아남았고, 전쟁이 끝나자 뮌헨 미술 아카데미Munich Academy of Fine Arts에 입학했다. 제2차 세계 대전은 홀러 바흐를 뿌리까지 흔들며 한때 그에게 있었을지 모를 순진무구함을 전부 없 애 버렸다. 하지만 여전히 그는 삶에 낙관적이었다. 그 낙관은 예술에 대한 애정에 크게 빚진 것으로, 예술은 현실을 대변하면서도 그에게 현실을 초 월할 기회를 주었다. 그는 창의적 표현에서 즐거움과 의미를 찾았다.

홀러바흐는 뮌헨 미술 아카데미에서 주관적 관점에서 세상을 묘사하 는 시각적 양식인 '표현주의'를 배웠고, 현실 자체보다는 사람이 현실을 경 험하는 방식을 재현하려 시도했다. 유명한 표현주의 작품으로는 빈센트 반 고흐의 「별이 빛나는 밤Starry Night」과 에드바르 뭉크의 「절규The Scream」 등 이 있다. 홀러바흐는 말년에 자신이 배웠던 표현주의 양식에 크게 의존하 게 되는데, 그 이유는 아무도 예상할 수 없었다.

1949년, 홀러바흐는 미국으로 이주하여 뉴욕에 정착했다. 그곳에서 그 는 카세인화와 수채화를 다수 제작했고, 이 작품들이 예일 대학교 아트 갤 러리Yale University Art Gallery, 버틀러 미국 미술관Butler Institute of American Art, 조지아 미술관Georgia Museum of Art을 비롯해 여러 미술관의 소장품이 되어 예술가로 서 큰 진전을 이루었다. 홀러바흐는 표현주의 기법과 대담하고 사실주의적 인 감성을 결합하여 인간 경험의 본질을 전달하는 독특한 회화 접근 방식 으로 널리 알려졌다. 그의 작품은 1983년 미국수채화협회American Watercolor Society 금메달을, 1989년과 1990년에는 은메달을 수상했다. 그 밖에도 1983 년 오듀본 예술가Audubon Artists 은메달, 1988년 그룸바커Grumbacher 어워드 금메달, 1985년과 1987년 미국예술가연합Allied Artists of America 금메달, 1986년과 1987년 로키산맥 국립 수성매체 전시Rocky Mountain National Watermedia Exhibition 1등상을 수상하는 등 많은 찬사와 영예를 누렸다. 전시와 상업 작품 작업을 하는 한편 국립 디자인 아카데미National Academy of Design에서 강의를 하기도 했다.

1994년, 71세의 홀러바흐는 시력이 악화되기 시작했다. 얼마 지나지 않아 황반변성 진단을 받았는데, 황반변성은 일반적으로 노인에게 발병해 중심시력이 손상되고, 주변시력도 저하되어 대부분 법률상의 시각장애인이 되는 질환이다. 그의 진행 속도는 매우 빨랐다. 결국 수술을 통해 시력은 안정되었지만, 홀러바흐는 중심시력을 잃었고 사물을 자세하게 파악할 수 없게 되었다. 그가 볼 수 있는 거라곤 크고 전반적인 형태뿐이었다. "글쎄요, 당신 얼굴을 볼 수는 있지만 아주 가까이 다가가야 해요. 당신 초상화는 그릴 수 없고, 스케치할 수도 없죠. 모든 게 흐릿하게 보입니다. 초점이 맞지 않아요." 다른 누구도 보지 못한 섬세한 세부 특징들을 인식해 이름을 알린 시각 예술의 거장, 홀러바흐는 법적으로 실명 선고를 받았다.

인물화 그리는 것을 특히 좋아했던 그는 복잡한 것들을 인식하는 능력을 상실했다는 데 엄청나게 좌절했다. 그러나 그는 시력을 회복할 방법이 없다는 사실 또한 깨달았다. 어떠한 저항도 소용없을 터였다. 그는 절망하지 않고 작품에 표현주의적 특징을 강조하고 사실주의를 버리기로 결심했다. 그리고 눈앞에 보이는 것을 그리는 것에서 그의 안에 보이는 것을 그리는, 즉 그의 표현에 따르면 '내면의 눈'에 의지해 그리는 쪽으로 빠르게 전환했다. 이것이 "삶에서 가장 중요한 것"을 전할 수 있게 해주었다.

느닷없이 시력이 감퇴했을 때 홀러바흐는 그림을 포기하는 대신 창작과의 관계에 재적응했고, 결과적으로 어쩌면 이전의 사실주의적 접근 방식보다 더 사실적으로 느껴지는 것에 도달하게 되었다. 홀러바흐는 시력 상실을 긍정적으로 보지 않았다. 하지만 확실하게 부정적으로 보지도 않았다. 그는 "매우 슬픈 일이지만 대단한 재앙은 아니"라고 설명했다. "어떤 면에서 시각장애는 나에게 새로운 방향을 제시해 주었습니다. 축복이라고 말하고 싶지는 않아요. 그렇지만 새로운 장을 열어주었죠. 내가 될 수 있었던 나의 모습으로 시각장애가 다시 이끌어주었다고 생각해요."

'비극적 낙관주의tragic optimism'라는 용어는 제2차 세계 대전의 또 다른 생존자이자 나치의 죽음의 수용소를 견뎌낸 빈 출신 유대인 심리학자, 빅토르 프랑클Viktor Frankl이 만들었다. 프랑클은 1946년 출간된 저서 『죽음의 수용소에서Man's Search for Meaning』로 잘 알려져 있다. 『죽음의 수용소에서』는 홀로코스트에 대한 회고와 심리학에 대한 서술로 구성되어 있다. 이 책의 후반부는 최악의 상황에서조차 성취와 의미를 찾는 프랑클의 체계, 실존적 심리치료existential psychotherapy의 토대가 되었다. 50개국 이상의 언어로 번역되어 1,600만 부 이상 판매된 이 책은 지금까지도 인간 본성을 공부하는 모든 이의 필독서로 여겨진다.

대부분의 사람이 모르는 사실은 프랑클이 1980년대 중반에 「비극적 낙관주의 사례The Case for Tragic Optimism」라는 제목의 짧은 에세이를 책에 추가했다는 것이다. 그 에세이에서 프랑클은 삶에 불가피한 비극 세 가지가 수반된다고 보았다. 첫 번째는 우리가 살과 뼈로 이루어져 있기 때문에 생기는 통증과 고통이다. 두 번째는 죄책감으로, 우리에게 선택의 자유가 있기 때문에 일이 바라던 대로 이루어지지 않을 때 느끼는 책임감이다. 세 번째는 미래를 내다보는 능력인데, 우리 자신을 비롯해 우리가 아끼는 모든 것이 결국 변하거나 끝난다는 사실을 직시해야 하게 되므로 그러하다. 우리가 이렇게 불가피한 고통 세 가지와 함께 살아가고 있음에도 서구 사회는 사람들에게 무조건 행복해야 한다는 엄청난 압력을 가하고 있다. 이는 암만 생각해도 무리한 요구이고, 최악의 경우에는 위험할 수도 있다. 앞서 살펴본 대로, 지나친 장밋빛 기대는 실망과 괴로움을 불러오는 흔한 원인이다. 반대로 슬플 때 스스로 우울하다고 판단하거나, 자신에게 무언가 문제가 있다는 생각(또는 그 슬픔이 약점이라는 생각)을 내면화하는 것 역시도 당신이 겪고 있는 상황을 더 어렵게 만들 뿐이다.

　내 경험에 따르면 행복해지는 최악의 방법은 항상 행복하고자 노력하는 것이며, 그보다 더 최악은 반드시 행복해야 한다고 상정하는(그리고 기대하는) 것이다. 많은 사람이 항상 긍정적이고 낙관적이어야 한다고 말하는 사회 풍조를 암묵적으로, 때로는 노골적으로 흡수함으로써 짊어지게 되는 무거운 감정적 부담을 깨닫지 못하고 있는 듯하다. 슬픔, 지루함, 무관심은 인간 경험의 불가피한 부분인데도 말이다. 또한, 나는 우리 자신에 대한 판단이나 타인에게 가하는 재촉 및 비난 중 상당 부분이 이 불가능한 기준으로 인한 부담을 짊어지는 데서 오는 거라고 생각한다. 2022년『성격 및 사회 심리학지Journal of Persoanlity and Social Psychology』에 발표된 전 세계 7만 명 이상을 대상으로 한 연구에서, 연구진은 행복과 성취의 경험이 기대의 정확도와 상관관계에 있다는 사실을 발견했다. 아마도 우리는 한 점 그늘 없는 행복을 맹목적으로 추구하기보다는 비극적 낙관주의를 더 나은 대안으로 받아들여야 할 것이다.

　우선 정의를 보자. 비극적 낙관주의는 회피 불가능한 통증, 상실, 고통에도 불구하고 희망을 유지하고 삶의 의미를 찾는 능력이다. 그것은 삶에는 고난이 수반되며, 때로는 덧없음이 상처를 줄 수 있다는 사실을 인정하고, 받아들이고, 예상하는 것이다. 그리고 그럼에도 불구하고 긍정적인 태도로 앞으로 터벅터벅 나아가는 것이다. 비극적 낙관주의를 실천하면, 우리는 상황이 생각처럼 나쁘게 전개되지 않을 때 기분 좋은 놀라움을 경험할 것이다. 상황이 생각처럼 나쁘게 흘러간다면, 그에 따른 준비를 하고 냉정해질 것이다. 연구에 따르면, 비극적 낙관주의 사고방식으로써 삶에 임하는 사람들, 특히 상당한 변화와 고난을 예상하는 사람들은 스트레스에 대해 신체적, 정신적으로 유리한 반응을 보인다고 한다. 그들은 고통을 덜느끼고, 더 큰 용기를 얻으며, 힘든 일을 겪고 나서도 성공적으로 앞으로 나아갈 가능성이 더 높다. 어린아이가 걷거나 뛰는 법을 배우는 동안 얼마나 많이 넘어지는지 생각해보라. 혹이 나거나 멍이 들지언정 확실히 성인만큼 고통을 느끼거나 낙담하지는 않는다. 그 발달 단계의 아이들은 엄청난 분투 외에는 아무것도 기대하지 않고, 따라서 그에 맞설 준비가 되어 있다.

　비극적 낙관주의가 적극적으로 고통을 추구하는 것이 아니라는 점을 분명히 할 필요가 있겠다. 나는 정말로 고통을 피할 수 있다면 피해야 한다고 생각한다. 오히려 비극적 낙관주의는 고통의 불가피성을 깨닫는 것이다. 이는 곧 삶 자체가 우리에게 수많은 시행착오 기회를 주며, 또한 어떻게 고통을 직면할지에 관한 최소한의 결정권도 부여해줌을 의미한다. "이것이 의미를 발견하는 데 고통이 불가결하다는 말인가? 전혀 그렇지 않다. 나는 단지 고통이 불가피하다면 고통에도 불구하고, 아니 심지어 고통을 통해서도 의미를 찾을 수 있다고 주장하는 것이다." 프랑클은 썼다. "불필요한 고통은 영웅적이라기보다는 자학적이므로, 고통을 피할 수 있다면 우리가 해야 할 유의미한 일은 그 원인을 제거하는 일이다. 반면 고통을 일으키는 상황을 바꿀 수 없는 경우에도 여전히 자신의 태도는 선택할 수 있다." 당연하게도 이것이야말로 프랑클이 홀로코스트 생존자로서 행한 일이자 홀러바흐가 자신의 실명에 대응해 행한 일이다.

비극적 낙관주의가 통하는 이유에 대한 과학적 이론

프랑클의 비극적 낙관주의 연구는 예측적인 뇌에 대한 최신 신경과학 연구보다 먼저 이루어졌다. 그러나 우리는 지금 알 만큼 알고 있으므로, 나는 비극적 낙관주의가 어째서 효과적인 인생관인지, 그 논거를 제시하고자 한다. 인생이 힘들 거라 예상하고 예측한다면, 삶이 힘들 때 놀라지 않을 것이다. 그 자체로 삶은 더 편안해지고, 변화와 역경 속에서 평정심과 의미를 찾을 가능성도 높아진다. 강력한 비이원적 사고의 한 형태인 비극적 낙관주의는 삶에는 슬픔'과' 의미가 모두 있고, 우리는 고통'과' 기쁨을 경험할 수 있으며, 변화는 괴로움'과' 희망을 가져올 수 있고, 무상함은 끝'과' 시작을 모두 표상한다고 우리에게 가르쳐준다. 적어도 비극적 낙관주의는 복잡한 것들과 모순으로 가득 찬 골치 아픈 세상을 개념화하는 더 정확한 방법이다. 그리고 우리가 배운 대로 뇌는 정확한 개념과 예상을 선호한다.

또한 비극적 낙관주의에는 변화와 무질서에 반응해 느끼는 모든 감정에 대한 수용이 내재되어 있다. 예를 들면, 9월 11일 테러 공격 이후 많은 사람이 공포, 불안, 두려움, 절망감이 증가했다고 보고했고, 이는 이해할 만한 것이었다. 하지만 어떤 사람들에게서는 다른 사람들보다 그런 감정들이 더 오래 지속되었으며, 그로 인해 훨씬 더 쇠약해지기도 했다. 노스캐롤라이나 대학교 채플힐캠퍼스와 미시간 대학교 앤아버캠퍼스의 연구팀은 그 이유를 알아보기 시작했다. 그들은 회복탄력성resilience이 강한 사람들일수록 일어난 일에 대한 공포를 온전히 인정하고 느낀다는 것을 알아냈다. 그들은 회복탄력성이 약한 사람들과 동일한 수준의 슬픔, 스트레스, 비탄을 경험했으나, 그들과 달리 마음 한편에 사랑과 감사 같은 감정을 위한 여지도 남길 수 있었다.

비극적 낙관주의는 유용한 자질이다. 그것이 고통을 마비시키거나 당신을 '폴리애나'(엘리너 H. 포터의 소설 『폴리애나』 속 주인공으로, 지나친 낙관주의자라는 의미로 사용됨-옮긴이)로 만들어서가 아니라, 당신 내면의 시야를 넓혀 광범위한 감정을 품을 여유를 만들어주기에 그렇다. 이는 인간으로 사는 의미에 대한 '정확한 기대'이기도 하다. ('회복탄력성' 연구는 이러한 사실을 보여주는 많은 예시 중 하나다.) 비극적 낙관주의는 세상에 끔찍한 일이 벌어진 그날에도 당신은 여전히 숲속 산책을 즐길 수 있다고 말한다. 또한 인생에 좋은 일이 많을지라도 슬프고 우울할 수 있다고 말한다. 여러 날 동안 당신은 온갖 상충되고 모순적인 감정을 느낄 테지만, 이는 당신에게 뭔가 문제가 있어서가 아니다. 그와 정반대다. 이 모든 감정이 가장 평범한 인간 존재의 일부이기 때문이다. 비극적 낙관주의로의 전환은 일반적인 억압, 착각, 자기 판단self-judgment, 반추 그리고 절망을 뒤꼍으로 밀어낸다. 그리고 당신에게 현명한 희망을 가지고 현명한 행동으로 상황에 맞설 수 있도록 여유를 마련해준다. 이제부터 그 개념에 대해 살펴보겠다.

현명한 희망과 현명한 행동

불교 심리학의 핵심에는 몇 가지 고대 팔리어, 산스크리트어 문헌이 있다. 그 안에는 '둑카dukkha'라는 단어가 반복적으로 등장한다. 불교의 첫 번째 고귀한 진리이자 전체 철학의 기초가 되는 전제는 '둑카사트야dukkha-satya' 혹은 '고통의 진리'다. 오늘날, 단어 '둑카'는 일반적으로 '고통'으로 번역된다. 그러나 이 번역이 꼭 정확하지는 않다. '두du'는 '어려움' 혹은 '힘듦'을 뜻하는 접두사이고, '카kha'는 '직면하다'를 포함해 여러 의미를 가지고 있다. 그것들을 합쳐 실제로 "직면하기 어려움"이란 뜻을 가진 '둑카'가 되는 것이다. 아주 많은 사람이 생각하는 것과는 달리, 불교의 첫 번째 고귀한 진리는 삶이 고통이라고 가르치지 않는다. 오히려 삶은 직면하기 어려운 일들로 가득 차 있다고 가르친다. 어쩌면 고통은 가장 흔한 '둑카'의 부산물일지 모르지만, 그 자체로 '둑카'는 아니다.

삶이 직면하기 어려운 일들로 가득 차 있다는 것은 2,500년 전 붓다의 시대에도 진리였고, 오늘날에도 진리로 남아 있다. 오늘날의 둑카로는 개

견고하고 유연한 사고방식

인의 부상이나 질병, 기후 변화, 민주주의에 대한 위협, 전 세계적인 유행병 그리고 노화 등을 꼽을 수 있겠다. 우리가 이 모든 '둑카'를 마주할 때, 두 가지 태도가 우세하다. 어떤 사람들은 보고도 못 본 체하거나, 자신을 속이거나, 해로운 긍정주의를 표현하는 쪽을 택한다. 다른 사람들은 지나치게 비관적이거나 절망적인 태도를 선택한다. 상반되어 보이지만, 두 가지 중 어느 쪽이든 똑같이 고르기 쉽다. 당신이 무엇을 하든 용서해주기 때문이다. 전자는 무언가 잘못되었다는 사실을 부정한다. 잘못된 게 없다면 걱정할 일도 바꿀 것도 없다. 후자는 기본적으로 어떤 행동이든 무의미할 것이므로 나서서 고생할 필요가 없다고 생각하기 때문에 그렇게 암울한 태도를 취한다. 이는 무력감과 허무주의로 가는 지름길이다. 둘 다 특별히 도움이 되지 않는다. 그러나 그 중간 어딘가에 제3의 길, 비극적 낙관주의가 있다. 바로 현명한 희망과 현명한 행동에 전념하는 것이다.

현명한 희망과 현명한 행동은 우리에게 상황을 있는 그대로 받아들이고 분명하게 파악하길 요구한다. 그다음 우리에게 필요한 희망적인 태도를 갖추길 원한다. 말하자면 이렇다. "그래, 이게 지금 일어나고 있는 일이지. 나는 내가 통제할 수 있는 일에 집중하고, 통제할 수 없는 일에 집착하지 않도록 노력하고, 가능한 한 최선을 다할 거야. 이전에 다른 역경도, 의심과 절망의 시기도 있었지만 나는 모두 잘 극복했으니까."

현명한 희망과 현명한 행동은 그저 변화와 무질서에 생산적으로 대처하고 영향을 미치기 위한 길이 아니다. 그것은 정신적, 육체적 건강도 유지해준다. 절망감과 무력감은 임상적 우울증과 신체적 감퇴와도 관련이 있다. 한편, 해로운 긍정주의는 스트레스 호르몬인 코르티솔 수치 증가와 관련이 있는데, 이는 고혈압, 두통, 불면증, 비만, 그 밖의 여러 현대 질병을 유발한다(착각에는 많은 노력이 필요하기 때문이다). 그러나 만일 우리가 직면하기 어려운 변화에 능숙하게 대응할 수 있다면, 현명한 희망과 현명한 행동으로써 나아갈 수 있다면 부적응 반응을 줄이고 결과적으로 더 큰 회복탄력성을 얻게 된다.

1985년, 브라이언 스티븐슨Bryan Stevenson이라는 청년이 하버드 대학교에서 공공 정책 석사와 법학 박사 학위를 취득했다. 법에 대한 그의 관심은 언제나 시민권 보호와 공정한 정의 구현에 뿌리를 두고 있었다. 졸업 후 그는 사형 사건 피고인 및 사형수들을 변호하는 단체인 남부인권센터Southern Center for Human Rights 소속 변호사가 되었다. 미국 최남부 지역, 조지아주 애틀랜타에서 몇 년 동안 기결수들과 일한 스티븐슨은 앨라배마주 몽고메리에 '평등정의운동Equal Justice Initiative, EJI'을 설립하여 대량 투옥mass incarceration 종식과 사형수 같은 미국 내 취약한 이들의 권리 보호에 전념했다. 스티븐슨이 어디를 보든 불공정, 무자비 그리고 고통이 보였다. 이에 대한 저항력을 제공하려는 노력이 그의 필생의 업이 되었다.

지난 30년간 스티븐슨과 EJI는 중대한 법적 도전에서 승리했다. 과도하고 불공정한 형벌을 없애고, 무고한 사형수들의 무죄를 밝혔으며, 정신질환 수용자에 대한 학대에 맞서고, 성인으로 기소된 미성년자를 도왔다. 유죄 판결 시점에 17세 이하인 미성년자에게 가석방 없는 절대적 종신형 선고를 금지한 획기적인 2012년 판결을 포함해, 스티븐슨은 연방 대법원에서 다수의 사건을 변론하여 승소했다. 억울하게 사형을 선고받은 135명 이상의 기결수들에 대한 판결취소, 구제, 석방을 이끌어냈으며, 수백 명을 추가로 도왔다. 극도로 불리하고 권리가 박탈된 이들을 변호한 공로를 인정받아, 스티븐슨은 맥아더 재단의 '천재 상'과 수많은 다른 상과 메달을 수상했다. 2014년 출간된 그의 회고록『월터가 나에게 가르쳐준 것Just Mercy』은 출간되자마자 베스트셀러가 되었고, 마이클 B. 조던이 주연을 맡은 동명의 영화로도 제작되었다. 상담과 변호 업무 외에도 스티븐슨은 뉴욕 대학교 로스쿨 교수로 일했고, 앨라배마주 몽고메리에 노예 제도, 인종 분리, 대량 투옥의 역사를 알리는 박물관과 기념비를 세우는 데 앞장섰다.

스티븐슨은 누구 못지않게 결실 있는 경력을 가지고 있다. 그의 업적은 어떤 분야에서도 탁월할 것이지만, 그의 업무 분야와 그가 직면하는 위압적인 도전을 고려할 때 특히 놀랍다. 사형 사건 피고인을 변호하는 일은 누구도 상상할 수 없는 고통과 괴로움의 한복판에 서는 일이다. 그곳에는 잘못 기소된 이들과 정당하게 기소된 이들, 피고인의 가족과 피해자의 가족들, 제도 내 인종 차별과 다른 형태의 차별에 대한 수많은 사례가 존재한다. 따라서 많은 국선 변호인은 육체적, 정서적 건강을 지키기 위해 의뢰인들로부터 안전한 거리를 유지한다. 하지만 스티븐슨은 다르게 일한다. 그는 더 가까이 다가간다.

"저는 우리 모두가 우리가 지금껏 저지른 최악의 행동보다 나은 사람이라고 믿습니다. 저는 어떤 사람이 거짓말을 했다고 해서 그 사람이 거짓말쟁이라고 생각하지 않아요. 심지어 어떤 사람이 다른 사람을 죽인다 해도, 그 사람을 단지 살인자로 생각하지 않습니다. 그리고 저는 정의가 우리로 하여금 누군가의 다른 모습을 보도록 요구한다고 생각해요. 변호사가 그 모습이 무엇인지 볼 수 있을 만큼 가까이 다가가지 않으면, 일을 아주 잘할 수는 없을 겁니다." 구치소와 교도소에 들어가 피고인과 마주앉아 그들의 이야기를 듣고, 그들의 인간성을 확인하고, 그들에게 존엄성을 부여하며 몇 시간이고 시간을 보내기로 유명한 스티븐슨의 말이다.

스티븐슨은 현대 사법 제도의 극명한 문제에 대해 아무런 환상을 갖고 있지 않다. 또한 자신이 변호하는 사람 중 일부가 실제로 극악무도한 범죄를 저질렀으며, 그 대다수가 흉악한 상태에서 일어났다는 점도 분명히 알고 있다. 그는 '둑카'에 가까이 있기 때문에 순진함이나 고의적인 무지의 가능성이 허락되지 않는다. 그렇다고 해서 허무주의나 만성적인 절망에 빠지지도 않는다. 스티븐슨은 현명한 희망과 현명한 행동을 전형적으로 보여주는 인물이다. 그는 말한다. "궁극적으로 우리가 하고 싶은 말은, 복잡한 세상을 살아감에 있어 기본적인 도전 과제에 더 희망적이고 더 열성적이며 더 헌신적일 필요가 있다는 이야기다." 혁신, 창조, 발전은 단순히 머릿속에 있는 아이디어에서 나오는 게 아니다. 스티븐슨에 따르면 그것은 "우리 마음에 있는 어떤 확신에 의해 힘을 얻는 마음속 아이디어에서 나오는 것이다. 그리고 내 생각에 그 머리와 마음의 연결은 우리에게 온갖 밝고 눈부신 것들뿐만 아니라, 어둡고 어려운 것들에도 귀를 기울이라고 말한다. (…) 분명 힘든 날들, 어려운 날들, 고통스러운 날들이 있으나, 나는 정의가 떠오르는 모습을, 진실이 승리하는 모습을 똑똑히 보았으며, 그에 진실로 감사한다. 아주 놀라운 일이다."

스티븐슨의 이야기는 현명한 희망과 현명한 행동의 심오한 예이며, 이것이 바로 내가 이 이야기를 소개하기로 선택한 이유다. 스티븐슨이 그가 일한 환경에서 현명한 희망과 현명한 행동을 보여줄 수 있었다면, 우리도 우리 인생에서 그렇게 할 수 있다. 또한 애초에 현재의 사법 제도가 스티븐슨의 영웅적 활동을 필요로 한다는 사실이 대단히 슬프다는 점도 지적할 만하다. 그러나 다시 말하지만, 이게 바로 그의 이야기를 들려주는 이유다. 희망에 의지하는 건 힘든 일이 될 수 있다. 희망을 가장 필요로 하는 상황에서는 더욱 그렇다. 우리가 사는 세상에는 많은 것이 제대로 기능하지 않고, 끝나지 않을 듯한 '둑카'가 존재한다. 그것을 마주하기란 어려운 일이지만, 고의적인 무지나 절망 때문에 아무것도 하지 않는다는 대안은 의심할 여지없이 더 나쁘다. 망가진 세상을 개선할 기회를 얻고자 한다면 우리가 망가진 사람이 되어선 안 된다.

그러니까 우리 모두가 스티븐슨이 한 일을 그와 같은 수준으로 해내야 한다는 뜻일까? 아니다. 그러나 현명한 희망과 현명한 행동으로써 각자의 삶 속 어려움에 맞설 수 있는 영감은 받아야 하며, 그건 충분히 가능하다. 현명한 희망이, 현명한 행동을 할 기회를 열어준다. 우리가 삶이 힘들 거라 예상하면서 몸과 마음이 기쁨과 가능성을 받아들이도록 할 때, 비극적 낙관주의를 포용하고 현명한 희망과 현명한 행동으로 그에 따를 때, 우리는 확고하게 우리의 길을 가게 된다. 그 길이 우리를 어디로 데리고 가든, 설령 그것이 사형수 감옥에 들어가는 일이 되더라도 말이다.

도덕 철학자, 키어런 세티야Kieran Setiya는 희망이 "잠재적 행위의 찰나를 존속하게 해준다."라고 썼다. 행동은 본질적으로 희망 없이는 불가능하다. 유익한 결과를 가져올 수 있다는 최소한의 믿음 없이는 어떤 일도 할 이유가 없기 때문이다. 그렇다면 현명한 희망과 현명한 행동은 왜 그토록 어려울까? 아마 일이 뜻대로 되지 않을 경우 그것들이 우리를 더 큰 상실과 아픔에 취약하게 만들기 때문이리라. 희망은 우리에게 위험을 감수하기를 강요한다. 하지만 다시 말하면, 그것이 바로 산다는 것의 전부 아니겠는가?

고통은 통증 곱하기 저항

허리가 아프다고 상상해보라. 1에서 10까지로 따지자면, 한 6쯤 되는 것 같다. 이제 이 통증 때문에 매우 좌절감을 느낀다고 상상해보라. 통증이 당신의 하루를 망치고 있음에 화가 나고, 이번 주말에 계획대로 친구들과 하이킹을 가지 못할까 봐 걱정도 된다. 방금 먹은 이부프로펜과 타이레놀은 아무런 효과가 없고, 도움도 안 됐다. 걱정은 순식간에 파국으로 치닫고 그 고통이 결코 사라지지 않을까 두렵다. 당신은 이 통증이 영원할지 모른다고 생각하기 시작한다. 이제 당신이 겪고 있던 6단계의 통증에 7단계의 저항이 추가되었다. 저항은 통증에 더해지기만 하는 게 아니다. 그것은 일반적으로 곱해지는 수다. 달리 말하면, 고통은 통증과 같은 게 아니다. 고통은 통증 곱하기 저항이다. 이 예시에서 당신은 42단계의 고통, 즉 6단계의 통증 곱하기 7단계의 저항을 겪은 것이다. 통증에 더 크게 저항할수록 고통은 기하급수적으로 나빠진다. 다행히 똑같은 계산이 반대로도 작용한다. 같은 예시로 계속 설명하면, 저항을 3단계로 낮추면 총 고통은 18, 즉 6단계 통증과 3단계 저항의 곱으로 떨어질 것이다. 이 방정식이 수학적으로 완벽하지 않을 수는 있지만 개념적으로는 정확하다.

메이요 클리닉Mayo Clinic의 세계적인 통증 재활 센터를 생각해보라. 고통을 없애려는 모든 노력이 실패로 끝난 후, 최후의 시도로 이곳에서 치료받기 위해 전 세계 사람들이 이곳 미네소타주 로체스터로 모여든다. 환자들은 만성 요통, 섬유근육통, 두통, 신경병증, 만성피로증후군, 온갖 종류의 소화 장애 등 다양한 어려움을 안고 온다. 치료 프로그램은 물리치료, 인지치료, 행동치료, 생되먹임biofeedback, 교육을 포함하는 다각적 접근 방식을 활용하고 있다. 프로그램의 궁극적인 목표는 환자들의 통증을 없앤다기보다는, 통증을 없애려는 환자들의 불가항력적 욕구를 없애는 것이다. 이는 환자들의 오피오이드 및 기타 약물 사용을 줄이도록 돕는 데서 시작해, 통증에 대한 기대치를 새롭게 하고 어느 정도의 고통은 괜찮다는 사실을 받아들여 저항을 줄이는 법을 배우는 것으로 끝난다. 핵심 과제는 환자가 불편함을 과대평가하길 멈추고 참여할 수 있는 활동 수를 점차 늘려가는 것이다.

캐시 재스퍼Cathy Jasper는 경험으로 이를 알고 있다. 60대 초반에 그녀는 이상한 증상들을 겪기 시작했는데, 그 횟수와 강도가 빠르게 증가했다. 증상으로는 건망증, 왼쪽 몸의 약화, 극심한 허리 통증과 이질통allodynia(일반적으로 불편함을 유발하지 않는 활동으로부터 발생하는 통증)까지 있었다. 이질통은 너무 심해서 남편을 안을 수 없었고, 테이블에 팔꿈치를 올릴 수도 없었으며, 조금 지나서는 식사조차 할 수 없게 되었다. 그녀의 증상은 약 한 달 정도 지속되었다가 몇 달간 사라지고 다시 돌아오는 등 무작위로 나타났다. 특히 힘들 때는 발작까지 일어나기 시작하면서, 그녀는 점점 쇠약해지고 체중도 12킬로그램이나 줄었다.

재스퍼는 자신의 병명을 정확히 알기 위해 안 가본 데 없이 다 다녔다. 여러 의사에게 진료를 보고, 뇌전증 센터에서 검사를 받았으며, 불편함을 완화하기 위해 대체 의약품과 영양제, CBD 오일을 복용하기 시작했다. 이런 식으로 고통받은 지 2년이 지나 그녀는 중추 감작 증후군central sensitization syndrome을 진단받았다. 중추 감작 증후군은 중추 신경계가 뇌의 감각 및 운동 피질로 보내지는 신호를 증폭시켜 다양한 불편 증상을 유발하는 질환이다. 진단 이후 그녀는 메이요 클리닉의 통증 재활 센터로 갔다.

재스퍼(그리고 치료 프로그램을 받는 다른 많은 사람)에게 특히 효과적이었던 한 치료는 '단계적 운동 노출graded exercise exposure'이라는 것이다. 이 치료법에서는 치료사 또는 의사의 감독하에 통증 때문에 특정 활동을 할 수 없다고 확신하는 환자들을 해당 활동에 단계적으로 노출시킨다. 대부분의 경우 처음 한 번의 통증을 넘기고 나면, 통증이 나아지지는 않더라도 괜찮아지기 시작한다는 걸 깨닫는다. 시간이 지나면서 그들은 점점 더 큰 도전에 노출된다. "통증은 당신이 부상을 걱정하고 있다고 뇌가 보내는 경고 신호입니다." 치료 프로그램의 물리 치료사인 데이비드 브라운이 말했다. "하지만 때때로 뇌는 이러한 통증 신호를 잘못 보내기도 해요. 이 단계적 운동 접근법은 움직여도 안전하다는 것을 뇌가 이해할 수 있도록 재훈련시킵니다."

브라운은 재스퍼의 사례를 이렇게 설명한다. "그녀는 언어와 표정으로 통증 표현을 많이 했습니다. 통증 때문에 일상적인 활동을 피했을 뿐만 아니라, 자신이 앓고 있는 발작을 이유로 사회 활동마저 포기했었죠." 브라운의 일에서 큰 부분을 차지하는 것은 재스퍼 같은 환자들이 스스로 습관적인 통증 행위와 저항 패턴을 확인하고, 그것을 멈추기 위한 전략을 마련하도록 돕는 일이다. 통증이나 다른 증상들을 없애는 것이 아니라 환자들이 자신의 통증과 불편함을 더 능숙하게 직시하는 것을 통해 충만한 삶을 누릴 수 있도록 하고, 그렇게 함으로써 전체적인 고통을 최소화하도록 돕는 것이 목표다.

하루에 열 번씩 증상을 보이던 재스퍼지만, 치료가 끝날 무렵에는 아무 증상도 나타나지 않게 되었다. 그녀는 6분 만에 500미터 이상 걸을 수 있게 되었는데, 이는 치료 프로그램을 시작했을 때보다 약 20퍼센트 증가한 것이다. 그리고 그 효과는 지속되었다. "거의 2년이 지난 지금도 매주 3일에서 5일은 유산소 운동을 하고, 물리치료를 받고 있어요. 물리치료는 제가 균형을 유지할 수 있도록 해주죠." 재스퍼는 말한다. "저는 그룹 대화에 참여하고 대화를 따라갈 수 있어요. 매일 8시간씩 수면도 취하고요. 16개월 된 손자를 돌볼 수도 있고, 같이 사는 알츠하이머에 걸린 친척의 간병인 노릇도 할 수 있어요. 남편이 일 때문에 해외 출장을 가는데, 남편을 따라 함께 갈 수도 있죠." 재스퍼는 여전히 통증과 다른 증상들을 겪고 있지만, 그녀의 고통은 이전보다 훨씬 줄어들었다. 그녀가 저항을 아주 많이 덜어낸 것이 주된 이유다. 이는 통증이 진짜가 아니라는 말도, 완화할 수 없다는 말도 아니다. 간단히 말해서, 쉽지는 않겠지만 많은 사람이 저항을 줄이는 법을 배우는 데서 득을 본다는 말이다.

메이요 클리닉 통증 재활 센터는 두 가지 이유에서 놀랄 만큼 효과가 있다. 첫째로, 이들은 통증에 대한 환자의 기대를 '피하고 치료해야 하는 것'

에서 '관리해야 하는 것'으로 바꾼다. 다음으로, 이들은 환자에게 저항을 줄이라고 가르친다. 이는 이번 키워드에서 등장한 두 가지 중요한 방정식, 즉 '행복은 현실 빼기 기대'와 '고통은 통증 곱하기 저항'의 예가 되는 접근 방식이다. 기대치를 현실에 맞추고 고통과 불편함, 더 나아가 직시하기 어려운 모든 것, '둑카'의 진리에 대한 저항을 최소화할 수 있다면, 무엇에 직면하든 당신은 스스로 최선의 경험과 결과를 위한 준비를 마친 것이다. 뇌는 예측 기계라는 점을 기억하라. 인생이 특정한 방식으로 흘러가길 바라고, 그걸 위해 계획하고, 그 계획을 실현하기 위해 할 수 있는 모든 걸 하더라도, 상황은 어느 시점에는 필연적으로 틀어진다. 저항의 형태로서 뒤로 물러나거나 포기하면 할수록 상태는 더 나빠질 것이다. 중요한 일은 기대치를 업데이트하고 현실에 맞서는 것이다. 이렇게 하는 게 처음에는 어렵고 불편할지라도 말이다.

중추 감작 증후군 같은 질환이든, 새로운 변이 바이러스의 출현이든, 더 사소한 변화든 간에, 빠르게 헛된 저항을 떨쳐버리고 능숙하게 상황을 직시할수록 기분이 더 나아지고 할 수 있는 일도 더 많이 찾게 된다. 비극적 낙관주의는 적절한 기대치를 설정하는 데 도움이 된다. 현명한 희망과 현명한 행동은 품위와 투지를 가지고 앞으로 나아갈 수 있게 해준다. 우리의 길에는 갖은 어려움이 도사리고 있을 것이다. 원래 그렇다. 우리가 할 수 있는 일은 스페이드를 스페이드라고 말하는 것뿐이다. 설령 다이아몬드를 받을 거라 생각했어도, 어쩌면 그럴수록 더욱더 있는 그대로 직시해야 한다. 그런 다음, 받은 카드 패를 가지고 행동에 나서는 것이다.

견고하고 유연한 사고방식이 잘 작용하려면 두 가지 핵심 요소가 필요하다. 첫째, 부정과 저항의 무게를 덜어내고, 그 대신 '삶의 흐름에 열려 있어야' 한다. 유일한 상수는 변화라는 것을 인정하고, 그것을 있는 그대로 분명하게 보아야 한다. 둘째, '힘들 거라고 예상'해야 한다. 역설적이게도 이것이 모든 일을 더 쉽게 만들어준다. 지금까지 살펴보았듯이, 이러한 사고의 전환이 강력한 이유는 무상함에 대한 우리의 경험과 그에 대처하는 우리의 능력이, 그것을 바라보는 관점에 달려 있기 때문이다. 견고하고 유연한 사고방식을 취하는 목적은 우리의 관점(신경과학에서 하는 말로는 예측)을 한층 미묘하게, 복잡하게, 정확하게 만듦으로써 그것을 강화하는 것이다. 선입견과 착각을 버리면, 우리는 더 잘 느끼고 행동할 수 있게 된다. 견고하고 유연한 사고방식은 변화 및 무질서와 새롭고 유익하며 더 자유로운 관계를 구축할 수 있는 기반이자, 우리가 가는 길에서 피할 수 없는 장애물과 기복을 능숙하게 헤쳐 나가고 심지어 변화와 무질서로부터 성장하게 하는 기반이기도 하다.

토미 콜드웰부터 나의 고객 크리스틴, 세르지 홀러바흐, 캐시 재스퍼, 브라이언 스티븐슨까지, 앞선 이야기의 주인공들은 모두 외부적인 변화뿐 아니라 내부적인 변화도 겪었다. 한편으로 이들은 예전과 똑같다. 다른 한편으로 이들은 각자의 삶과 경험을 통해 극적으로 진전을 이루었다. 이것은 그들뿐만 아니라 우리 모두에게 해당된다. 우리가 각자의 길을 걸으며 계속되는 질서, 무질서, 재질서의 순환을 헤쳐 나감에 따라, 우리는 지금껏 가지고 있던 어떤 자질, 성격, 태도를 버리게 될 것이다. 그리고 그 길에서 새로운 자질, 성격, 태도를 얻게 될 것이다.

그렇다면 우리 자신을 포함해 모든 것이 항상 변하는 상황에서 강하고 지속적인 정체성을 갖는다는 건 어떤 의미인가? 우리는 어떻게 견고하고 유연하며 변화에 견딜 수 있고 성장할 수 있는 자기감을 형성할 수 있을까? 이 주제에 대해서는 이어지는 두 번째 스텝에서 다룰 것이다.

#힘든 상황을 예상하라

- 새롭고 더 정확한 변화 모델인 신항상성과 기존 모델인 항상성을 구분하는 주요 특징은 신항상성에는 예상 요소가 있다는 것이다. 항상성은 기대에 불가지론적인 반면 신항상성은 기대가 우리의 경험을 형성한다고 말한다.

- 주어진 어떤 순간의 행복은 기대를 뺀 현실의 함수다.

- 우리 문화는 우리에게 장밋빛 안경을 쓰고 '긍정적으로 생각하라'고 강요하지만, 현실적인 기대치를 설정할 때(상황은 항상 변한다, 좋을 때도 있고 나쁠 때도 있다 등), 좋은 기분과 행동이 나올 가능성이 더 높다.

- 우리 뇌는 다음에 일어날 일을 끊임없이 예측하고 그 예측을 현실에 맞추려 시도한다. 예측이 빗나갔을 때는 가능한 한 빠르게 업데이트함으로써 이득을 얻는다.

- 비극적 낙관주의 관점을 기르고, 삶에는 불가피한 통증과 고통이 수반되지만 그럼에도 품위와 투지를 가지고 앞으로 나아갈 수 있음을 깨닫는 데는 수많은 이점이 있다.

- 중대한 도전에 직면했을 때, 폴리애나가 되거나 부적응적 반응인 절망과 허무주의에 빠지기보다는, 현명한 희망과 현명한 행동에 전념하기 위해 할 수 있는 일을 하라. '좋든 싫든 이게 지금 벌어지고 있는 일이다.', '내가 제어할 수 있는 일에 집중하고, 할 수 있는 최선을 다하고, 극복할 것이다.'

- 고통은 통증 곱하기 저항이다. 저항을 더 많이 떨쳐낼수록 기분과 행동은 기하급수적으로 좋아진다.

두

번

째

스

텝

견고하고 유연한
정체성

IDENTITY

변
화

스
트
레
스

끄
기

'나'를 한 바구니에
담지 마라

나는 2022년 2월, 어느 쌀쌀한 아침 잠에서 깨어났을 때를 뚜렷이 기억하고 있다. 휴대폰에 메시지가 잔뜩 와 있었다. "스털버그 씨, 닐스 반 데르 포엘 문서 보셨나요?"

그 해 중국 베이징 동계 올림픽에서 두 개의 금메달을 획득하고 세계 기록을 세운 직후, 스웨덴의 25세 스피드 스케이팅 선수, 닐스 반 데르 포엘Nils van der Poel은 아무도 예상하지 못했던 일을 해냈다. 자신이 우승한 두 종목을 제목으로 삼은 『1만 미터 그리고 5천 미터 스케이트 타는 법How to Skate a 10K...and Also Half a 10k』이라는 62페이지 분량의 PDF를 출간한 것이다. 세계적인 운동선수들이 자신만의 전매특허 일급비밀에 해당하는 훈련 프로그램을 공유하는 일은 거의 드물다. 그 이유 하나만으로도 자신의 훈련을 공개하기로 한 반 데르 포엘의 결정은 흥미로웠다. 하지만 왜 그렇게 많은 사람이 그 문서를 읽으며 나를 생각했는지는 여전히 혼란스러웠다. 나는 스피드 스케이팅 선수도 아니고, 스포츠를 잘 챙겨보지도 않는다. 호기심이 동한 나는 컴퓨터 앞으로 가 PDF를 다운로드할 수 있는 링크를 클릭했다. 몇 분 안에 나는 내가 운이 좋았다는 것을 알게 되었다.

소위 '훈련' 문서라고 불리는 이 파일의 첫 페이지는 "모든 참된 것은 반드시 변화하고 변화하는 것만이 참으로 남는 듯하다It seems that all true things must change and only that which changes remains true."라는 심리학자 카를 융Carl Jung의 인용문 한 줄을 제외하고 완전히 비어 있었다. 2022년 2월 당시, 나는 당신이 지금 읽고 있는 책의 아이디어를 아내, 출판 대리인, 편집자 이외의 누구와도 공유하지 않은 상태였다. 그러니 당신도 상상할 수 있을 것이다. 그 문서를 읽었을 때 내 등골이 얼마나 오싹해졌는지! 그렇다, 그 PDF 파일에는 모든 종류의 구체적인 운동과 훈련 프로토콜이 수록돼 있었다. 하지만 또한 시험, 고난, 방해를 포함해 우수성의 추구와 의미 그리고 가치에 대한 설명도 담고 있었다. 친애하는 독자 여러분, 바로 그 때문에 내가 여기 있는 것이다.

지구력 운동선수들이 위대한 철학자가 되곤 한다는 사실은 널리 알려져 있다. 달리기, 스케이팅, 사이클, 수영은 모두 혼자 하는 운동이다. 이러한 목표를 진지하게 추구하는 사람은 자기 머릿속에서 많은 시간을 소비하게 된다. 올림픽을 준비하는 동안 하루 7시간 이상 훈련한 반 데르 포엘도 예외는 아니었다. 그 7시간 동안 그는 자신의 정체성과 자기 가치self-worth에 대해 깊이 생각했다.

많은 올림픽 선수가 스포츠 종목으로써 자신을 정의하고 그것을 중심으로 인생의 모든 시간을 설계하지만, 반 데르 포엘은 그렇게 하지 않았다.

2022년 올림픽 대회 준비 기간 동안 그는 휴일과 회복기 동안 소파에 누워 단백질 셰이크를 마시며 보내는 대신, 마사지를 아주 많이 받고, 잠을 잤으며(다른 모든 세계 정상급 운동선수도 하는 일), 친구들을 만났다. "나의 휴일은 보통 주말이었다. 그렇게 하면 친구들과 재미있는 걸 하면서 주말을 보낼 수 있었기 때문이다. 보통 휴일에는 훈련을 전혀 하지 않았다. 나는 마음과 몸 모두 휴식을 취했다. 그래도 친구들이 알파인 스키를 타거나 하이킹을 하러 가길 원하면 나는 그들과 함께 갔다. 하지만 나는 그 어떤 [특정] 회복법도 취하지 않았다. 평범한 삶을 살려고 노력했다. (...) 나는 여느 스물다섯 살처럼 맥주를 마셨다." 반 데르 포엘 정도의 선수가 올림픽 대회 준비 기간 중 매주 이틀을 평범한 일상을 위해 희생하는 것은 전례가 없는 일이다.

반 데르 포엘이 항상 이랬던 건 아니다. 어렸을 때 그는 스피드 스케이팅과 그 문화를 온전히 자신과 동일시했고, 빙상에서의 성공에 매달렸다. 그는 "10대였던 나에게는 스포츠가 전부였고, 나는 이것이 좋은 게 아니라고 생각한다."라고 설명한다. 훈련과 경쟁이 순조롭게 진행되면 그는 의기양양했다. 하지만 운동이 부진하다든가 하는 사소한 일도 그를 급격한 하향세로 몰아넣을 수 있었다. 거의 모든 분야에서 대단히 의욕 넘치는 사람들에게 흔히 나타나는 이 감정의 롤러코스터를 몇 년 동안 타고 난 후, 반 데르 포엘은 그것이 인생은 물론이고 훈련에도 지속 불가능한 방법이라고 판단했다. 그는 그저 스피드 스케이팅 선수일 수만은 없었다. 스포츠가 그의 정체성에서 주요한 부분이 될지언정 전체를 구성할 수는 없는 일이었다.

그래서 20대 초반에 반 데르 포엘은 스포츠 바깥의 삶을 구축하는 데 집중하기 시작했다. 스피드 스케이팅과 전혀 상관없는 친구들과 피자와 맥주를 마시러 나갔고, 훈련과 무관한 책을 읽었다. 아이러니하게도, 이러한 외부 활동은 빙상에서 그의 경기력을 깎아내리기보다는 오히려 앞으로 나아가게 했다. 그는 이렇게 썼다. "스피드 스케이팅 경기장 바깥에서 삶의 의미와 가치를 형성하는 것은 힘든 훈련 시기를 견딜 수 있게 해주었다. 훈련이 순조롭지 않을 때는 인생의 다른 것들이 잘 풀리기도 했고, 그게 나에게 힘이 되어주었다." 이후 반 데르 포엘이 더욱 성공하여 점점 더 많은 언론의 주목을 받게 되었을 때도, 삶의 다른 부분들이 그가 우쭐해하지 않도록 잡아주었다. "나는 내가 누구인지 알고 있었고, 나는 단지 스피드 스케이트 선수이기만 한 게 아니었다." 그가 설명한다.

아마도 반 데르 포엘의 유동적 정체성의 가장 큰 장점은 그의 경력에 있어 불가피한 기복에 덜 취약해졌다는 점일 것이다. 그는 삶에서 의미의 원천을 다양화한 것이 "단 한 명의 운동선수만이 경쟁에서 승리하고 다른 모든 선수는 패배한다는 끔찍한 사실과 부상이나 질병이 4년의 노력을 물거품으로 만들 수 있다는 사실을 직시하는 데" 도움이 되었다고 썼다. 역설적이게도 반 데르 포엘이 변화와 무질서의 개념에 편안해졌을 때만 스케이팅이 더 느긋하고 안정적이며 재미있어졌다. 반 데르 포엘은 어느 날에는 7시간 동안 올림픽 훈련을 받았다. 다른 날에는 평범한 친구들과 평범한 취미를 즐기는 일반적인 청년이었다. 훈련과 회복의 어떤 특수성과 타협함으로써 신체적 단련 상태는 떨어졌을지 모르지만, 새로 찾은 자유와 편안함 덕분에 정신적 단련 상태는 열 배나 강해졌다.

반 데르 포엘은 확장된 자기감의 긍정적인 영향을 설명하면서 이렇게 썼다. "더 이상 두려울 것은 아무것도 없었다."

다른 종류의 물질들과는 달리 유체에는 질량과 부피가 있지만 형태가 없다. 이 덕분에 장애물을 위로 넘쳐 흐르거나 옆으로 돌아 흐를 수 있고, 본질을 유지하면서 형태를 바꿀 수 있으며, 경로에 예상치 못한 장애물이 나타나도 막히거나 부서지는 일이 없다. '유동적 자기감fluid sense of self'을 기르는 것은 반 데르 포엘에게 그와 같은 일을 가능하게 해주었다. 그는 정체성의 다른 부분을 개발하고 양성함으로써 부진한 훈련 시기와 패배를 피해 흐르고, 떠들썩한 언론 보도와 질병, 부상, 피로를 넘어갈 수 있었다.

반 데르 포엘의 유동적 자기감은 아주 많은 올림픽 선수가 직면하는 정신 건강 문제, 특히 정체성 전체가 스포츠에 얽매여 있을 때 나타나는 문제로부터 그를 보호해주었다. 상당히 많은 연구가 정체성과 추구하는 목표가 지나치게 융합될 때 불안, 우울증, 번아웃이 자주 나타난다는 사실을 보여주고 있다. 이는 개인의 지배적인 정체감이 위태롭게 느껴지는 변화의 시기와 이행 과도기에 특히 그렇다. 세계적인 수준의 스포츠 선수들이 극단적인 예시일 수는 있지만, 이는 모든 직종과 인생 각계각층에서 똑같이 적용되는 패턴이다. 무언가를 잘하고 싶고 완전하게 경험하고 싶다면, 거기에 전념해야 한다. 물론 어느 정도까지. 정체성이 나이, 거울 속 모습, 인간관계, 경력, 그 무엇이든 하나의 개념이나 노력에 지나치게 휘말리게 되면, 좋은 쪽이든 나쁜 쪽이든 변화가 생겼을 때 커다란 괴로움에 직면할 가능성이 높다. 그리고 그런 변화는 언제나 생긴다.

앞에서 말한 그 어느 것도 자유방임이나 열심히 하는 척 시늉만 하는 것은 허락하지 않는다. 반 데르 포엘은 확실히 그렇게 하지 않았다. 그는 '열심히' 훈련해서 세계 최고가 되었다. 사랑하는 사람, 활동, 프로젝트에 깊은 관심을 갖는 것은 풍요롭고 의미 있는 삶의 열쇠다. 문제는 깊은 관심이 아니라, 정체성이 하나의 대상이나 노력에 너무 완고하게 들러붙을 때 발생한다. 충분히 집착하되 지나치게 집착하지 말아야 한다. 이는 이해하기 쉽지만 실천하기는 어려운 개념이며, 그렇기 때문에 앞으로 이 개념을 집중적으로 다룰 것이다.

그러나 먼저 몇 가지 용어부터 살펴보자. 이번 키워드 전체에서 우리는 '자기self', '자아ego', '정체성identity'을 상호 호환 가능한 단어들로 사용할 것이다. 우리 목적에 의해 '자아ego'는 심리학에서 사용되는 본래의 의미에 따라 '나를 얼마나 대단하다고 보는지'가 아닌 그저 '나'로 정의될 것이다. 자아는 하나의 대상을 중심으로 수축할 때, 그것을 꽉 붙잡고 소멸하기 싫어하는 경향이 있다. 다행히도 유동적 자기감은 자아의 소멸이 아니라, 그저 붙잡은 손을 느슨하게 하고 자아가 미치는 범위를 넓히기를 요구한다. 서로 다른 원자들의 결합에 의존하는 실제 유체와 마찬가지로, 견고하면서도 유연한 유동적 자기감은 자기 고유의 독특한 부분 간 성공적인 결합에 의존한다. 이것이 어떤 의미인지는 곧 살펴보도록 하겠다.

아마 진화만큼 대대적으로 질서, 무질서, 재질서의 계속적이고 끊임없는 순환을 나타내는 현상도 없을 것이다. 처음에, 지구는 오랜 기간 동안 상대적으로 안정되어 있다. 그러다 전면적이고 광범위한 변화, 이를테면 온난화, 빙하기, 또는 우주에서 떨어지는 소행성 같은 사건이 벌어진다. 이러한 변곡점 뒤에는 혼란과 혼돈의 시기가 따라온다. 그 끝에 지구와 지구상의 모든 것이 결국에는 안정성을 되찾지만, 그 안정성은 어딘가 새로운 것이다. 이 순환 중에 일부 종이 도태되기도 한다. 다른 종들은 살아남아 번성한다. 그리고 살아남은 종들은 진화 생물학자들이 '복잡성complexity'이라 부르는 특성을 고도로 갖추고 있는 경향이 있다.

복잡성은 분화differentiation와 통합integration이라는 두 가지 요소로 구성된다. 분화란 "한 종이 구조나 기능에 있어 다른 종과 구별되는 부분으로 구성된 정도"를 말한다. 통합이란 그렇게 "구별되는 부분들이 서로의 목표를 소통하고 강화시켜 응집력 있는 전체cohesive whole를 만들어내는 정도"다. 현재까지 가장 많이, 그리고 널리 퍼져 있는 영장류인 호모 사피엔스(당신과 나)를 생각해보라. 우리는 큰 골격과 사지, 다른 손가락과 마주 보게 되어 있는 엄지, 외부 환경에 어느 정도 잘 견디는 체온, 좋은 시력과 청력, 다양한 영양소를 흡수할 수 있는 소화기관, 그리고 언어 능력과 이해 능력을 갖추고 있다. 달리 말하면 우리는 고도로 분화된 종이다. 하지만 우리는 이 모든 부분을 응집력 있는 전체로 통합해주는 거대한 뇌와 발달된 신경계를 가지고 있기도 하다. 광범위한 분화와 강력한 통합이라는 이 특징들의 조합은 우리를 대단히 복잡한 종으로 만든다. 우리의 복잡성은 우리가 오늘날 여기까지 오게 된 경위이자 바라건대 최소한 조금 더 오래 머물게 될 이유다.

이 책에서 주로 다루고 있는 개인 차원의 변화가 진화론적 규모의 변화와 다르기는 하다. 그래도 진화의 기본 원리에서 배울 수 있는 점, 우리 삶의 지평에 적용할 수 있는 교훈이 많이 있다. 우리가 변화와 무질서의 계속되는 순환 속에서 살아남아 번영하고자 한다면, 우리 역시 자기 고유의 복잡성을 발달시키는 데서 득을 볼 수 있을 것이다.

진저 핌스터Ginger Feimster는 어려움을 겪고 있었다. 그녀는 노스캐롤라이나주 벨몬트에서 부유하게 자랐지만 그녀의 가정은 도박으로 거의 모든 것을 잃고 말았다. 전기가 몇 번이나 끊기는가 하면, 세 아이를 위해 식탁에 음식을 차리는 것조차 힘들었다. 남편 마이크와는 사이가 좋지 않았고, 셋째 포춘이 태어나고 얼마 지나지 않아 이혼했다. 힘든 시기를 헤쳐 나가기 위해, 진저는 항상 자기 정체성의 중심에 있었던 강한 기독교 신앙에 크게 의지했다. 이혼 후에는 신앙에 더욱 몰두했는데, 특히 신앙심이 깊은 남자하고만 데이트를 하고 교회에 더 많은 돈을 썼다. 그 결과 그녀의 믿음은 점점 더 열렬해졌다.

궁핍한 재정 상황에도 불구하고, 진저에게는 자신이 그랬던 것처럼 외동딸 포춘을 반듯한 남부 숙녀로 키우려는 의지가 확고했다. 그녀는 얼마 안 되는 돈을 털어 포춘을 예비 신부 학교에 입학시켰다. 예비 신부 학교는 소녀들에게 '사회 진출 준비' 같은 사교 기술, 예절, 상류층 문화 의례를 가르치는 남부 문화의 유산이다. 딸 포춘이 개스토니아 데뷔 무도회에 자랑스러운 숙녀로 데뷔하는 바로 그 순간. 오직 그것에서 진저는 살아갈 동기와 목적을 찾았다. 이윽고 어머니의 바람대로, 1998년 열여덟 포춘은 개스토니아 사교계에 데뷔했다. 진저는 딸이 어엿한 여성이 되어 가는 것에 매우 기뻐했다. 그것은 그녀의 삶에 의미를 부여했고, 그녀의 모든 희생이 가치 있는 것처럼 보이게 해주었다. 반면 포춘은 그다지 확신이 들지 않았다. 그녀가 억지로라도 이렇게 하는 주된 이유는 몹시도 사랑하는 어머니를 기쁘게 해드리기 위해서였다.

데뷔 무도회 몇 달 후, 포춘은 노스캐롤라이나주 롤리에 위치한 장로교 부속 소규모 학교 피스 칼리지Peace College에 진학했다. 그녀는 아주 뛰어난 학생이었다. 축구와 테니스를 했고, 학생회장을 지냈으며, 2002년 수석으로 졸업하며 졸업식에서 학생 대표로 연설하기도 했다. 그녀는 다양한 교외 활동을 하느라 너무 바빠 남자와 데이트할 시간이 별로 없었다(그렇다고 스스로 생각했다). 그렇게 대학을 졸업하고, 포춘은 곧장 로스앤젤레스로 가 연예계에서 경력을 쌓기 시작했다. 라이프타임 TV 채널에서 레즈비언 주인공이 등장하는 영화 「제인에 대한 진실The Truth About Jane」을 본 게 바로 그곳이었다. 포춘은 영화에 매료되었고, 수년 동안 자신의 안에 쌓여 있었던 것이 무엇인지 한순간에 깨달았다. 그녀도 동성애자였던 것이다.

어머니에게 이 소식을 전하려니, 당연하게도 겁이 났다. "남부에서 자라면서 저희가 사랑한 두 가지가 있는데, 바로 교회와 칠리스Chili's(미국 남부와 멕시칸 퓨전 음식을 전문으로 하는 미국 레스토랑 체인-옮긴이)예요. 남부 사람들은 모두 교회에 가요. 골목마다 교회가 하나씩 있죠." 남부는 물론이고 어디에서도 동성애가 널리 받아들여지기 한참 전이던 어린 시절, 자신이 자란 동네를 회상하며 포춘이 말했다. "그 얘길 하기 위해 어머니를 제가 가장 좋아하는 중국 음식점에 모시고 가기로 했어요. '혹시 어머니가 의절하자고 하셔도 최소한 크랩 랑군(게살과 크림치즈 등을 넣어 튀긴 미국식 중국 만두-옮긴이)은 먹을 수 있으니까.'라고 생각했거든요."

처음에 딸이 동성애자라는 소식을 듣고, 진저의 표정은 돌처럼 굳어졌다. "'맙소사, 이제 나를 싫어하시는 거 아냐?' 싶었죠." 포춘이 회상한다. 긴 침묵이 흐른 뒤, 진저의 굳은 얼굴에 언제 그랬냐는 듯 환한 웃음이 떠올랐다. "우리 언제 같이 후터스Hooters(노출 많은 유니폼을 입은 여성 서버들로 유명한 미국 레스토랑 체인-옮긴이)에 가자꾸나." 그녀가 말했다. 그것은 무슨 일이 있어도 너를 받아들이고 사랑하겠노라고, 딸에게 말하는 진저만의 방식이었다.

한 팟캐스트 인터뷰에서 그 순간을 회상하며 진저는 이렇게 말했다. "물론 딸이 있는 사람이라면 교회에서 결혼식을 올리는 딸을 상상하곤 하죠. 하얀 웨딩드레스를 입고, 들러리들과 함께 선 모습이요. 그건 어머니가 갖게 되는 아름다운 환상이에요. 그래서 포춘이 이성애자가 아니라고 밝혔을 때, 저는 그 환상이 실현되지 않으리란 걸 알았어요. 실망스러운 건 없었습니다. 그저 달랐을 뿐이지요. 그리고 사실, 자녀가 하는 일에 어떻게 실망할 수 있는지 모르겠네요. (…) 저는 '그래, 괜찮아.' 하고 생각했어요."

포춘은 자신의 이름을 건 넷플릭스 코미디쇼 「포춘 핌스터: 인생은 단짠단짠Fortune Feimster: Sweet and Salty」을 통해 인기 코미디언이 되었다. 그녀의 쇼는 자신의 남부 뿌리와 성 정체성에 초점을 맞추고 있다. 2020년에는 아내 재클린과 결혼했다. 어머니 진저는 독실한 기독교인이자 남부 숙녀이면서 동시에 확고한 성 소수자 옹호자가 되었다. 많은 이가 경직된 자기감에 집착하며 너무나 흔하게 가정을 깨뜨리고야 마는 그 상황에서 진저는 유동적으로 변했다. 그녀는 기독교인, 사교계 데뷔자, 남부 사람, 공개적 동성애자 자녀의 부모, LGBTQ 옹호 활동가라는 자기 정체성의 여러 부분을 사랑하는 엄마가 되자는 기치 아래 통합했다. 그녀의 인생이 상상하지도 못했던 방식으로 붕괴되고 변화했을 때, 진저는 더욱 복잡해졌다. 그 결과 그녀의 삶은 더욱 특별하고 의미 있게 되었다.

스피드 스케이팅 선수 닐스 반 데르 포엘은 큰 경기에서 승리하고 패하는 것부터, 부상을 당하고, 최고의 신체능력을 점차 잃어가고, 전통적인 직업을 가진 대부분의 사람이 아직 한창 긴 전성기를 앞두었을 나이에 은퇴하기까지, 자신의 삶이 점진적으로 모든 종류의 충격에 직면하게 될 것임을 깨달았다. 반 데르 포엘은 이를 그저 이해하는 게 아니라 그에 대한 조치를 취할 줄 아는 신통한 지혜를 가지고 있었다. "스포츠와 상관없는 친구가 많지 않다는 사실을 깨닫는 것은 나에게 어려운 일이었다." 그는 이렇

많은 고민 끝에 이 이야기를 포함하기로 결정했다. 세계 많은 지역에서는 여전히 동성애자 가족을 둔 것이 누군가의 가치와 충돌한다고 느낄 수 있다. 바라건대 가까운 미래에는 이러한 이야기를 포함시킬 일이 없을 것이다. 그들이 대단히 특별한 존재가 아닐 것이기 때문이다. 동성애자는 동성애자고, 이성애자는 이성애자다. 그리고 그것은 함께하고 싶은 사람이 아닌 다른 사람의 존재에 영향을 끼치지 않는다. 바로 이러한 이유로 진저가 그렇게 빨리 딸을 진정으로 '알게' 된 것이다.

게 고백한다. "오늘의 나는 그 모든 휴일에 사귄 친구들 덕분에 매우 행복하다. (...) 그들은 새로운 관점을 통해 내 인생을 밝게 비춰주었다. (...) 나는 스포츠에서의 성공이 아니라, 스포츠 밖에서 만든 소중한 것들이 내 삶의 방식을 가치 있게 만들어주었다고 생각한다. (...) 장기적으로 볼 때 스포츠와 별개로 만든 의미가 있어 스포츠를 더 좋아하게 되었다. 덕분에 내 인생이 한정되기는커녕 갑자기 더욱 풍요로워졌기 때문이다." 반 데르 포엘은 스피드 스케이팅 경기장이라는 타원형의 경계를 넘어섬으로써 자기감을 분화시켰다. 그리고 스포츠 바깥의 인생과 스포츠 안의 인생이 서로를 도울 방법을 찾음으로써 두 삶을 통합했다.

두 개의 장거리 종목에서 세계 기록을 경신하며 금메달을 목에 건 반 데르 포엘. 2022년 베이징 동계 올림픽의 압승 이후, 그는 거대자신감도 경기 후 우울증도 겪지 않았다. 대신 62페이지 분량의 훈련 보고서를 출간하고 친구들과 어울렸다. 하지만 그의 복잡성에는 훨씬 더 많은 이야기가 있다. 중국 정부의 언론 자유 제한, 반대파 진압, 소수민족 탄압의 실상을 알고 나서 항의의 뜻을 표하기로 결심한 것이다. 올림픽 대회가 끝난 지 일주일도 채 되지 않았을 때, 영국 케임브리지에서 열린 소규모 행사에서 반 데르 포엘은 앤절라 구이Angela Gui에게 자신의 금메달을 전달했다. 앤절라 구이는 베이징을 비판하는 책을 판매한 혐의로 10년형을 선고받은 중국 출신 스웨덴 출판업자 구이민하이桂民海의 딸이다. 앤절라에게 금메달을 기증하기로 한 결정에 대해 반 데르 포엘은 "저는 그저 이 중심에 인권이 서 있기를 바랍니다."라고 말했다. "평생을 바쳐 얻은 것을 그냥 준다는 게 초현실적으로 느껴지긴 하지만, 분명 우리 여정에 훨씬 더 많은 가치를 가져다

줄 겁니다. 저만 스케이트에서 성과를 올리려 기를 쓰는 게 아니라, 다들 자기 일에 그렇게 하잖아요."

세계 기록을 세우고 두 개의 금메달을 획득하는 일 이상으로 누군가의 정체성이 좁아지고 경직될 위험이 더 큰 순간은 상상하기 어렵다. 반 데르 포엘이 말 그대로 금메달을 내놓았다는 사실 또한, 그가 자신의 길에 어떻게 접근했는가에 대한 완벽한 은유다. '세계 정상급 스피드 스케이팅 선수'로서 그의 정체성이 너무 고착화될 위험이 있는 순간에 그는 적극적으로 자기감을 분화하고 통합했다. 그의 복잡성은 그가 이미 직면한 중대한 변화를 헤쳐 나가는 데 도움이 되었고, 앞으로 다가올 어려움에도 의심의 여지없이 그를 뒷받침해줄 것이다. 반 데르 포엘이 훈련 보고서의 서두에 인용한 카를 융의 말처럼, "모든 참된 것은 반드시 변화하고 변화하는 것만이 참으로 남는 듯하다." 그는 융의 조언을 마음에 새기고 있는 것 같다. 그 안에는 우리 모두를 위한 지혜가 있다.

독립성 vs. 상호 의존성

20세기 중반, 심리학자 쿠르트 레빈Kurt Lewin은 '장이론field theory'이라 불리는 것을 개발했다. 요컨대 장이론은 모든 행동을 사람과 환경의 함수라고 본다. 사람들은 뇌와 몸, 주변 환경 사이의 상호 작용으로부터 나타나는 역동적인 생각, 감정, 충동을 가지고 있다는 말이다. 장이론에 대한 학술 논문들은 심리학계 전체에서 대단히 많이 인용된다. '뚜렷하게 구별되고 분리된' 개인이 심리학의 중심에 있던 당시, 레빈이 처음 이 견해를 내놓았을 때 그것이 얼마나 심오했을지는 말로 표현하기 어렵다. 그러나 장이론은 직관적으로 즉시 이해가 된다. 당신도 친구들과 있을 때, 직장에서 일할 때, 휴가 중일 때, 배우자의 부모님과 함께 있을 때, 아름다운 음악을 들을 때, 폭우를 만났을 때, 햇살 좋은 해변에 있을 때, 소셜 미디어를 훑어볼 때, 기타 여러 상황에서 각각 매우 다른 사람이 되기 때문이다.

이에 대해 이의를 제기하는 사람도 소수 있을지 모르지만, 우리가 '자기'를 어떻게 생각하는지에 관해서는, 적어도 서양에서는 환경의 역할을 크게 따져보기는커녕 고려하는 일도 거의 없다. 오히려 '자기'를 정의하라고 하면, 대다수가 피부와 머리뼈라는 한정된 범위 내에서 좁은 의미의 대답을 할 것이다. 사람들이 당신의 에니어그램Enneagram 번호나 마이어스-브릭스Myers-Briggs 성격 유형을 묻는다면, 가장 정확한 대답은 아마도 "상황에 따라 다르다."이다. 어디에 있는지, 누구와 있는지, 배가 고픈지 아닌지, 전날 잠을 얼마나 잘 잤는지, 아침에 운동을 했는지 등, 여러 다른 요인이 영향을 미칠 것이기 때문이다.

스탠퍼드 대학교의 행동 과학자인 헤이즐 로즈 마커스Hazel Rose Markus와 앨레나 코너Alana Conner의 연구는 다양한 주제와 관련해 문화 간 차이를 탐구한다. 정체성 문제에서 그들은, 서양인은 대체로 자기에 대한 '독립적인independent' 해석을 선호하고 동양인은 '상호 의존적interdependent' 해석을 선호한다는 것을 발견했다. 저서 『우리는 왜 충돌하는가Clash!: How to Thrive in a Multicultural World』에서 마커스와 코너는 "독립적인 자기는 자신을 개인적이고, 고유하고, 타인과 환경에 영향을 주며, 제약으로부터 자유롭고, 평등하다(하지만 위대하다!)고 본다."라고 썼다. "반면 상호 의존적인 자기는 자신을 상관적이고, 타인과 비슷하며, 자신의 상황에 적응하고, 전통과 의무에 뿌리를 두고 있다고 본다."

게이오 대학교의 무츠미 이마이Mutsumi Imai와 노스웨스턴 대학교의 데드레 젠트너Dedre Gentner의 연구를 생각해보자. 참가자들이 실험실에 들어오면 우선 S자 모양으로 생긴 모래 더미를 보여준다. 그런 다음 특정한 형태가 없는 평범한 모래 더미와, S자 모양으로 배열된 깨진 유리 조각 더미를 함께 보여준다. 마지막으로, 나중에 보여준 두 가지 중 어느 것이 첫 번째와 더 많이 닮았는지 참가자들에게 묻는다. 이마이와 젠트너는 다양한 문화권의 사람 수천 명을 대상으로 이 실험을 했다. 그들은 서양 참가자들이 유리를 고를 가능성이 훨씬 더 높고, 동양 참가자들이 모래 더미를 고를 가능성이 더 높다는 것을 반복적으로 확인했다. 다르게 말하면, 서양 참가자들은 모래로 만들어진(장) S자(객체)를 맨 처음에 보는 반면, 동양 참가자들은 S자 형태(객체)로 놓인 모래(장)를 맨 처음에 보는 것이다.

그 어느 관점도 근본적으로 좋거나 나쁘지 않다는 점에 유의하는 것이 중요하다. "우리는 많은 연구를 통해 독립적인 자기와 상호 의존적인 자기가 동일하게 사려 깊고, 감성적이며, 활동적이지만 종종 같은 상황에 대해 미묘하게 다른 생각, 느낌, 행동으로 반응하는 경우가 있음을 발견했다." 마커스와 코너는 『우리는 왜 충돌하는가』에서 이렇게 밝혔다. 중요한 것은 서로 다른 사람들이 각자의 관점에 따라 정확히 똑같은 상황을 다른 방식으로 지각한다는 사실이다.

이토록 극명하고 예측 가능한 문화적 차이는, 독립적이건 상호 의존적이건 이 두 가지 관점이 전적으로는 아니더라도 주로 학습되는 것임을 시사한다. 누구도 세상을 특정한 방식으로 바라보며 태어나지 않는다. 우리는 시간이 지나면서 관점을 채택한다. 다양한 관점이 존재한다는 사실을 인식하면 세상을 다양한 방식으로 볼 수 있게 된다. 우리가 사용하고 있는 관점이 무엇인지, 주어진 상황에서 그것이 최선의 처방인지 아닌지 자기 자신에게 물어볼 수 있다.

이는 비이원적 사고의 또 다른 예시다. '자기'를 파악하는 가장 유동적이고, (내가 주장하는) 가장 유리한 방법은, 자기가 독립적'이고' 상호 의존적일 수 있다고 보는 것이다. 종종 이 두 유형의 자기를 배타적인 것으로 생각하지만, 그들은 공구상자에 들어 있는 공구들이 그렇듯 함께 사용될 때 가장 강하다. 어떤 상황에서는 독특하고 영향력 있으며 매우 자율적인 독립적 자기를 구현하는 것이 도움이 된다. 예를 들면, 대형 프로젝트에서 대체로 혼자 일하면서 환경을 당신이 주로 통제할 수 있는 경우가 그렇다. 다른 상황에서는 상대적이고 순응적인 상호 의존적 자기를 채택하는 것이 더 유리할 수 있다. 다른 사람들과 함께 일하거나 당신의 통제에서 벗어난 많은 힘이 작용하는 불안정한 환경에서 일하는 경우가 그 예다.

내용과 맥락의 통합, 개인과 환경의 통합은, 에콰도르 키토Quito 출신 음악가이자 프로듀서, DJ인 니콜라 크루즈Nicola Cruz가 탐구하는 중심 주제다. 일부 사람들은 넋을 빼놓는 그의 음악에 '안데스 스텝Andean Step'이라는 별명을 붙였지만, 본질적으로 그의 음악은 장르를 거부하며 비이원주의를 담고 있다. 현대 일렉트로닉 다운템포 비트와 전통적인 선조들의 소리가 결합해 탄생한 크루즈의 음악은, 세계에 에콰도르의 토착 리듬과 민속을 소개하며 전 세계 청중들을 사로잡았다. NPR 라디오 리포터 소피아 앨버레즈 보이드Sophia Alvarez Boyd가 크루즈에게 남미의 이야기와 신화를 음악에 접목하게 된 계기가 무엇인지 물었을 때, 그는 이렇게 대답했다. "에콰도르 같은 곳에 살면 자연을 느끼게 됩니다. 민속 문화와 뿌리가 도처에 존재하죠. 라디오를 틀면 민속 음악을 들을 수 있어요." 그는 또 다른 인터뷰에서도 "에콰도르는 한마디로 민속적인 나라예요."라고 말하며 같은 정서를 강조했다.

크루즈의 창작 과정을 세세히 알릴 것도 없이, 크루즈의 배경 자체가 그의 창작 과정이다. 그는 자신의 음악을 구체화하려는 의도를 가지고 녹음 장소를 선택한다. 「콜리브리아Colibria」를 녹음했던 뉴욕의 창고부터 「아르카Arka」를 녹음했던 일랄로 화산까지, 외부 환경 요소는 그의 음악 제작에 널리 녹아들어 있다. "다양한 음악 환경에서 작업하는 것은 저에게 크게 영감을 주는 일들 중 하나입니다." 크루즈가 『롤링 스톤Rolling Stone』에서 말했다. "저희는 흥미로운 에코를 얻고, 음반에는 놀라움이 실리게 되죠. 그런 게 바로 제가 제 음악에서 추구하는 것입니다." 크루즈가 '어디서' 왔는지와 크루즈가 '누구'인지는 분리할 수 없다. 그는 자신의 고향인 키토와 고국인 에콰도르, 남미 대륙 전체의 환경을 창작자로서의 정체성에 흡수시켰고, 그의 창작물은 필연적으로 그것들로부터 나온다. 크루즈의 음악을 들으면 그 저변에 깔려 있는 진실을 듣게 된다. 우리 중 그 누구도 살고 있는 환경으로부터 떨어져 홀로 존재하지 않는다는 것이다.

경기장에서도 같은 주제가 적용된다. 스포츠 재능 개발에 관한 중요한 논문에서, 연구원인 두아르트 아라우주Duarte Araújo와 키스 데이비스Keith Davis는 기술 습득이 "개인의 신체와 행동 능력 측면에서 볼 때, 수행 환경 주변 배치의 핵심적인 속성을 인식함으로써 달성되는 적응 과정의 정제"로 특징지어진다고 주장했다. 35명 이상의 선수들을 올림픽과 세계 선수권 대회 수상자로 길러낸 육상 코치 스튜어트 맥밀런Stuart McMillan은 이것을 다음과 같이 단순하게 설명했다. "기술은 단순히 개발하거나 습득하는 '것'이 아니라, 계속해서 변화하는 환경과의 긴급한 상호 작용이다." 최고의 운동선수는 주변 환경과 협력하는 방법을 찾고 자기 자신과 자신의 경기력을 적응시킨다. 그들 또한 독립적이면서 상호 의존적인 것이다.

지금까지 성쇠하고 변동하는 환경에 관련하여 유동적 자기감을 개발하는 것의 이점을 알아보았다. 그러한 환경으로부터 우리는 분리되어 있는 동시에 그 일부이기도 하다. 앞으로는 한 단계 더 깊이 들어가, 크고 깊고 중요하며 지적으로 도전적인 주제를 탐구할 것이다. 주제는 이것이다. "모든 것이 항상 변하고 있을 때 정체성에 대해 어떻게 생각해야 하는가?" 그리고 종국에는 "영속적인 '자기'라는 것이 과연 존재하는가?"란 질문에 직면하게 될 것이다.

시작하기 전에, 우리 탐구에 약간의 방지책을 세워두고자 한다. 짧은 시간 동안 보호된 환경에서라면, 완전히 상호 의존적이고 어떠한 구속도 없이 무한한 자기는 심오한 영적 각성 혹은 깨달음을 의미할 수 있다. 그러나 그 보호된 환경과 한정된 시간 밖에서는 혼돈이나 정신질환처럼 보이는 경향이 크다. 한편, 주변의 모든 것이 크게 변하지 않고, 자신과 분리되어 있으며, 그것들을 통제할 수 있다고 생각하는 완전히 독립적인 자기 또한 아주 특정한 조건에서는 유익할 수 있다. 예를 들면 기를 쓰고 실내수영장을 가로질러 헤엄치려고 할 때처럼 말이다. 하지만 그 상황을 벗어나면 이런 식의 자기 인식은 심각한 신경증, 불안, 외로움 그리고 결국에는 우울증까지 초래할 수 있다. 우리가 다음 절에서 탐구할 것은 그 중간 지점이다. 즉 한편으로는 자기 자신을 독립적이고 안정된 존재로 생각하는 동시에, 다른 한편으로는 흡수력이 있고 끊임없이 변화하는 존재로 생각하는 방법이다. 곧 보게 되겠지만, 이러한 관점을 취하는 데는 엄청난 이점이 있다.

변화를 통한 강하고 안정적인 정체성

이 책의 집필 초기 단계에 있었던 어느 날 아침, 나는 체육관에서 내가 훈련하는 세 주요 동작인 스쾃, 벤치 프레스, 데드 리프트로 근력을 측정하고 있었다. 지난 18개월 동안 어느 정도 진지하게 훈련을 해 왔고, 그날은 정말 제대로 덤벼서 신기록을 세울 첫 번째 기회였다. 첫 리프팅을 위해 바벨에 다가갔을 때, 예전에는 쉽게 찾을 수 있었던 추가 기어를 찾는 데 애를 먹었다. 말하기는 좀 그렇지만, 내가 리프팅에 성공하는지 아닌지는 예전만큼 중요하지 않았다.

미식축구를 하고 싶은 마음이 간절한데 부모님이 허락해주지 않았던 7학년 때의 일이다. 그때 나는 길가에서 불량 고등학생 두 명에게 습격을 당했다. 무서운 경험이었다. 나는 동네에서 혼자 밖에 나가는 것이 불안하고 두려워졌다. 그러나 한 가지 긍정적인 면도 있었다. 나의 자신감을 키우는 데 도움이 될지 모른다는 생각으로 부모님이 미식축구를 하게 해주셨던 것이다.

나는 미식축구에 모든 걸 바쳤다. 매일 체력 단련실에 제일 먼저 들어가 마지막에 나왔다. 나는 훈련을 통해 강해졌고, 내 몸을 더 안전하고 안정적으로 느끼게 되었다. 여자애들이 나를 좋아하기 시작했는데, 지금 말하면서도 민망하지만 아마 다른 무엇보다도 내 우람한 팔뚝 때문이었던 것 같다. 나는 미식축구 대표팀 주장이 되었고, 우리 고등학교 40년 역사상 최고 기록(17승 3패)을 2년 연속 세웠다. 나는 소규모 대학의 미식축구팀에 뽑혔다. 결국에는 미시간 대학교(이곳에서 미식축구를 할 정도의 재능은 없었다)에 다니기로 결정했지만, 미식축구와 웨이트 트레이닝은 내 성장기 정체성에 큰 부분을 차지했다. 그것들이 나의 정체성'이었다고' 쉽게 말할 수 있을 것이다.

미시간에서 나는 미식축구 경기를 보러 갈 수가 없었다. 필드가 아닌 스탠드에 있는 것이 무의미하게 느껴졌고, 아직 상실에 대한 슬픔에서 벗어나지 못하고 있었다. 그래서 나는 방향을 180도 바꾸었고, 마라톤으로 시작해 철인 3종 경기에 이르기까지 지구력 스포츠를 위한 훈련을 했다. 미식축구와는 달랐지만, 운동선수로서의 초기 정체성은 온전하게 유지했던 것이다. 3학년이 끝날 무렵, 1학년 때부터 사귀던 여자애가 아직 다른 남자에 대한 감정이 남아 있다며 나를 차버렸다. 돌이켜보면 분명 잘된 일이었지만 그때는 대단히 고통스러웠다. 나는 전력을 다해 철인 3종 경기에 열중했다. 수영이나 사이클, 달리기를 좋아해서라기보다는 그게 좋은 진통제가 되었기 때문이었다.

10년 후, 나의 멋진 아내 케이틀린(다른 여자애와 헤어졌던 걸 다행이라 생각한다)이 첫 아이를 임신 중이었을 때 나는 다시 웨이트 트레이닝을 시작했다. 철인 3종 경기와 마라톤 훈련은 시간과 에너지를 너무 많이 소모했고, 나는 지나치게 자주 부상을 입었다. 나는 아버지로서의 새로운 삶에 더 잘 맞는 신체 활동을 원했다. 처음에는 별다른 체계 없이 훈련했고, 그저 체육관에 돌아온 것만으로 기분이 좋았다. 그러나 몇 년 후, 육아에 정신없던 시기가 지나가고 팬데믹이 한창 확산되어 여가로 할 만한 활동이 마땅치 않게 되었을 때 나는 중량 운동에 더 집중하기로 결심했다. 나는 차고에 소박한 체육관을 만들고 매주 4일에서 5일, 각 세션마다 60~90분씩 훈련했다. 엘리트 운동선수와는 거리가 멀었지만, 생초보보다는 훨씬 더 발전한 것이다.

다시 근력 테스트로 돌아가서, 그때 나는 한 이론을 깨우쳤다. 2022년에 스쾃을 하기 위해 바벨로 다가갔던 사람은 고등학교 체력 단련실에 있었던 자신감 없던 아이나 철인 3종 경기를 준비하던 갓 성인이 된 남자와는 매우 다르다. 생애 처음으로, 스포츠에서의 성과가 내 정체성의 중심이 아니게 되었기 때문이다. 나는 남편이다. 나는 아버지다. 나는 작가다. 나는 코치다. 나는 책을 읽는 독자다. 나는 친구다. 나는 영적 수행을 한다. 나는 저먼 셰퍼드 견종을 좋아한다. 그다음에야 비로소 '나는 야외에서 오랜 산책을 즐긴다'와 어쩌면 같은 위치, 혹은 그보다 살짝 아래에 웨이트 트레이닝이 온다. 내가 추가 기어를 찾지 못했던 이유, 리프팅에 성공하는지 아닌지가 예전만큼 중요하지 않다고 느꼈던 이유는 바로 예전만큼 스포츠가 내게 중요하지 않기 때문이었다.

예전에는 근력이나 체력 측정이 삶의 전부처럼 느껴졌었다. 최고의 실력을 발휘하는 것은 자기 보존self-preservation의 문제였고, 타협할 수 없는 문제였다. (대체로) 스포츠 자체를 즐기기는 했지만, 나는 위협 모드에서 경쟁하고 있었다. 나의 정체성을 보호하기 위해, 즉 리프팅에 성공하거나 경기에서 우승하기 위해 사용할 수 있는 모든 자원은 쉽게 동원되었다. 그러나 현재 나는 나의 정체성을 입증하는 데 스포츠에서의 성공에 의존하지 않는다. 내가 리프팅에 성공하는지 여부는 나의 자기 가치self-worth에 영향을 훨씬 덜 미친다는 말이다.

처음에는 혼란스럽고 좌절했지만(오해는 말라. 예전과 다른 방식일 뿐 여전히 나의 성과에 신경 쓰고 있었다), 잠시 심사숙고한 후에는 새롭게 얻은 스포츠와의 관계에 호기심이 생겼고, 심지어는 흥분되기도 했다. 나는 내면에서 정체성이 점진적으로 변화하는 과정을 가까이서, 개인적으로 경험하게 되었다. 특정 시기에는 성과 지향 운동선수였다가 다른 때에는 그렇지 않게 되는 방법이 있을까? 필요에 따라 스위치를 켜고 끄는 방법을 배울 수 있을까? 그리고 더 나아가, 성과 지향 운동선수가 아니라면 나는 누구인가? 미래에 내 정체성의 다른 부분도 비슷한 변화를 겪게 될 가능성이 높다면, 그 사실을 아는 건 무엇을 의미할까?

나의 선수 기량은 스피드 스케이팅 선수 닐스 반 데르 포엘 같은 사람에게 비할 바가 못 되지만, 내가 직면한 근본적인 긴장감은 똑같다. 나만 그런 것도 아니고, 스포츠에서만 그런 것도 아니다. 내가 다른 사람들에게 이 이야기를 할 때마다 사람들은 고개를 끄덕이며 동의한다. 그들은 아마도 정체성이 예술 창작이나 기업가, 의사로서의 직무 하나에 집중되어 있었던 사람일 것이다. 아니면 최근에 별거 또는 이혼하여 소멸된 남편, 아내, 혹은 파트너라는 과거의 정체성을 해결하려고 노력하는 사람일 수도 있다. 간혹 중심 정체성이 '어린 자식들의 부모'였지만 이제는 아이들이 다 커버린 노인인 경우도 있을 터다. 이 모든 상황에서 우리는 예전과 같지만 또한 분명하게 다르기도 하다. 다루기 까다로운 딜레마이지만, 여전히 거의 모든 사람이 일생 동안 종종 반복적으로 직면하게 되는 딜레마다. 다행히 현대 과학과 고대 지혜가 이 모든 것을 이해하는 데 도움을 줄 수 있다.

견고하고 유연한 자아 개발하기

제인 뢰빙거Jane Loevinger는 동료인 에릭 에릭슨Erik Erikson과 함께 자아 발달 연구를 개척한 20세기 미국 심리학자다. 2008년에 세상을 떠난 뢰빙거의 연구는 유동적 자기감과 견고하고 유연한 정체성을 발달시키는 방법을 이해하는 데 매우 중요하다. 뢰빙거는 자아를 고정적인 독립체가 아니라 하나의 전개 과정으로 묘사했다. 그 과정에서 그녀는 유아기부터 시작해 성인이 되는 동안 성숙해 가는 9가지 핵심 단계를 확인했다.

초기에는 이야기할 만한 자아ego가 거의 없다. 영아는 주변을 둘러싼 모든 사람과 모든 것, 무엇보다도 양육자와 가정 환경에 전적으로 의존한다. 아이가 자라면서 분리된 자기감이 발달하기 시작하는데, 이는 대부분의 아이가 2세 전후에 도달하는 극도로 중요한 단계다. 점차 그 분리된 자기감은 세상에 자신의 의지를 행사하기 위한(예를 들면, 스스로 밥 먹기와 유아용 변기 사용하기) 핵심 전제 조건인 자신감confidence을 만들어낸다. 또한 분리된 자기감을 획득하는 것은 아이들로 하여금 심리학자들이 '마음 이론theory of mind'이라 부르는 것을 개발하거나, 세상이 자신을 중심으로 돌아가지 않고 다른 사람들에게도 저마다 욕구와 요구가 있다는 사실을 깨닫게 함으로써 더 사회화되도록 돕는다. 거기서부터 청소년들은 규칙과 사회 규범은 물론이고, 그들을 둘러싼 환경을 헤쳐 나가는 방법과 환경의 위협으로부터 자신을 보호하는 방법을 배운다. (이것이 길가에서 습격당한 이후 강해졌던 고등학교 시절의 나를 설명해준다.)

성인이 되어감에 따라 우리의 자아는 더욱 정제된다. 운 좋게 뢰빙거 모델의 후기 단계에 도달한다면, 우리는 외부의 인정과 외적 성취를 갈망하는 데서 내적 의미와 성취를 우선시하는 쪽으로 넘어가게 된다. 그녀의 연구에 따르면 극소수만이 도달한다는 뢰빙거 모델의 마지막 단계에서, 자아는 깊은 공감과 자기 수용self-acceptance을 보여준다. 그것은 타인의 특이성뿐만 아니라 자신의 특이성까지 소중히 여기고, 주변의 모든 것과 분리되어 있으면서도 연결되어 있음을 이해하는 것이다. 일부 발달 심리학자들은 '통합unitive'이라는 추가적인 단계를 제안했다. 이 단계에서는 자아가 견고하면서도 유연하다는 사실을 받아들인다. 서로 모순되어 보이는 이 두 가지 상태를 하나의 응집력 있는 전체로 통합할 수 있다.

모든 모델이 그렇듯이, 뢰빙거의 자아 발달 단계도 정확성과 적용성을 둘러싼 비판을 받아왔다. 달리 말해, 시간의 시험을 통과해 왔단 이야기다. 뢰빙거는 호주에서 인도에 이르는 문화 전반에서 신뢰할 수 있다고 검

증된 설문 도구를 사용해 각 단계를 세심하게 측정했다.

나는 뢰빙거의 자아 발달 단계가 크게 두 가지 이유에서 유용하다고 생각한다. 첫째, 자기감이 고정적이지 않고 역동적이라는 점을 인지하고 있다. 또는 뢰빙거의 말을 빌려, "자아는 전개되는 과정"임을 알고 있다. 둘째, 방해받기 전까지는 자아 발달의 각 단계가 훌륭하게 작동한다. 뢰빙거 모델의 주요 개념은 다음과 같이 요약될 수 있다. 생존은 뚜렷하게 구별되는 강한 자기감의 발달에 달려 있지만, 나이가 들고 지혜를 얻게 되면 그 뚜렷하게 구별되는 강한 자기감이 최소한 일부 상황에서 방해가 됨을 인식하기 시작할 수 있다. 기본적인 요구를 충족하고, 양육자와 건전한 분리를 이루고, 위협에서 우리를 보호하는 데 도움을 주는 바로 그 자아가, 한편으로 고립감, 불안감, 실존적 고통을 유발할 수도 있다.

그때 필요한 기술은 자아의 현재 발현 상태가 우리에게 언제 유익한지 깨닫고, 유익하지 않을 때는 버리는 법을 배우는 것이다. 만일 지금 교차로에 있고 신호가 막 빨간색에서 초록색으로 바뀐 순간이라면, 나를 분리되고 통제되는 자아와 동일시하는 것이 아주 중요하다. 그래야 가속 페달을 밟고 가던 길을 갈 수 있다. 체육관에서 무거운 중량을 들려고 할 때도 마찬가지다. 하지만 자녀를 다 키우고 독립시킨 부모가 되었을 때나 몸이 아플 때, 혹은 임종을 앞두고 있을 때는 나를 지나치게 통제적인 자아가 아니라, 거대하고 서로 연결되어 있는 자아와 동일시하는 편이 낫다. 이것들은 극단적인 예시일지는 몰라도 매우 중요한 점을 설명해준다. 우리가 선택하기에 따라 자아 자체가 유동적이고 유연한 개념이 될 수 있다는 사실이다.

역사적 붓다가 아시아 전역에서 가르침을 전하고 있을 때, 밧차곳타 Vacchagotta라는 방랑자가 그에게 다가와 '나(자기)'가 존재하느냐고 단도직 입적으로 물었다. 심오한 질문이다. 이 장면은 현존하는 가장 오래된 불교 경전인『팔리어 대장경Pali Canon』에 기록되어 있는데, 학자 빅쿠 보디Bhikku Bodhi의 번역은 다음과 같다.

> "그렇다면, 고타마 존자시여, '나'는 있습니까?" 밧차곳타가 물었
> 다. 이 같이 말했을 때, 붓다는 침묵했다. "그러면 '나'는 없습니
> 까?" 밧차곳타가 다시 물었다. 두 번째에도 붓다는 침묵했다. 그
> 러자 방랑자 밧차곳타는 자리에서 일어나 떠났다.

나중에 붓다의 충실한 수행자이자 믿음직한 시자인 아난다Ananda가 그 상황에 대해 묻는다.

> "세존이시여, 방랑자 밧차곳타가 방금 여쭌 질문은 꽤 중요한 듯
> 보였습니다. 무슨 일이 있었습니까? 왜 그에게 대답하지 않으셨습
> 니까?" (나의 번역이다.)

붓다의 대답이 꽤 중요하기 때문에 빅쿠 보디의 번역으로 다시 돌아 가자.

"아난다여, 방랑자 밧차곳타가 "'나'는 있습니까?'라 물었을 때 내가 "'나'는 있다'라고 대답했다면, '모든 현상은 무아無我다'라는 앎이 내 안에 자리 잡을 수 있었겠는가?" 붓다가 말했다.

"아닙니다, 세존이시여." 아난다가 말했다.

붓다는 계속해서 일렀다. "그리고 그가 "'나'는 없습니까?'라 물었을 때 내가 "'나'는 없다'라고 대답했다면, 이미 혼란한 방랑자 밧차곳타는 '이전에는 있었던 '나'가 이제는 존재하지 않는가 보다'라고 생각하며 더 큰 혼란에 빠졌을 것이다."

붓다의 침묵은 그가 질문에 대한 유용한 대답을 찾지 못했다는 것을 의미한다.

붓다와 밧차곳타의 조우, 그에 뒤따르는 아난다와의 담화는 불교 경전에서 굉장히 많이 논의되는 구절 중 하나다. 다양한 현대 학자와 학파가 조금씩 다른 관점을 내놓고 있지만, 가장 흔하고 내가 가장 유용하다고 생각하는 관점은 이렇다. 지금 이 책을 읽거나 듣고 있는 '나'이자 교차로에서 통제하고 운전하는 '나'인 '관습적 자기conventional self'가 있다. 관습적 자기는 전적으로 현실적이고 중요하다. 관습적 자기 없이는 일상생활을 영위할 수 없다. 그러나 먹는 음식부터 이전 경험, 조상의 유전자, 숨쉬는 공기, 키우는 자녀까지 주변 모든 사람, 모든 것과 연결되어 있는 '나'인 '궁극적 자기ultimate self'도 있다. '궁극적 자기'는 '관습적 자기'와 마찬가지로 모든 면에서 진실이다. 둘 다 동시에 존재할 수 있고, 실제로 존재한다. 이는 전적으로 합리적이고 경험적인 주장이다. 아주 많은 심오한 진리가 '이것과 저것' 방식의 사고를 요구하지만, 우리는 '이것 아니면 저것' 방식의 사고에 너무 익숙해져 있기 때문에 머리만 터질 지경이 되는 것이다.

붓다가 깨우쳐준 깊은 진리, 비이원적 자기는 제인 뢰빙거의 자아 발달 모델 중 최고 단계와 놀랍도록 유사하다. 유동성을 이해하고, 자기감을 완전히 잃지 않으면서, 자신을 버려야 할 때를 아는 자아 말이다.

우리가 문제를 맞닥뜨리게 되는 건 강한 정체성을 가지고 있을 때가 아니라, 강한 정체성이 자신을 보는 관점을 포함해 하나의 목표, 사람, 또는 개념에 지나치게 고착화될 때다. 따라서 정체성을 동시에 두 가지 방식으로 유지하는 것이 유리하다. 우리에게는 뚜렷하게 구별되고, 안정적이며, 지금 당장 여기에 존재하는 관습적 자기가 있다. 그리고 끊임없이 변화하며, 어느 하나의 노력을 초월하는 궁극적 자기도 있다. 두 번째 자기를 염두에 두면 갑작스러운 실패와 변화를 덜 염려하게 되므로, 우리는 해방되어 첫 번째 자기와 함께 우수성을 더 완벽하게 발휘할 수 있게 된다.

이것이 바로 스피드 스케이팅 선수 닐스 반 데르 포엘에게 일어났던 일이다. 더 유연한 정체성을 개발하면서 그는 경기를 한층 즐기게 되었다. 그의 표현 그대로, 그에게 "두려울 것은 없었음"을 기억하라. 진저 핌스터의 유동적 자기감은 독실한 기독교인이자 남부에서 엄마가 된다는 것이 무엇을 의미하는지에 대한 역사적 이야기를 초월할 수 있게 해주었다. 그리고 나는 성과 중심 스포츠와의 새로운 관계를 발견하는 과정에 있고, 이를 통해 나 자신과의 새로운 관계를 발견하고 있다.

테리 크루즈Terry Crews는 미시간주 플린트에서 자랐다. 어린 시절 내내 그는 예술에 대한 애정을 드러냈다. 여덟 살 무렵 그는 그림을 잘 그렸고 플루트 연주에 뛰어났는데, 이는 중학교에서도 계속되어 미시간주 북서부에 있는 명문 인터로첸 예술 아카데미Interlochen Center for the Arts boarding school에 장학생으로 선발되기에 이르렀다. 크루즈가 인터로첸 예술 아카데미에 입학하는 데 유일하게 방해가 된 것은 그가 미식축구 또한 꽤 잘한다는 사실이었다. 실제로는 그냥 잘하는 정도가 아니었다. 크루즈는 압도적이었다. 그래서 일반 고등학교에 진학했고, 그라운드에서 성공을 거두었다.

크루즈는 웨스턴미시간 대학교에 다니게 되었고, 그곳에서 미술 분야와 체육 분야 장학금을 각각 한 번씩 받았다. 그는 훌륭한 대학 미식축구 경력을 구가했고, 1991년 드래프트로 미국 미식축구 프로리그인 내셔널 풋볼 리그National Football League, NFL 팀 로스앤젤레스 램스Los Angeles Rams에 입단했다. 그는 라인배커(수비수)로서 상대 선수들을 쓰러뜨리고 있지 않을 때면 팀 동료들을 스케치하면서 예술적 감성을 유지했다. 1997년, 일곱 번의 고된 시즌을 보낸 후 크루즈는 미식축구계에서 은퇴했다. 당시 그는 필라델피아 이글스Philadelphia Eagles에서 뛰고 있었는데, 크루즈가 배우가 되고 싶어 했기 때문에 부부는 로스앤젤레스로 돌아가기로 결정했다. 그에게는 안타까운 일이지만, 연예계 실무자들은 그의 미식축구 경력이 보탬이 될 거라고 보지 않았다. 1년 동안 거절을 당한 끝에, 크루즈는 공장 바닥을 청소하고 나이트클럽에서 보안을 담당하는 일을 하게 되었다.

아주 많은 운동선수가 그렇듯이, 크루즈에게 스포츠에서 다른 분야로 전환하는 것은 도전이었다. 미식축구 경기장에서 눈에 띄던 그는 그저 평범한 사람이 되었다. "당신은 당신이 생각하는 사람이 아니라는 걸 깨닫게 돼요. 왜냐하면 운동선수로 알려지다가, 이걸로 알려지고, 저걸로 알려지고, 그러다 갑자기 인생을 새로 구축해야 하니까요. (...) 정말 이상하고, 정말 이질적이죠." 그가 설명한다.

1999년, 크루즈는 나이트클럽에서의 인맥을 통해 새 TV 프로그램 「배틀 돔Battle Dome」의 오디션 소식을 듣게 되었다. 이 프로그램은 레슬링과 약간 비슷했는데, 그의 프로 운동선수 체격이 배역에 제격이었다. 길고 지루한 오디션 과정이 끝나고, 그는 배역을 따냈다. 크루즈는 「배틀 돔」 이후로도 계속 오디션을 보고, 영화에서 작은 역할을 맡고 새로운 인맥을 만들었다. 그의 연기는 천천히 하지만 확실하게 주목을 받았고, 그는 「화이트 칙스White Chicks」, 「롱기스트 야드The Longest Yard」, 「크리스는 괴로워Everybody Hates Chris」, 「이디오크러시Idiocracy」, 「아메리카 갓 탤런트America's Got Talent」, 「브루클린 나인-나인Brooklyn Nine-Nine」 같은 영화와 TV 프로그램에 출연했다. 그는 오늘날 할리우드에 자신을 있게 한 끈기는 미식축구 선수로서 했던 훈련 덕분이라고 생각한다.

"조금 이상하죠. 제 미식축구 선수 경력, 그간의 우여곡절, 얼마나 힘들었는지 말하기도 어려웠던 속내, 그런 것들이 연예계에 있을 수 있도록 저를 준비시켜주었다는 게요. 특히 제가 거절받을 수 있다는 점이나 오디션에 가서 그게 제 자리가 아님을 깨달을 수 있다는 점에서요." 크루즈가 말한다. "NFL에서 있었던 7년이 제가 할리우드로 진출할 수 있도록 준비시켜주었다고 말해야겠네요. 정말 그랬어요. 우리는 한 대 맞아도 견디는 방법을 배워야만 해요."

과학 저술가 데이비드 엡스타인David Epstein은 자신의 저서 『늦깎이 천재들의 비밀Range』에서 제너럴리스트generalist가 되면 얻을 수 있는 이점에 대해 설득력 있는 사례들을 제시한다. 스페셜리스트specialist가 매우 좁은 범위의 특정 주제에 초점을 맞추는 반면, 제너럴리스트는 다양한 경험을 폭넓게 추구한다. 엡스타인은 창의력 강화부터 건강과 체력 증진, 문제 해결 능력 향상에 이르기까지 후자의 장점을 언급하는 수백 편의 연구를 인용한다. 당신이 과학자, 운동선수, 예술가, 작가, 기업가, 사업가, 무엇이 되고 싶든 확실한 것은 제너럴리스트가 되는 편이 유용하고, 그렇지 않으면 최소한 좁은 길을 가기 전에 넓은 길을 가는 것이 낫다는 점이다. 자라면서 다수의 스포츠를 해보면 성인이 되었을 때 프로가 될 가능성이 더 높다. 서로 다른 스타일의 예술을 시도하면 걸작을 만들 가능성이 커진다. 다양한 주제를 공부하면 과학적 혁신이나 비즈니스 관리 문제를 해결할 새로운 방법을 발견할 가능성이 커진다.

　『늦깎이 천재들의 비밀』은 훌륭한 책이며, 내가 지난 10년 동안 정말 좋아한 책 중 하나다. 내 생각에, 이 책이 그렇게 호평받은 이유 중 하나는 우리가 이 책의 메시지를 직관적으로 이해하기 때문이다. 현대 사회가 끊임없이 우리에게 그 반대를 이야기하고 있는데도 말이다. 편협한 전문화는 단기적으로 효과가 있지만, 장기적으로는 좋지도 건강하지도 않은 전략이다. 테리 크루즈처럼 자기 자신을 유동적으로 보고 폭넓은 정체성을 개발하는 것이 더 좋다. 『늦깎이 천재들의 비밀』이 2019년에 출간된 이후, 추가적인 연구들은 여러 분야에서 표본 시기를 거치고 나서 특정 분야에서 우수함을 보이는 경우가 종종 있음을 보여주었다. 행동 과학자들의 표현을 빌리자면, 정체성과 기술의 특정한 한 가지 측면을 '활용exploit'하기 전에 먼저 다양한 측면을 '탐색explore'하는 것이 유익하다. 게다가 우리는 이 순환을 평생에 걸쳐 반복할 수 있다. 미국 시에서 아마도 가장 잘 알려진 시구가 월트 휘트먼Walt Whitman의 다음 시구인 데는 이유가 있다.

나는 나 자신에 모순되는가?
좋다. 그렇다면 나는 나 자신이 모순되게 하리라.
(나는 크게, 내 안에 여러 세상을 품고 있기에.)

제너럴리스트가 되면 외적인 이점 외에도 엄청난 내적인 이점이 있다. 점점 견고하고 유연해질 수 있다는 점이다. 자신을 광범위하게 정의하는 방법을 배울 수 있다면, 당신이 노화하든 은퇴하든, 이득을 얻든 손해를 보든, 성공하든 실패하든, 그 어떤 변화라도 덜 위협적으로 느껴진다. 정체성의 한 부분이 타격을 입어도 다른 부분을 잃지 않을 수 있다. 다음 키워드에서는, "여러 세상을 품고 있는", 독립적이면서 의존적이고, 분화되어 있으면서 통합된 이 유동적 자기감을 살펴보고, 앞으로 펼쳐질 길을 안내하기 위한 견고하고 유연한 울타리 건설의 중요성에 대해 배울 것이다.

#유동적 자기감을 길러라

- 물과 마찬가지로, 유동적 자기감은 어느 공간에든 들어갈 수 있고 채울 수 있다. 그러나 필요할 때는 구성을 바꾸지 않고도 모양을 바꾸어 그 공간 밖으로 흘러 나갈 수도 있다.

- 유동적 자기감은 비이원적이다.
  - 분화되거나 통합된 것이 아니라, 분화되어 있으면서 통합된 것이다.
  - 독립적이거나 상호 의존적인 것이 아니라, 독립적이면서 상호 의존적인 것이다.
  - 분리되거나 연결된 것이 아니라, 분리되어 있으면서 연결된 것이다.
  - 관습적이거나 궁극적인 것이 아니라, 관습적이면서 궁극적인 것이다.

- 우리의 정체성을 비이원적으로 개념화하고 이 모든 모순을 한꺼번에 지닐수록 우리는 더 나아질 것이다.

- 우리 자신을 유동적인 방식으로 생각하면, 내부 변화든 외부 변화든 변화가 덜 위협적으로 느껴지게 된다. 우리의 정체성은 더욱 견고해지고 유연해지며, 따라서 수많은 질서, 무질서, 재질서의 순환을 포함하는 긴 여정을 더 잘 견디고 지속할 수 있다.

변
화

스
트
레
스

끄
기

자화상, 견고하고 유연하게

마음속에 강을 떠올려보라. 강은 구체적이고 식별 가능한 현상이다. 하지만 항상 흐르고 있기도 하다. 강의 필수적인 부분은 강둑으로, 강둑은 흐름을 유지하고 방향을 제시하는 용기 역할을 한다. 강둑이 없으면 강도 없었을 것이다. 대신에 그저 무작위 형태의 물만 있었을 것이다. 우리 정체성에 대해서도 같은 방식으로 생각하는 것이 도움이 될 수 있다. 흐름은 계속해서 변하고 이리저리 움직이는 우리의 유연성을 상징한다. 강둑은 흐름을 유지하고 정렬하며 뚜렷하고 식별 가능한 길을 만드는 견고하고 유연한 테두리를 상징한다. 이전 키워드에서는 유동적 자기감을 기르는 방법에 대해 이야기했다. 그러면서 우리는 주로 흐름에 집중했다. 이제는 강둑을 살펴볼 것이다. 즉, 우리의 여러 정체성을 하나로 합쳐 시간에 따라 형태를 부여하는 테두리를 정의하고 적용하는 방법을 배울 것이다.

이 개념을 잘 보여주는 사람이 모델에서 마피아 운전사로, 스턴트 배우로, 기업가이자 작가로 변신한 조지아 두란테Georgia Durante다. 1960년대 후반, 10대였던 두란테는 코닥 카메라 광고에 출연했다. 또한 그녀는 마피아가 뉴욕에 운영하던 나이트클럽 '선다우너스Sundowners'의 단골이었는데, 이는 그러지 않았더라면 평범한 소녀로 살았을지 모를 그녀의 인생에 흥분과 정열을 불어넣었다. 그렇다고 하더라도 클럽에서 보내는 저녁은 무사평온한 편이었다. 어느 운명적인 밤, 한 남자가 그녀 앞에서 총에 맞았을 때 모든 것이 바뀌었다. "제가 거기 있었는데, 저랑 5피트 떨어진 곳에서 이 남자가 총을 꺼내더니 옆에 있던 남자를 쐈어요. (...) 모든 사람이 황급하게 흩어졌고, 그 남자는 바닥에 쓰러졌죠." NPR 라디오 인터뷰에서 두란테는 당시를 이렇게 회상했다.

몇 초 뒤, 선다우너스의 사장이 두란테에게 열쇠 꾸러미를 던졌고 그녀에게 차를 가져오라고 말했다. "조지 걸, 가서 차 가져와, 가져오라고!" 그가 소리쳤다. 사장과 그의 수행원들, 부상 당한 남자가 차에 탔고, 그녀는 페달을 마구 밟아 기록적인 시간 안에 그들을 빠르게 병원으로 데려다주었다. 부상 당한 남자를 내려준 후, 차에 탄 마피아 조직원들은 그녀의 운전 실력이 얼마나 인상적이었는지 계속 이야기했다. 낮은 목소리로 잠시 중얼거린 후 그들은 그녀에게 '운전 업무'를 맡을 기회를 주었다. 처음에 마피아는 두란테에게 물건을 픽업해 배달하는 일 정도를 맡겼지만, 그녀의 남다른 운전 실력을 더 많이 보게 되면서 그녀를 더 위험한 일에 투입하기 시작했다. 결국 두란테는 강도와 그 밖의 중대 범죄를 위한 도주 차량 운전사가 되었다. 벌이는 쏠쏠했고, 스피드 생활도 즐거웠다. 두란테가 어느 하나의 속성을 구현했다면, 그것은 정열이었다.

견고하고 유연한 정체성

하지만 몇 년 후 마피아 전쟁이 일어났고, 두란테는 도시를 몰래 떠나야 한다는 걸 알았다. 그 무렵 그녀에게는 일곱 살 난 딸이 있었고 점차 가정 폭력을 행사하기 시작하는 마피아와 결혼한 상태였다. 뉴욕 상황은 빠르게 불안정해졌다. 그들은 캘리포니아주 샌디에이고로 도망쳤다. 그곳에서 남편의 가정 폭력이 더욱 심해졌고, 어느 날 두란테는 용기를 내어 다시 떠났다. 지갑에 7달러 남짓한 돈을 가지고 그녀와 딸은 차를 몰아 로스앤젤레스로 향했다. 그들은 차에서 지내면서 그저 살기 위해 편의점에서 음식을 훔쳤다. 그러다 두란테와 딸은 겨우 브렌트우드에 있는 오랜 친구의 집으로 들어갔다. 마피아나 폭력적인 남편에게 발각되지 않도록 몸을 사리는 게 급선무였다. 그러나 동시에 두란테는 돈을 벌 방법도 찾아야 했다. 그녀는 곤경에 처했고, 처음으로 도주로를 찾아 달릴 수 없는 상황이 되었다. 적어도 그녀는 그렇게 생각했다.

어느 날 오후, 친구네 소파에서 텔레비전을 보며 시간을 보내던 그녀는 험난한 커브와 구불구불한 절벽 도로가 나오는 자동차 광고가 수없이 많다는 걸 깨달았다. 이러한 광고에서는 운전자를 거의 볼 수 없다. 그리고 퍼뜩 어떤 생각이 떠올랐다. 그것은 완벽한 일자리였다. 자신의 불같은 정열과 잘 연마된 기술을 발휘할 수 있는 익명의 일자리. 두란테는 마피아 인맥에 의지해 촬영 장소에 대한 정보를 얻었고, 현장에 가서 감독에게 운전 기회를 달라고 애원하기 시작했다. 처음에는 다들 여자가 스턴트 드라이버가 되기엔 무리라고 생각했기 때문에 그녀를 무시하며 단호하게 거절했다. 그럼에도 그녀는 끈질겼고, 한 감독이 마침내 두란테에게 기회를 주었다. 그녀는 그의 넋을 빼놓았다.

두란테는 할리우드에서 엘리트 드라이버로 알려지게 되었고, 점점 더 많은 일자리에 기용되기 시작했다. 펩시 광고에서 신디 크로포드Cindy Crawford의 대역을 하기까지는 오래 걸리지 않았다. 그녀의 전문 기술에 대한 수요가 높아졌고 그녀가 일을 거절해야 하는 지경까지 이르렀다. 결국 그녀는 자신의 회사 '퍼포먼스 투Performance Two'를 차려 할리우드 프로덕션과 모든 주요 자동차 제조사에 스턴트 드라이버를 제공하기 시작했다. 두란테는 자신의 회고록『그녀가 함께한 사람들The Company She Keeps』에 "인생은 그런 것이다. 우리가 인생에 어떻게 대처하는지가 중요하다."라고 썼다.

그녀의 견고함은 정열과 운전에 대한 애착에 있다. 그리고 유연함은 정열과 그녀가 운전했던 상황들을 어떻게 적용하느냐에 있다. 같은 상태를 유지하길 희망하고 변화로부터 자신을 격리하려 노력하며 완고하게 버티면, 폭싹 무너질 위험이 있다. 그렇다고 경계나 방향 없이 마냥 유연하기만 하다면, 자신이 누구인지조차 혼란스러워질 수 있다. 이번 키워드에서는 우리 정체성의 진화를 이끌어내는 방법, 혹은 최소한 자신의 길을 위한 일반적인 코스를 설정하는 요령을 다루고자 한다. 변화와 무질서로 인해 자신을 더 이상 알아보지 못할 정도로 변하지 않는 선에서, 변화와 무질서에 맞서고 적응하는 일에 대한 것이다.

견고한 경계

당신이 통제할 수 없는 삶의 모든 것에 대해, 최소한 한 가지 통제할 수 있는 것이 있다. 바로 당신의 근본적인 믿음과 삶의 지침을 나타내는 ~~핵심 가~~ ~~치~~ core value다. 그것은 당신에게 가장 중요한 속성과 자질이다. 몇 가지를 예로 들면, 진정성, 존재감, 건강, 공동체 의식, 영성, 인간관계, 지성, 창의성, 책임감, 신뢰 등이 있다. 상대적으로 안정적인 시기 동안, 핵심 가치는 내적 계기판처럼 당신이 감정을 느끼고 최선을 다하는 데 도움이 되는 특성들을 유형화하는 역할을 수행한다.

코칭 업무를 할 때, 내 고객 대부분은 보통 세 가지에서 다섯 가지 핵심 가치를 제시한다. 그다음 고객과 나는 머리를 맞대고 각 핵심 가치를 고객 맞춤으로 바꾸고 보다 구체화하기 위해 하나의 문장으로 풀어쓴다. 가령 어떤 사람은 '존재감'이라는 핵심 가치를 가지고 있고, 그것을 "가장 중요하게 생각하는 사람들과 목표를 위해 온전히 그곳에 존재하는 것"이라고 정의할 수 있다. 여기까지 마쳤다면, 다음 단계는 각 핵심 가치를 일상에서 어떻게 실천할 수 있는지 구체적인 예를 떠올리는 것이다. '존재감'을 계속 예로 들면, "우선순위가 높은 프로젝트와 관련된 심층 집중 작업을, 매주 최소 세 단위씩 계획하고 완료하기" 또는 "방해 없이 가족들과 시간을 보낼 수 있도록 배우자에게 매일 저녁 7시에 내 휴대폰을 숨기고 다음 날 오전 7시까지 돌려주지 말라고 부탁하기"라고 말할 수 있을 것이다.

핵심 가치는 변화, 무질서, 불확실성의 시기에도 중요한 역할을 한다. 상황이 급변하는 것처럼 느껴질 때, 다음에 무엇을 해야 할지 알 수 없을 때, "어떻게 하면 핵심 가치의 방향으로 움직일 수 있을까?"라고 자신에게 물어볼 수 있다. 만일 그게 불가능하다면, '어떻게 핵심 가치를 지킬 수 있을까?'라고 생각해볼 수 있다. 예를 들어 당신의 핵심 가치가 '창의성'이라면, 여전히 그 가치를 지키면서 직장을 바꾸거나 심지어는 창의성을 실현하는 방법까지 바꿀 수 있다. 나는 컨설팅 회사의 파워포인트 프레젠테이션 초안을 만들면서, 의사들을 코칭하면서, 팟캐스트를 진행하면서, 이 책 같은 책들을 집필하면서, 어린아이를 키우면서 창의성을 연습했다. 조지아 두란테의 경우, 그녀의 삶이 드라마틱하게 변할 때조차 정열이라는 그녀의 핵심 가치는 내내 그녀와 함께였다.

핵심 가치는 이동성이 있으며, 이는 거의 모든 상황에서 핵심 가치를 실천할 수 있음을 의미한다. 따라서 핵심 가치는 변화 전반에 걸쳐 안정성의 원천이 되고, 유연한 자기감이 흐르고 진화할 수 있는 견고한 테두리를 구축한다. 그 무엇도 당신에게서 핵심 가치를 빼앗을 수 없다. 그것은 미지의 세계로 인도하는 방향타를 제공하고, 시간의 흐름에 따라 분화하고 통합하는 방법을 안내한다. 그렇다, 핵심 가치는 변할 수 있고 때때로 변한다. 하지만 그럴 때조차 새로운 핵심 가치로 당신을 이끄는 것은 이전의 핵심 가치에 따른 우선순위 결정과 행동이다. 핵심 가치에 따라 강화된 당신에게, 변화, 무질서, 불확실성은 조금 덜 위협적이고 무섭게 느껴진다.

『미국 국립과학원회보Proceedings of the National Academy of Sciences』에 발표된 최근 연구를 생각해보자. 펜실베이니아 대학교 심리학자 에밀리 포크Emily Falk와 그녀의 동료들은 fMRI 기술을 이용해 흔히 위협적으로 느끼는 변화를 접했을 때 사람들의 뇌에 무슨 일이 일어나는지 조사했다. 실험 방법은 간단했다. 예를 들면, 담배를 피우거나 술을 남용하는 사람에게는 내일부터 끊어야 한다고 말한다. 아니면 이전에 운동을 해본 적이 없는 사람에게 그날 오후부터 운동 계획을 시작해야 한다고 말하는 식이었다. 이런 시나리오를 시작하기 전에 자신의 핵심 가치를 깊이 생각해보도록 지시받았던 사람들은 '긍정적 가치 평가'나 위협을 그저 감당할 만한 도전으로 바라보는 관점과 연관된 뇌의 부분(복내측 전전두엽 피질Ventromedial Prefrontal Cortex, VMPFC)에서 신경 활동이 증가하는 것으로 나타났다. 그들의 뇌는 잠재적으로 어려울 수 있는 변화를 중단시키거나 저항하는 대신, 참가자들이 변화에 참여하도록 이끌었다. 반면 핵심 가치를 깊이 생각해보도록 지시받지 않은 이들에게서는 복내측 전전두엽 피질의 신경 활동 증가가 보이지 않았다. 이러한 현상은 비단 실험실에만 국한되지 않았다. 핵심 가치를 심사숙고한 개인이 그렇지 않은 통제 집단보다 현실 세계의 큰 변화 또한 훨씬 더 빠르게, 성공적으로 헤쳐 나갔다.

그럼 생물학에서 심리학으로 넘어가, 핵심 가치의 '가치'를 더 알아보자. 불안의 핵심에는 일반적으로 변화와 불확실성에 대한 과도한 걱정이 자리 잡고 있다. 그러니까 핵심 가치가 불안장애를 위한 최적의 치료법, 수용전념치료Acceptance and Commitment Therapy, ACT에서 돋보이는 것은 놀라운 일이 아니다. 내가 수용전념치료를 개발한 네바다 대학교 임상 심리학 교수 스티븐 헤이즈Steven Hayes와 이야기를 나눴을 때, 그는 핵심 가치의 주요 효과가 그것들이 주는 강인함과 견고함에 있다고 설명했다. 때로 당신은 주변의 모든 것이, 그리고 불안을 느끼는 경우에는 당신 안에 있는 모든 것까지도 통제가 불가능하다고 느낄지 모른다. 하지만 그럴 때에도 핵심 가치만 확고하다면, 여전히 거기에 맞춰 자신을 드러내고 행동할 수 있을 것이다.

불안은 변화와 불확실성을 피하고자 하므로, 거의 항상 누군가의 삶을 제한하는 영향을 미친다. 그러나 당신의 핵심 가치를 알고 신뢰할 수 있다면, 내면의 가장 깊은 본질을 알고 신뢰하게 된다면, 당신은 용감하게 미지의 세계를 향해 나아갈 수 있다. 무엇에 직면해 있든, 무엇을 느끼든 상관없이 핵심 가치에 의지해 힘을 얻고 다음 단계로 나아갈 수 있을 것이다. 헤이즈와 동료들은 수백 건의 연구를 통해 핵심 가치의 긍정적인 영향을 입증했다. 핵심 가치의 힘에 대한 그의 심리학적 발견들은 포크의 생물학적 연구 결과와 거의 완벽하게 일치한다. 그녀의 흥미로운 fMRI 연구는 단지 우리가 본질을 들여다보게 해주었을 뿐이다. 그 어떤 두려움, 혼돈, 위협 속에서도 우리의 핵심 가치는 견고함, 강인함 그리고 안정성을 담보한다.

이 주제는 특히 중요하므로 빠르게 요약할 가치가 있다. 핵심 가치는 삶의 지침이다. 세 개에서 다섯 개 정도 가지고 있으면 좋다(핵심 가치로 무엇이 있을지 궁금하다면 부록의 목록을 참고하라). 각 핵심 가치를 구체적인 용어로 정의하고, 일상생활에서 실천할 수 있는 몇 가지 방법을 생각해보라. 목표는 고결해 보이는 자질과 속성을 선택해, 가능한 한 유형적인 것으로 만드는 것이다. 변화와 무질서와 맞설 때, 미지의 세상을 헤쳐 나가는 데 핵심 가치를 활용하라. 어떻게 핵심 가치의 방향으로 나아갈 것인지, 어떤 새로운 방식으로 핵심 가치를 실천할 수 있을지 스스로에게 물어보자. 만약 외부의 힘이 당신에게 핵심 가치를 버리라고 요구한다면 그리고 새로운 현실에 그것들을 적용할 수 있는 건설적인 방법이 진정 없다면, 그것은 일반적으로 강력히 맞설 것을 고려해볼 만한 좋은 신호다. 필수는 아니지만 시간에 따라 핵심 가치가 변하는 것이 정상이다. 현재의 핵심 가치를 이용해 세상을 헤쳐 나가는 과정이 당신을 새로운 핵심 가치로 안내한다.

핵심 가치는 당신의 분화되면서 통합되고, 독립적이면서 상호 의존적이고, 관습적이면서 궁극적인 자기를 묶어 일관되고, 복잡하며, 지속적인 전체로 만든다. 그것은 당신이 힘든 결정을 내리도록 도와주고, 견고한 울타리가 되어 당신이 그 안에서 시간의 흐름에 따라 진화하고 성장하도록 한다. 이제 그 주제에 대해 다루겠다.

유연한 적용

신항상성을 이론화하고 연구하는 수십 년간, 피터 스털링Peter Sterling은 같은 패턴을 지속적으로 관찰했다. 오랜 기간에 걸쳐 건강과 회복력을 유지하는 유기체는 변화하는 환경에 적응할 수 있었다. 그러나 유기체가 무작위로 적응하는 것은 아니다. 오히려 적응은 유기체의 중심적 특징과 필요에 의해 이루어진다. 순전히 생물학적인 관점에서 볼 때, 이는 대부분의 유기체가 먹고 마시고 번식할 더 나은 기회를 찾기 위해 자신의 강점을 발휘하는 방식으로 적응한다는 뜻이다. 이 책의 범위는 기본적인 생명 활동과 생존을 넘어서기 때문에 우리는 스털링의 연구 결과를 더 광범위하게 적용할 수 있다. 건강, 장수, 우수성(재능을 온전히 발휘하고, 좋은 기분을 느끼고, 좋은 행동을 하는 능력)은 우리의 '중심적 특징', 또는 우리 식으로 표현하자면 '핵심 가치'를 보호하고, 이상적으로 증진되는 방향으로 조정하는 능력에 달려 있다. 하지만 그렇다고 해서 우리가 항상 같은 방식으로 핵심 가치를 실천한다는 뜻은 아니다. 여기서는 유연성이 필수적이다.

로저 페더러Roger Federer는 역사상 최고로 꼽히는 남자 테니스 선수 중 하나다. 그의 경력이 특출난 데는 많은 이유가 있지만(그는 4대 메이저 대회 우승 20회를 포함해, 103회의 단식 타이틀을 획득했다), 아마 무엇보다도 그의 전성기 기간이 주된 이유일 것이다. 많은 테니스 선수의 전성기가 20대 후반인데 비해, 페더러는 30대까지도 계속해서 테니스계를 지배했다. 그러나 그도 계속 상승곡선만을 달린 것은 아니었다. 2013년부터 2016년, 당시 30대 초반이었던 페더러는 숱한 부상에 시달렸는데, 특히 허리 부상이 결정적이었다. 그는 그 기간 동안 메이저 챔피언십에서 단 한 번도 우승하지 못했고, 예전 같으면 쉽게 우승했을 토너먼트에서 탈락했다. 많은 사람이 페더러의 나이가 결국 그의 발목을 잡았다고 생각했다.

그런데 믿기지 않는 일이 벌어졌다. 36세를 맞은 2017년, 페더러는 그의 경력 전체에서도 최고로 손꼽히는 놀라운 시즌을 보냈다. 그는 54승을 거두고 겨우 5패만 기록했는데, 이는 25세였던 2006년 이후 그가 올린 최고 승률이었다. 4대 메이저 대회에서 두 차례 우승했고, 세계랭킹 2위에 올랐다. 페더러의 경이로운 귀환과 이어진 긴 전성기는 두 가지 주요 요인에 기인한다. 첫 번째는 테니스에 대한 그의 변함없는 애정, 경쟁과 우수성을 향한 헌신이었고, 두 번째는 시간에 따라 적응하는 능력이었다. 사람들은 대부분 자신의 경력에서 변화에 저항하게 되는 어느 시점에 도달한다. 분명 변화가 필요하지만 우리는 항상 하던 방식으로 계속 일하고 싶어 하며, 그럴 수 있을 때 행복하다. 그러나 페더러는 대다수의 우리와는 달랐다.

2013년부터 2016년, 나이가 듦에 따라 '에이징 커브'란 위기를 맞은 페더러는 몇 차례 중대한 변화를 만들었다. 우선 큰 대회 사이에는 휴식과 회복에 더 집중할 수 있도록 훈련과 연습 게임을 줄였다. 어린 경쟁자들에 맞서 몇 시간이나 계속 베이스라인을 달리지 않아도 되게끔 플레이스타일을 바꿨다. 네트 플레이를 자주 시도했고, 그로써 포인트 획득 시간을 단축시켰다. 또한 체력 소모를 줄이고자 엄청난 톱 스핀을 가진 원핸드 백핸드(손바닥이 뒤를 향하도록 하여 한 손으로 타구하되 공에 전진하는 방향으로 회전을 주는 것-옮긴이)를 익혔고, 그걸로 라이벌 라파엘 나달Rafael Nadal을 곤경에 빠뜨리곤 했다. 그리고 새 친구도 받아들였다. 선수 경력 대부분을 함께하면서 그를 최고의 남자 테니스 선수로 만들어준 라켓을 내려놓고, 향상된 디자인 기술이 적용된 새 라켓을 쥔 것이다. 젊은 선수들은 이미 다 사용 중인 라켓이었다.

페더러는 테니스에 대한 애정뿐 아니라, 경쟁과 우수성이라는 핵심 가치를 굳건히 고수했다. 그러나 노화의 불가피성에 맞닥뜨렸을 때, 그는 그 핵심 가치들을 실천하는 방식에 있어 유연함을 보였다. "고집 부리며 성공할 수도 있고, 아니면 조금 포기해서 주위 상황을 바꿀 수도 있습니다. 저에게는 둘 다 조금씩 취하는 것이 중요해요." 페더러의 말이다. "2013년 허리 부상은 단순히 '허리를 똑바로 펴야 해. 그러면 다시 괜찮아질 거고 원래 상태로 돌아갈 거야.'라고 생각하는 대신, 제게 더 큰 그림을 볼 기회를 주었어요. (…) 모든 것은 계속 진화하고 변합니다. 저는 언제나 그것에 대해 꽤 개방적이었죠."

그 결과 페더러는 현대 남자 테니스 선수 그 누구보다도 길고 성공적인 경력을 갖게 되었다. 또한 그는 젊은 세대 스타 선수들의 롤 모델이 되었으며, 이 역할은 2022년 말 41세 나이로 은퇴를 선언한 그에게, 핵심 가치를 실천할 새로운 기회를 확실히 열어줄 것이다.

1960년대 초, 미국의 천문학자 아노 펜지어스Arno Penzias와 로버트 윌슨Robert Wilson은 뉴저지주 홈델의 벨 연구소가 세운 거대 안테나를 손에 넣을 기회를 잡았다. 원래 지상 장거리 정보 송신에 사용되던 그 안테나는 1962년 등장한 신기술에 밀려나 쓸모없어졌고, 덕분에 윌슨과 펜지어스가 연구에 사용할 수 있게 되었다. 우리은하로부터 오는 전파를 조사하던 두 사람은 자신들의 연구소에 새 장비를 갖추게 되어 신이 났다.

그런데 연구를 시작한 직후, 한 가지 골칫거리가 그들의 열정에 찬물을 끼얹었다. 안테나로 어디를 조준하든지 낮은 배경 잡음이 계속해서 안테나에 들어와서는, 그들이 찾고 있던 신호에 집중할 수 없게 만든 것이다. 안테나 자체부터 인근 뉴욕시의 소음, 인간 핵 활동, 행성 운동의 간섭, 심지어는 비둘기까지, 잡음의 원인이 될 수 있는 것들에 대한 다양한 가설을 시험한 후, 두 사람은 자신들이 소중히 여겨 마지않는 과학적 방법론에 충실한 이상 무시할 수 없는 현실에 직면했다. 그들이 발견한 낮은 잡음은 오류가 아니라 오히려 특징이었다. 그 자체로도 조사할 이유가 있는 우주의 중요한 부분이었던 것이다.

이전에 다른 연구자들이 어디에서나 들리는 이 잡음을 우연히 발견하긴 했었지만, 더 큰 규모의 과학계가 이를 진지하게 받아들인 것은 그때가 처음이었다. 과거에는 많은 과학자가 이 현상을 우주의 기원과 진화를 연구하는 우주론에만 적용될 거란 이유로 무시했다. 그때까지 우주론은 가장 잘 알려진 분야가 아니었다. 이론 물리학자 스티븐 와인버그Steven Weinberg는 자신의 저서 『최초의 3분The First Three Minutes』에서 "1950년대, 초기 우주에 대한 연구는 존경받는 과학자가 시간을 바칠 만한 것이 아니라고 여겨졌다."라고 설명한다. 그러나 펜지어스와 윌슨은 존경받는 과학자들이었고, 그들은 세심하게 접근함으로써 이 불가사의한 잡음이 진지하게 받아들여져야 한다고 믿게 되었다.

잡음이 원래 조사 범위에 속하지 않았다는 사실, 잡음이 간과하기 쉬운 분야에 적용될 거라는 점에도 불구하고, 두 사람은 연구 결과를 프린스턴 대학교의 물리학자들에게 가져갔다. 그 물리학자 중 한 사람, 로버트 디케Robert Dicke는 당시 논란에 휩싸여 있던 빅뱅 이론을 증명하기 위해 노력하고 있었다. 디케에 따르면, 우주의 폭발적인 탄생의 여파가 마이크로파 배경 복사로 감지되었을 수 있다고 한다. 이는 윌슨과 펜지어스가 우연히 발견한 현상을 정확하게 설명했다.

처음에 윌슨은 자신이 발견하는 데 도움을 준 무언가가 빅뱅 이론을 입증하는 데 사용될 수 있다는 생각에 별로 마음이 내키지 않았다. 그는 빅뱅 이론의 라이벌이자 우주에는 시작도 끝도 없다고 주장하는 정상 우주론을 지지했던 것이다. 그러나 이전의 과학적 발견과 결합해보니 윌슨은 그 음악, 더 정확하게는 낮은 수준의 배경 잡음을 마주할 수밖에 없었다. 윌슨이 거대한 안테나로 관측한 것은 그의 이전 신념을 입증하지도 못했고, 그가 찾고 있던 우리은하의 전파 신호를 발견하는 데 도움이 되지도 않았다. 하지만 그 관측은 그의 세계관 중 큰 부분이 틀렸다는 것을 증명했다.

펜지어스와 윌슨이 처음에 경험했던 골칫거리는 현재 과학자들이 '우주배경복사cosmic microwave background, CMB'라 부르는 것으로 밝혀졌다. 우주배경복사는 우주의 기원에 대한 지배적인 설명으로서 빅뱅 이론을 현재의 위치에 올려놓았을 뿐만 아니라, 우리 우주의 역사에 대한 온갖 방식의 통찰을 제공했다. 오늘날 천문학자들은 우주배경복사를 이용해 우주의 전체 물질을 규명하고, 은하의 기원을 이해하고, 빅뱅 직후 최초의 순간을 연구한다.

윌슨과 펜지어스는 그들의 초기 추정과 경향을 고수할 수도 있었다. 잡음을 불가사의한 골칫거리로 치부하며 무시하기로 결정할 수도 있었다. 또한 그들의 우주론적 관점에 도전하는 다른 연구자에게 자신이 찾은 것을 가져가길 거부할 수도 있었다. 그들이 이렇게 했다면, 우리는 여전히 우주의 유익한 속삭임을 듣지 못하고 있었을지 모른다. 그러나 두 연구자는 과학적 방법론이라는 공통된 핵심 가치를 고수했고, 그들의 탐구는 물론, 결론까지도 경험적 증거에 맞추어 조정하기로 결정했다. 두 사람의 견고한 유연성은 보상을 받았다. 1978년, 펜지어스와 윌슨은 이 발견으로 노벨 물리학상을 수상했다.

조지아 두란테, 로저 페더러, 아노 펜지어스와 로버트 윌슨의 이야기는 모두 견고한 핵심 가치를 유연하게 적용할 때의 힘을 보여준다. 유연성 없는 견고함은 경직성이고, 견고함 없는 유연성은 불안정성이다. 그러나 이 두 가지를 합치면 장기간에 걸쳐 지속적으로 번영하는 데 필요한 탄력적인 힘을 얻게 된다. 이는 개인뿐만 아니라 조직에도 적용되는 주제다.

조직군 생태학

1970년대 후반, 조직 심리학자 마이클 해넌Michael Hannan과 존 프리먼John Freeman(당시 스탠퍼드 대학교와 UC버클리에 재직)은 '조직군 생태학popluation ecology'이라는 이론을 개발했다. 조직군 생태학에서는 특정 산업을 대상으로 장기간에 걸쳐 조직들의 탄생과 소멸을 조사한다. 그들은 특정 분야의 운영 환경이 변할 때, 어떤 조직은 도태되어 현재의 경쟁자, 혹은 외부 수요에 더 적합한 새로운 조직으로 대체된다는 점을 반복적으로 발견했다.

오늘날까지 조직군 생태학은 조직 연구의 초석으로 남아 있다. 복잡하고 난해한 이론이라 그것을 연구하는 것만으로도 완전한 박사 학위를 취득할 수 있을 정도다. 그러나 내가 조직군 생태학의 핵심 3법칙을 요약해야 한다면, 이렇게 하겠다. 첫째, 조직의 구조가 경직될수록 무질서의 시기에 조직이 도태될 가능성이 높아진다. 둘째, 조직의 단기적 강점은 너무나 쉽게 장기적 약점이 된다. 만약 조직이 특정 속성이나 목표를 중심으로 지나치게 굳어 있으면, 환경이 변할 때 그 특정 속성이나 목표가 방해물로 작용하는 경우가 종종 있다. 셋째, 외형적인 변화가 클수록 하나의 산업에 자리 잡은 모든 조직은 절멸하거나 거의 알아볼 수 없을 정도로 변할 가능성이 높아진다.

달리 말하면, 조직은 개인과 같다. 조직도 개인처럼 변화와 무질서의 시기에 정체성을 유지하려고 애쓴다. 일부는 충분히 변하지 않고, 다른 조직들은 너무 많이 변해서 자신의 정체성을 완전히 잊어버리게 된다. 오직 신중하게 견고한 경계를 구축한 다음, 유연하게 적용하는 조직에만 장기적으로 번창할 기회가 있다.

1970년대에 해넌과 프리먼이 조직군 생태학을 개발했을 때, 산업의 대규모 변화는 지각판이 점차 이동하듯 아직 상대적으로 더딘 상태였다. 그러나 1990년대 중반 인터넷이 보급된 후로, 대부분의 산업에서 변화 속도가 기하급수적으로 빨라졌다. 거의 모든 세계 경제가 컴퓨터에 의존하게 되었다. 무어의 법칙Moore's Law에 따르면 컴퓨터의 성능은 약 2년마다 2배씩 증가한다. 그 결과는 더 심화된 변화, 더 빈번하고 압축된 질서, 무질서, 재질서의 순환이었다. 이 순환을 능숙하게 헤쳐 나가느냐가 조직의 수명을 결정하며, 실패가 야기하는 결과는 참담하다. 그것이 바로 '블록버스터 비디오Blockbuster Video(1990~2000년대 미국 비디오/DVD 대여 시장을 지배하다, OTT로의 전환 흐름을 놓치고 2014년 파산했다)'가 여전히 전 세계 임원 회의 파워포인트 슬라이드에 등장하는 이유이자, 오늘날 모든 회사가 피하려 하는 공포스러운 역사를 대표하는 이유다.

아마 신문사만큼이나 급격한 기술 변화의 영향을 받은 산업은 또 없을 것이다. 한때 종이 신문은 독자들의 유일한 선택지였고, 광고주의 유일한 선택지 역시 지면 광고였다. 그 결과, 1990년대 중반에는 셀 수 없이 많은 신문사가 있었으며, 그중 일부 전국 신문사는 유력 언론기관으로서 크게 번창했다. 물론 이제는 더 이상 그렇지 않다. 오늘날, 신문은 이제 '최종 사용자end user' 또는 '눈알eyeball'이라 불리는 광고주와 독자들을 위한 웹사이트, 팟캐스트, 소셜 미디어, 동영상, 그 밖의 수많은 디지털 미디어와 경쟁하고 있다. 퓨리서치센터Pew Research Center에 따르면 1995년 이후 신문 판매 부수는 일일 약 6,200만 부에서 현재 2,500만 부로 60퍼센트 감소했다. 디지털 독자 수가 약간 늘었음에도 전체 신문 수익은 2000년 이후 약 66퍼센트 감소했고, 2004년 이후로는 신문 분야 고용이 50퍼센트 이상 줄었다. 그런데 이렇게 신문사 대다수가 그저 살아남기 위해 고군분투하는 와중에, 적어도 생존을 넘어 번창한 곳이 하나 있다.

신문은 양극화 현상을 일으킬 수 있지만, 간략한 사례 연구를 진행하는 동안 잠시 그것은 제쳐두길 바란다. 왜냐하면 당신의 간행물 취향, 정치적, 문화적 성향에 관계없이, 업계에 닥친 엄청난 무질서와 혼란의 시기에 「뉴욕 타임스New York Times」가 '하나의 사업으로서' 대단히 좋은 성과를 거두었다는 데는 반론의 여지가 없기 때문이다. 2000년에 「뉴욕 타임스」의 유료 구독자는 120만 명 정도였고, 당시 신문은 주로 인쇄물로 배포되었다. 2022년까지 「뉴욕 타임스」의 유료 구독자는 1,000만 명이 넘었는데, 이들 중 대다수는 디지털 방식으로 신문을 읽었다. 하지만 신문을 "읽었다"라고 말하는 건 부적절하다. 「뉴욕 타임스」가 인기 팟캐스트, 십자말풀이, 요리 앱에 수백만 명의 사람들을 끌어들였기 때문이다. 광고 수익 감소에서 벗어나지 못했지만 회사는 여전히 높은 수익성을 유지하고 있었다. 2021년, 「뉴욕 타임스」는 2억 2,000만 달러의 순이익을 보고했고, 그해 말 회사의 주가는 주당 54달러를 넘기며 사상 최고치에 도달했다. 이는

2000년보다 20퍼센트 이상 상승한 가격이었다.

모든 역경에도 불구하고 「뉴욕 타임스」가 탁월한 성과를 거둔 것은 조직이 핵심 가치를 유연하게 적용한 덕분이다. 회사 웹사이트에 따르면, 「뉴욕 타임스」의 가치에는 독립성, 진실성, 호기심, 다양한 관점 추구 그리고 우수성이 포함되어 있다. 그 가치들은 조직이 20세기에서 21세기로 전환했을 때도 변하지 않았다. 변한 것은 「뉴욕 타임스」가 그 가치들을 실행하기 위해 시도하는 방법, 구체적으로 말하자면 그들이 독자에게 어디서 그리고 어떻게 다가가느냐 하는 것이었다. 여기에는 견고함과 유연성이 동등한 정도로 요구되었고, 앞으로 보게 되겠지만 둘 사이의 균형은 여전히 지속적인 과제로 남아 있다.

일찍이 1994년에 「뉴욕 타임스」의 발행인 아서 옥스 설즈버거 2세Arthur Ochs Sulzberger Jr.는 이렇게 말했다. "사람들이 (우리 콘텐츠를) 시디롬으로 원하면 나는 그 요구를 충족시키기 위해 노력할 겁니다. 인터넷이요? 괜찮습니다. (…) 흐음, 누군가 이런 기술을 발명할 만큼 친절하다면, 기꺼이 뇌 피질에 직접 전송해 드릴 겁니다." 스마트폰이 피질 간 소통 수단은 아니지만 꽤 비슷하다. 그런 점에서 「뉴욕 타임스」는 2010년 무렵 이미 디지털 독자층을 최우선으로 삼으며 경쟁자들을 한참 앞섰다. 또한 2011년에는 웹사이트에 유료 콘텐츠를 발행하며 업계 선도자가 되었다. 이후에는 3단계로 된 뉴스 구독 옵션뿐만 아니라 십자말풀이나 요리 콘텐츠에만 관심 있는 이들을 위한 옵션을 포함해 구독 패키지와 상품이 늘어났다. 다양한 구독 모델은 「뉴욕 타임스」가 광고 수익에 덜 의존하도록 도와주었고, 기자, 작가, 편집자, 제작자에게 비용을 지불할 수 있게 해주었다. 전통적인 인쇄

매체뿐만 아니라 인터넷에서도 광고 수익이 계속 감소했기 때문에, 「뉴욕 타임스」는 '더 데일리The Daily'와 '에즈라 클라인 쇼The Ezra Klein Show' 같은 팟 캐스트 제작에 집중했다. 팟캐스트 방송망은 '독자'와 연결될 수 있는 또 다른 소통 수단을 제공했는데, 이는 아직 상대적으로 광고 지출이 많은 수 단에 속하기도 했다.

현재까지 「뉴욕 타임스」의 최우선 과제는 단순한 브랜딩 활동 이상 을 요구하는 모든 급격한 분화를 통합하는 것이었다. 편집장 딘 바케Dean Baquet는 말했다. "저는 항상 진정한 전통과 핵심 그리고 단순한 습관 사이 의 차이에 대해 의문을 제기하려 노력합니다. 우리가 핵심이라 생각하는 많은 것은 실제로 습관일 뿐입니다. 저는 그게 드라마틱한 변화, 나아가 세 대교체를 겪는 회사를 이끌어 가는 데 있어 가장 중요한 부분이라 생각합 니다. 여기서 변하지 않는 것은 핵심이고 우리 자신입니다. 그리고 다른 모 든 것은 얻기 나름이죠."

다른 많은 신문사가 그랬던 것처럼 「뉴욕 타임스」는 변화로부터 격리 되려 하지 않고, 오히려 변화와 소통하는 자신을 보았다. 「뉴욕 타임스」는 현재까지 성공적으로 적응했지만, 미래는 물론 여전히 불확실한 것으로 남 아 있다. 앞으로 다가올 일련의 충격을 견딜 수 있을지는 두고 봐야 한다. 「뉴욕 타임스」와 모든 뉴스 매체 기업에 가장 큰 과제는 뉴스를 구성하는 것과 엔터테인먼트를 구성하는 것 사이에 구별을 두는 일일 것이며(세상을 떠난 미디어 이론가 닐 포스트먼Neil Postman이 과거 1985년에 예측했듯이, 우리는 점차 "죽 도록 즐기고 있다"), 심도 있게 보도하는 장문의 기사, 사색적인 에세이, 더 피 상적이지만 클릭률이 높은 콘텐츠 간 균형을 알아내야 할 것이다. 마지막으로 응당 '진실'을 정의하는 방법과 비록 진실이 독자들을 화나게 할지라도 그것이 이끄는 곳이면 어디든 따라간다는 핵심 가치를 유지하는 방법을 결정해야 할 것이다.

자신만의 진화 이끌기

[키워드 1]에서 간략하게 이야기했던 철학자 토마스 쿤 주장의 핵심은, 과학적 진보가 질서, 무질서, 재질서로 예측 가능한 순환을 따른다는 것이다. 쿤의 걸작 『과학혁명의 구조The Structure of Scientific Revolutions』는 내가 생각할 때 대단히 중요한 문장을 몇 개 포함하고 있다. 책의 끝부분으로 가면, 쿤은 과학적 위기가 어떻게 마침내 새롭고 안정적인 패러다임으로 전환되는가를 설명한다. 그는 "가치가 반드시 적용되어야 하는 상황에서, 다양한 가치를 단독으로 보면 다양한 선택으로 이어질 것이다. (…) 이론 선택에 중립적 알고리듬은 없다."라고 썼다. 계속해서 그는 불확실성을 통해 과학이 어떻게 진보하는지 완전히 이해하려면, 문제를 해결하고자 노력하고 있는 과학자들이 "공유하는 특정한 가치의 집합"을 이해해야 한다고 했다. 쿤이 '위기crises'라 부르는 변화와 무질서의 시기 동안, 새롭고 안정적인 패러다임은 우연히 나타나는 게 아니라 그 일을 하고 있는 사람들이 가지고 있는 가치의 결과로 나타난다. 불확실성을 탐색하는 과학자들은 새로운 곳에 도달할 때까지 그들의 가치를 따른다. 과학적 진보는 무작위가 아니다. 로버트 윌슨, 아노 펜지어스와 우주배경복사의 예시에서 보았듯이 가

치, 특히 과학적 방법론에 의해 인도된다. 개인적, 조직적 진보 또한 마찬가지다.

앞에서 우리 자신을 유동적으로 생각하는 법을 배웠다. 우리는 복잡성(분화와 통합)을 개발하는 것이 끊임없이 변화하는 환경과의 관계에서 번영하는 데 필수적이라는 사실을 깨달았다. 그리고 여기서는 우리가 무작위로 복잡성을 키우거나 진화하지 않는다는 사실을 배웠다. 우리가 분화하고 통합하는 방식, 시간의 흐름에 따라 우리가 가는 길의 방향은 우리의 견고한 핵심 가치, 거기에 유연성을 적용하려는 의지와 능력의 조합에 달려 있다. 이 모든 것을 하나로 합친 결과가 바로 이다.

오드리 로드Audre Lorde는 어느 하나의 범주에 들어가는 것을 거부했다. 1992년에 세상을 떠난 로드는 자신을 "흑인, 레즈비언, 어머니, 전사 그리고 시인"으로 묘사했다. 그녀는 뉴욕에서 자랐고, 공립 고등학교에 다니기 전에는 가톨릭 학교에 다녔으며, 헌터 칼리지Hunter College에 입학해 도서관학을 전공했다. 그곳에서 그녀는 뉴욕 공립 학교의 사서로 일했다. 그녀의 남편 에드윈 롤린스Edwin Rollins는 나중에 동성애자라고 커밍아웃한 백인인데, 두 사람은 1970년에 헤어지기 전까지 슬하에 두 아이를 두었다. 1972년, 그녀는 파트너인 프랜시스 클레이턴Frances Clayton을 만났다. 그동안 그녀는 젠더, 섹슈얼리티, 인종, 차별 같은 주제를 다루는 시와 산문을 발표했다. 그렇게 로드는 시민 인권부터 페미니즘, 성 소수자 평등에 이르기까지 수많은 운동가의 활동에 필수적인 인물이 되었다.

40대가 된 로드는 정기적으로 자가 진단을 하던 중, 오른쪽 가슴에서

응어리를 발견했다. 그녀는 조직 검사를 받았고, 결과는 다행히 음성으로 나왔다. 그러나 1년이 채 지나지 않은 1978년 9월에 추가 검사를 받으러 갔더니, 이번에는 종양이 악성으로 확인되었다. 그녀는 자신의 암 투병 경험을 되돌아보고 일기와 에세이로 기록했으며, 이는 나중에 책『암 투병 일기The Cancer Journals』로 출간되었다. 그 책에서, 그녀는 악성 종양 진단을 받은 것에 대한 자신의 반응을 회상한다. "불현듯 자꾸 생각났다. 나는 암에 걸렸다. (…) 이 상황에서 내가 따라야 할 본보기는 어디 있는 걸까? 하지만 무엇도 없었다. 이제 됐어, 오드리. 넌 혼자야."

로드는 더 확장된 버전의 자신, 죽음까지 '포함한' 정체성을 가진 사람이자 자신이 옹호한 사회 운동의 일부가 된 인생을 사는 사람이 되었다. "나는 단죄처럼 내 몸에 죽음을 지니고 다닌다. 하지만 나는 산다." 그녀는 이렇게 썼다. "죽음을 무시하거나 그에 굴복하지 않고도 죽음을 삶에 통합할 방법이 반드시 있다." 로드의 해결책은 자신의 죽음을 연료 삼아 핵심 가치를 향해 더욱 힘차게 나아가는 것이었다. 그녀의 삶이 정의와 평등이라는 핵심 가치에 헌신했던 것처럼 그녀의 죽음 또한 그러했다. "하고 싶으니까 해야 하는 일을 한다면, 죽음이 와도 별 문제가 되지 않을 것이다. 그것이 나를 독려하는 협력자가 될 것이기 때문이다." 로드의 말이다.

로드가 죽음을 수용하고 자기감에 통합했을지언정, 죽음을 두 팔 벌려 받아들였다는 뜻은 아니다. 그녀는『암 투병 일기』전반에 걸쳐 진단 이후 자신이 느낀 두려움과 허탈감에 대해 솔직하게 밝혔다. 하지만 로드는 정의와 평등을 위한 투쟁이 자신의 탄생으로 시작되지 않았고 자신의 죽음으로 끝나지도 않을 거라는 사실에 위안을 얻었다. 평생의 업을 다른 운동가, 작가, 시인들의 연속선상에 놓아둠으로써 로드는 자신의 정체성에 대해 상호 의존적 관점을 취했고, 생의 끝 무렵에는 자기에 대한 '궁극적인' 개념을 받아들였다. 그녀는 자기 자신을 육체보다 더 크고 지속적인 무언가, 자신이 죽고 한참 지난 후에도 자신의 일부를 먼 미래로 데려다줄 무언가의 구성 요소라고 생각했다. 그녀가 전념했던 활동은 여전히 활발하게 진행되고 있고, 그녀의 글은 여전히 널리 읽히고 사랑받고 있으므로 그녀가 이러한 목적을 다 이루었다고 말해도 과언이 아닐 것이다.

로드의 글은 최근 세상을 떠난 선사禪師 틱낫한Thich Nhat Hanh의 가르침을 떠올리게 한다. 틱낫한은 우리가 핵심 가치에 맞추어 행동하면 행동의 반향을 통해 오랫동안 세상에 존재하게 된다고 조언했다. 그는 이것을 '연속체 continuation body'라 불렀다. "우리의 연속체를 보기 위해 우리 몸의 완전한 쇠퇴를 기다릴 필요는 없습니다. 구름의 연속체를 보는 데 구름이 완전히 비로 변할 필요는 없는 것처럼 말입니다." 그는 이렇게 썼다. "만약 우리가 아직 살고 있는 동안 우리의 연속체를 볼 수 있다면, 미래와의 아름다운 연결을 위해 그것을 어떻게 키워야 하는지 알게 될 것입니다. 이것이 삶의 진정한 예술입니다."

또한 틱낫한은 행동이야말로 우리의 유일하고 진정한 소유물이라고 가르쳤다. 우리는 우리 행동의 결과로부터 도망칠 수 없다. 우리의 행동은 우리가 서 있는 기반을 나타낸다. 이것의 중요성은 아무리 강조해도 지나치지 않다. 철학자 윌리엄 맥어스킬William MacAskill은 2022년 출간된 저서 『우리는 미래를 가져다 쓰고 있다What We Owe the Future』에서 '초기 가소성, 후기 경직성early plasticity, later rigidity' 현상을 소개한다. 급격한 변화 도중과 직후에는 '뉴 노멀'의 형성에 참여할 수 있는 잠깐의 기회가 있다. 그러나 시간이 지나면서 이 기회는 사라지고, 상황이 굳어지며 다시 경직된다. 이는 특히 무질서의 시기에 행해진 가치 중심 행동이, 수세기 이상 지속되는 영향력을 행사할 수 있음을 의미한다. 변화와 무질서가 불편할 수는 있겠지만, 그것들은 우리 자신, 조직, 지역 사회, 나아가 전체 사회의 미래를 형성할 엄청난 기회를 제공한다.

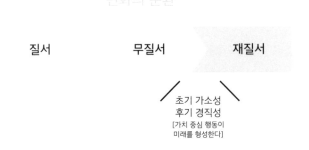

변화의 순환

질서   무질서   재질서

초기 가소성
후기 경직성
[가치 중심 행동이
미래를 형성한다]

    심지어(그리고 아마도 특히) 우리가 어디로 나아가고 있는지 모를 때에도, 우리는 그저 '옳은(즉, 가치 중심)' 일을 해 나가려는 태도를 취하는 편이 현명할 것이다. 이는 우리가 가야 할 곳에 갈 수 있는 최선의 기회를 제공한다. 견고한 유연성을 개발하는 것은 결코 수동적이지 않다. 사려 깊고 신중한 행동을 취하는 것은 곧 변화와 소통한다는 것이다. 그리고 이제 세 번째 스텝으로 넘어가, 마지막으로 이 주제에 대해서 살펴보고자 한다.

#견고하고 유연한 경계를 가꾸어라

- 핵심 가치는 당신이 인생에서 믿고 따르는 원칙들이다. 그것은 정체성의 견고한 울타리 역할을 하며, 당신이 분화하고 통합하고 경로를 탐색하는 방법을 안내한다.

- 3~5개의 핵심 가치를 갖는 것이 좋다. 각각을 구체적인 용어로 정의하고 일상생활에서 실천할 수 있는 몇 가지 방법을 떠올려보라.

- 상황이 급변하는 것처럼 느껴질 때, 다음에 무엇을 해야 할지 알 수 없을 때, 자신에게 "어떻게 하면 핵심 가치의 방향으로 움직일 수 있을까?"라고 물어볼 수 있다. 또는 그게 불가능하다면, '어떻게 핵심 가치를 지킬 수 있을까?'라고 생각해볼 수 있다.

- 유연성이란 자신에게 충실하면서도 변화하는 환경과 조화를 이루는 방식으로 핵심 가치를 연습하고 적용하는 방법을 지속적으로 조정하는 것이다.

- 시간이 지남에 따라 핵심 가치가 변하는 것은 정상이다. 현재의 핵심 가치를 사용하여 세상을 헤쳐 나가는 것이 새로운 가치를 발견하도록 당신을 인도한다.

- '초기 가소성, 후기 경직성'은 가치 중심 행동이 변화와 무질서 시기에 특히 중요하다는 뜻이다. 그것은 미래를 형성하는 데 커다란 영향을 미친다.

세
번
짜
스
텝

견고하고 유연한
행동

ACTIONS

변
화

스
트
레
스

끄
기

대응하라, 반응하지 말고

2,000년도 더 전에, 스토아 철학자 에픽테토스Epictetus는 다음과 같은 문장으로 자신의 책을 시작했다. "어떤 것들은 우리의 영향력 안에 있고, 다른 것들은 그렇지 않다." 그의 책 나머지 부분에서는 이러한 이분二分에 대해 자세히 설명하며, 모든 스토아학파의 가르침 중 최고 근본으로 널리 간주되는 교훈을 정리하고 있다. 간략히 말하면 이렇다. 삶에는 우리가 통제할 수 없는 많은 현상이 있다. 예를 들면 노화, 질병, 화난 상사, 날씨, 일에 대한 나쁜 평판, 경쟁, 자녀의 실수 등이다. 그러나 그에 대한 우리의 대응은 통제가 가능하고, 우리는 바로 거기에 초점을 맞춰야 한다. 이러한 논리의 기원은 기원전 200년에서 서기 200년 사이 서구 전역에 퍼진 스토아주의에서 비롯되었다고 널리 알려져 있지만, 비슷한 개념이 이미 그보다 수백 년 전에 동양에서도 계속되고 있었다. 기원전 400년에 출판된 도교의 기본 경전 『도덕경』에서 노자는 이렇게 썼다. "성인聖人은 상황을 있는 그대

로 받아들인다. 상황이 일어남에 따라 행동을 취한다."

이러한 사고가 동양과 서양에서 각각 시작된 것인지 동양에서 서양으로 퍼진 것인지 분석하는 것은 나의 목표가 아니며 계획에도 없다. 여기서 나의 관심은 단순히 두 가지 주요한 고대 지혜 전승이 똑같은 근본 진리를 중심으로 합쳐졌다는 데 있다. 우리에게 일어나는 일은 우리가 통제할 수 없지만, 그에 대한 대응은 통제할 수 있다는 진리 말이다. 그리고 그 진리는 오랜 세월에도 살아남았다. 어쩌면 가장 잘 알려진 기독교 기도문일, 1951년에 신학자 라인홀트 니부어Reinhold Niebuhr가 출판한 「평온을 비는 기도The Serenity Prayer」에서 발견되듯이 말이다.

주여, 저희에게 바꿀 수 없는 것을 받아들일 평온함을 주시고,
바꿀 수 있는 것은 바꿀 용기를 주시며,
이 둘을 분별할 줄 아는 지혜도 주소서.

또한 이 진리는 실증적 과학의 철저한 조사 속에서도 살아남았다. 수용전념치료와 인지행동치료, 변증법적 행동 치료, 마음챙김mindfulness 중심의 스트레스 해소를 포함해 현대의 거의 모든 증거 기반 정신 건강 치료에서 그 진리의 두드러진 흔적을 발견할 수 있다. 각각의 접근법은 우리에게 통제 가능한 것을 통제 불가능한 것으로부터 구분하는 일의 중요성을 가르치며, 다음으로는 후자에 사로잡히거나 자책하지 않고, 전자에 집중하며 그에 대해 책임지는 방법을 익히게 한다.

여기서 우리의 중심 주제인 변화는 우리가 통제할 수 없는 것이다. 그

것은 우리 삶에 보편적으로 작용하는 예측 불가능한 힘이다. 우리가 할 수 있는 최선은 변화와 함께 어울리는 법을 배우는 것이자 우리의 행동이 가능한 한 가치 중심적이고 효과적일 수 있도록 만드는 것이다. 다음 페이지에서 보게 되겠지만, 이것을 실천하기 위한 과학 그리고 예술이 존재한다.

케이티˚는 노스캐롤라이나주 서부에 있는 중규모 공립 초등학교의 4학년 교사다. 백신과 치료제가 나오기 전 2020년 3월 초, 팬데믹으로 인해 그녀의 학군이 완전 원격 수업으로 전환됐다. 케이티가 자신의 전체 커리큘럼을 온라인으로 전환하는 방법을 알아내는 데만 3일이 걸렸다. 이는 모든 교사에게 어려운 일이었지만, 어린 학생들과 일하는 케이티 같은 교사들에게는 더욱 그랬다. 열 살짜리 아이를 오랜 시간 집중하게 만드는 건 대면 수업에서도 충분히 어렵다. 하물며 원격이라면 사실상 거의 불가능하다. 특히 모두가 세계 현황과 자신의 건강 및 안전에 관한 질문과 우려로 가득 차 있을 때라면 말할 나위도 없다. 원격 수업으로 전환한다는 방침이 전격 발표되었을 때, 케이티는 몇 분간 당황했다. 하지만 빠르게 그 상황에서 자신이 통제할 수 있는 것들에 집중했고, 다음 주를 위한 압축 수업 계획을 만들었다. 완벽하진 않았지만, 그녀와 아이들이 시작할 만한 무언가는 되었다.

˚ 당사자의 신원 보호를 위해 가명을 사용했다.

코로나19 초기 확산이 멈추지 않으리란 것이 분명해지자, 케이티의 학군에서는 모든 학생에게 컴퓨터를 배부했다. 이것은 중요하고 환영받는 조치였지만 어려움이 없지는 않았다. "몇몇 아이들이 수업 중에 사라졌어요. 그 아이들과 연락하려고 노력하면서 모든 애들을 구글 미트Google Meet에 접속시킬 방법도 알아내야 했죠. 확실히 4학년 애들에게는 어려운 일이더군요." 케이티가 회상했다. "학부모들은 무선 인터넷을 어떻게 작동시키는지 조언을 얻기 위해 제게 전화하시곤 했어요. 많은 동료 교사가 여러 가지 온라인 기능 사용 방법에 대해 제게 물어봤고요. 저는 어린 학생들을 위해 수업을 온라인 형식으로 전환하려 노력하는 동시에 기술 담당자가 되었어요."

2020년 가을, 새 학년이 시작할 무렵 케이티의 동료 중 상당수가 퇴직했고, 이는 교사 부족과 학급 규모 확대로 이어졌다. 모든 학생이 똑같이 온라인상에 모여 있었기 때문에 처음에는 별다른 번거로움이 없었다. 그러나 2021년, 학교가 하이브리드 형태로 전환되자 교사 부족은 이미 어지러운 상황을 더더욱 어지럽게 만들었다. 취약한 아이들과 가족들을 보호하고자 하는 선의의(그러나 어쩌면 충분히 생각지 못한) 노력으로 케이티의 학군은 대면 수업을 선택 사항으로 결정했다. 이것이 교사에게 의미하는 바는 학생들 수업을 대면과 온라인으로 동시에 진행해야 한다는 것이었다. 대기업은 유일한 업무가 동기화와 문제 해결인 생산 및 IT 직원들을 포함해 대단히 능력 있는 성인들을 위한 2시간짜리 하이브리드 회의를 주최하기 위해 기술 지원에 수천 달러를 들인다. 반면 케이티에게 주어진 것은 반나절과 새 노트북 컴퓨터, 격려의 말이었고, 그런 다음에는 스트레스로 지친 4

근고하고 유인한 행동

학년 학생들을 위해 100일 연속 미팅을 열 방법을 알아내라는 지시를 받았다.

하이브리드 교육에는 도움이 될 만한 지침서도 없이 끝없는 임기응변이 요구되었다. 예를 들어, 케이티는 학생들에게서 정서적 불안정을 관찰했을 때, 하루 종일 정기적인 정신 건강 체크를 실시하는 방식으로 대응했다. 설령 그로 인해 수학과 과학 같은 전통적인 과목 수업에 차질이 생기더라도 말이다. 그녀는 계속해서 매일, 매주 전례 없고 예측 불가능한 상황에 최대한 신중하게 대응하면서, 대립적인 요소들 간 균형을 평가하고 불완전한 결정을 내려야 했다. 원격 수업을 받는 학생을 우선할까, 대면 수업을 받는 학생을 우선할까? 수학을 우선할까, 정신 건강을 우선할까? 사회적 지지를 우선할까, 지식을 우선할까? 말하자면 끝도 없다.

2022년, 학교가 완전 대면 방식으로 돌아오자 케이티는 또다시 새로운 어려움에 직면했다. "많은 학생이 1학년 때부터 완전하고 정상적인 학교생활을 하지 못했고, 무리한 변화에 적응하느라 진이 빠졌죠." 그녀가 설명했다. 게다가 완전히 터무니없어 보이는(좋게 표현하자면) 시점에 관리자는 완전히 새로운 커리큘럼을 시행하기로 결정했다. 이는 케이티와 동료들에게 모든 수업을 다시 만들기를 요구하는 것이었다. 당연하게도 이로 인해 더 많은 교사가 그만두게 되었고, 그 결과 케이티의 학급 규모는 다시 커졌으며 그들이 실천해야 할 사회적 거리두기는 불가능해졌다. 처음에 그녀는 창문을 열어 최대한 환기를 시키면 될 거라 생각했는데, 대다수의 창문이 움직이지 않거나 개폐장치가 망가져 있었다. 하지만 그녀는 당황하거나 분노에 휩싸이지 않고, 창의적으로 대응했다. "제 교실에 들어오면 창문 중

하나가 커다란 화석 암석이 받쳐진 상태로 열려 있는 게 보일 거예요. 그렇게 하지 않으면 창문을 열어둘 방법이 없거든요. 제가 가진 것들로 최선을 다해야 했어요."

내가 케이티에게 왜, 그리고 어떻게 혼돈 속에서 계속 생각하고 행동함으로써 뭔가를 보여줄 수 있었느냐고 물었을 때, 그녀의 대답은 두 가지였다. 첫째, 그녀는 매일 자신의 핵심 가치에 대해 생각하려고 애썼다. "제가 이 일을 왜, 무엇을 위해 하는지 다시 생각하곤 해요. 학군이나 교육감을 위해서가 아니에요. 아이들을 위해서죠." 둘째, 그녀는 자신이 통제할 수 있는 상황에 대응함으로써 그러한 핵심 가치에 맞추어 행동했고, 통제할 수 없는 모든 것은 버리려 노력했다. "몇몇 교사들은 상부에서 내려오는 모든 지시를 아주 진지하게 받아들여요. 그러다 크게 좌절하고 포기하거나 그만두죠. 하지만 저는 그냥 아이들에게 충실하고 싶어요. 아이들을 항상 신경 쓰죠. 회의에 들어가서 완전히 터무니없는 일을 해야 한다는 말을 들을 때도요. 저는 그냥 고개를 끄덕인 뒤에, 교실로 가서 제가 최선이라 생각하는 일을 해요."

케이티는 이야기한다. "이것저것 준비하느라 하루 종일 정신이 없는데, 갑자기 무슨 일이 생겨 하루 전체가 그냥 버려질 수 있어요. 그 순간에는 아이들을 위한 긍정적인 환경을 만들기 위해 할 수 있는 일을 해야 해요. 눈앞에 있는 게 무엇이든, 코로나19 시기 동안 항상 변하고 있는 상황에 끊임없이 대응해갈 뿐인 거예요." (교사들이 거의 모든 면에서 엄청나게 과소평가되며 지원도 받지 못한다는 사실 외에도) 케이티의 경험은 통제할 수 있는 것에 초점을 맞추고, 통제할 수 없는 것에 대해 걱정하지 않는 힘을 보여준다. 무질

긴고하고 담인한 행동

서와 혼돈에 맞닥뜨렸을 때 그녀는 경솔하게 반응하거나, 당황하거나, 자동 조종 모드로 움직이지 않았다. 그 대신 신중하게 다음에 해야 할 옳은 일을 수행함으로써 의도적으로 대응했다.

잔심

자동 조종 모드의 극단적인(문자 그대로인) 예시로는 '표적 고정target fixation'이 있다. 차량 및 오토바이 운전자, 비행기 조종사들에게서 빈번하게 관찰되는 현상이다. 광범위하게 정의하자면, 표적 고정은 자신이 향하고 있는 표적에 너무 집중한 나머지 그쪽으로 운전하거나 달리거나 날게 되는 경우를 말한다. 흔한 예는 운전자가 바로 앞에 있는 차에 너무 지나치게 집중할 때 발생하며, 결국 그 차의 후미를 들이받으며 끝나곤 한다. 또 다른 예는 측면 충돌이 있다. 운전자가 길가에 정차된 자동차를 확인하고 그쪽으로 신경을 쏟다가 결국 그 차에 돌진할 때 자주 발생한다.

표적 고정 연구들은 기계적 교통수단에만 국한되어 있지만, 나는 이 주제가 인생의 모든 행로에 적용된다고 생각한다. 우리가 눈앞에 있는 다음 일에만 지나치게 집중하게 되면 무심코 거기에 충돌할 위험이 있다. 정상에 도달하는 데 집착하느라 날씨 변화를 예고하는 미묘한 신호를 간과해버려, 하산할 때 자신을 용납할 수 없는 위험에 노출시키는 등반가가 그렇다. 이른바 '정상 열병summit fever'이라는 사건이다. 그런 예로는 자녀의 장래 성공을 걱정하느라 지금 당장 아이들에게 필요한 게 무엇인지를 간과하는 부모나, 승진을 너무 간절히 원해서 당장 눈앞의 일을 제대로 처리하지 못하고 마는 관리자들도 있다. 지나치게 멀리서 보는 것과 표적 고정은 서로 반대지만, 우리가 하나의 전체로 존재하는 데 위협으로 작용한다는 점에서는 같다. 우리 앞에 있는 어떤 것이나 미래 계획, 또는 우리가 어디로 향하고 있는가라는 생각에 끊임없이 집착한다면, 어떻게 여기까지 왔는지도 모른 채 궁극적인 끝, 즉 죽음에 곧장 뛰어들게 될 위험이 생긴다. 덤으로 그 과정에서 온갖 흥미로운 것들을 놓쳐버리고 말 것이다.

일본 무예 아이키도合氣道는 표적 고정 문제를 인식하고, '잔심殘心'이라는 자질을 가르침으로써 그에 대응한다. 잔심은 대략적으로 "다음 행동을 준비시키는 의식의 지속"이라고 정의된다. 잔심은 눈앞에서 일어나는 일뿐만 아니라 주변에서 일어나는 일에도 주목한다. 시야를 확대하고 축소하며, 이리저리 회전시켜 유연하게 바라보는 방식이다. 표적 고정과 반대로, 잔심은 대상이나 목표와 함께 그것을 둘러싼 장field을 동시에 인식할 수 있게 한다. 무술 수련의 일환으로 시작되었을 수는 있지만, 그 고유한 처방에 따라 잔심은 한 가지 목표 너머까지 확장된다. "잔심은 미래지만, 또한 현재이기도 하다. 당신이 가진 잔심의 특성이 곧 당신이 하는 아이키도의 특징이고, 당신이 하는 아이키도의 특징이 곧 당신 인생의 특징이다." 아이키도의 달인이자 인본주의 철학자인 조지 레너드George Leonard의 말이다.

미국 대형 운전학원 중 하나인 '아이드라이브세이플리I Drive Safely'는 표적 고정의 어려움을 해결하기 위해 잔심을 가르친다. 물론 잔심이라는 용어를 쓰지는 않지만 말이다. "차선을 이동하는 차, 도로를 가로질러 달리는 다람쥐처럼 예상치 못한 물체가 시야에 들어오면 직접적으로 쳐다보지

견고하고 유연한 행동

마세요. 주변시peripheral vision를 사용하고, 해당 물체 너머를 보려고 하세요." 이렇게 시야를 유연하게 하면 무슨 일이 일어나도 긴장을 풀 수 있고, 그렇게 하지 않았더라면 놓쳤을지 모르는 미세한 신호들을 포착할 수 있으며, 결과적으로 앞으로 전개될 상황에 더 효과적으로 대응할 수 있게 된다.

자동차를 운전하든, 아이키도 대련을 하든, 자녀를 키우든, 팀을 관리하든 간에, 잔심은 당신을 변화하는 환경과의 소통에 데려다 놓는 힘을 발휘한다. 언젠가 당신이 단 하나의 최종 목적지에 매달리는 자신을 발견했을 때, 그렇게 쉬지 않고 목적만 생각하면서 어쩌면 몸까지 긴장하고 있을 때 스스로에게 물어보자. "멀리 떨어져서 본다면 내 모습이 어떨까?" 그리고 당신의 목표나 목적만이 아니라, 그 주변에서 일어나고 있는 일들까지 시야에 담아보라. 잠시 멈춰서 원하는 곳으로 가기 위한 대안 경로를 곰곰이 생각해보고, 최종 목적지라고 생각한 곳이 사실은 최종 목적지가 아닐 수도 있다고 생각해보는 것이다. (이때 4단계 방법이 도움이 될 수 있는데, 그에 대해서는 곧 살펴보겠다.)

이렇게 잔심을 수련한다면 인생이 당신의 앞길에 어떤 일을 던지더라도 자동 조종 모드로 반응하는 대신, 변화하는 상황에 의도적으로 대응할 수 있는 더 나은 기회를 잡을 수 있다. 당신의 행동은 더욱 정제되고, 잘못된 인식이나 이전의 기대가 아닌 현재 순간의 현실과 핵심 가치에 맞춰질 것이다. 결과적으로, 기분만 좋아지는 게 아니라 행동도 좋아지게 된다.

때는 2008년. 무대는 미네소타주 인터라켄 컨트리클럽Interlachen Country Club. US여자오픈골프선수권대회가 누구도 예상하지 못했던 방식으로 펼쳐지고 있었다. 그곳에서 한국의 19세 선수가 매 홀마다 어려운 퍼팅을 성공시키며 경기를 지배하는 중이었다. 그녀의 이름은 박인비로, 겨우 LPGA 투어 2년차다. 박인비는 토너먼트 최종 라운드 중반까지 한참 앞서고 있어, 명예로운 타이틀을 차지하는 최연소 선수가 되어 역사를 만들 것이 분명해 보인다.

2008년 US여자오픈에서 우승한 이후 박인비는 놀라운 경력을 쌓았다. 그녀는 네 차례에 걸쳐 여자 골퍼 세계 톱의 자리에 올랐다. 토너먼트에서 총 21회나 우승을 차지했으며, 특히 메이저대회에서 7회 우승하며 커리어 그랜드 슬램을 달성하고, 골프 메이저 왕관 4개를 모두 획득한 역사상 네 번째 여자 선수가 되었다. 그리고 2016년 여름에는 심각한 손 부상을 무릅쓰고 리우 올림픽 여자 골프 개인전 금메달까지 획득했다.

박인비의 엄청난 성공은 그녀의 잔심 덕분이다. 그녀는 어떤 상황에서도 침착을 유지하며 마음을 가다듬고, 변화와 도전을 능숙하게 헤쳐 나가는 것으로 알려져 있다. 이는 성별을 불문하고 타의 추종을 불허하는 박인비의 탁월한 퍼팅에서 가장 두드러진다. 골프 작가 맥스 슈라이버Max Schreiber는 그녀를 두고 이렇게 설명했다. "(박인비의) 10~15피트 퍼트 성공률이 무려 64퍼센트에 달한다. (…) 참고로 LPGA(여자 대회) 나머지 선수들의 동거리 퍼트 성공률은 평균 28퍼센트, PGA 투어(남자 대회)의 동거리 퍼트 성공률은 평균 30퍼센트다. (…) 퍼트가 길어질수록, 박인비는 더 편안하고 자신감에 차 있다." 박인비는 자신의 퍼팅 실력을 이완된 주의력과 통제할 수 있는 것들에 집중하면서 나머지는 버릴 수 있는 능력 덕분이라고 말한다. "고려해야 할 변수가 너무 많지요. (…) 홀까지 가는 길에는 너무 많은 일이 일어나고요. (…) 저는 그냥 라인을 올바로 읽고 정확한 속도로 퍼팅하려고 합니다. 제가 할 수 있는 건 거의 그게 다예요." 그녀가 골프채널GOLF Channel 인터뷰에서 밝힌 비결이다.

골프에서 퍼팅은 흔히 '쇼트 게임short game'이라 불린다. 홀컵과 비교적 가까운 위치에서 게임하기 때문이다. 그러나 박인비의 잔심은 '롱 게임long game'에 접근하는 방식에까지 적용되며, 심지어 페어웨이에서만 쓰이는 것도 아니다. 불과 19세 나이로 일약 챔피언이 된 후, 박인비는 높은 기대와 압박감과 씨름하며 힘든 시기를 겪었다. 그녀는 점점 미래에 매몰되어 다음 대회 일정이 어떻게 되든 우승을 해야 한다고 걱정하게 되었고, 현재 일어나는 일에 대응하는 능력을 잃어버리고 말았다. 긴 터널 끝에, 결국 그녀는 잔심에 의지해 슬럼프를 이겨낼 수 있었다. "(기대는) 정말 중요하지 않고, 사람들은 제가 생각하는 만큼 저에게 관심이 없다는 걸 깨달았습니다. (…) 다른 사람들은 그다지 걱정할 필요가 없어요. 자신과 당장 하고 있는 일만 신경 쓰면 되죠." 박인비의 말대로, 그리한다면 이후 행동은 저절로 나타날 것이다. 이제 그 이유를 자세히 알아보기 위해 반응 대신 대응을 하고 다음 옳은 일을 하는 데 도움을 주는 흥미로운 신경과학을 살펴보겠다.

반응 대신 대응하기:
행동 활성화와 신경과학

변화, 특히 갑작스러운 변화에 직면하면, 우리 뇌에서 편도체amygdala라는 부분이 활성화된다. 편도체는 현세 인류 호모 사피엔스의 역사 초기에 발달한 오래된 구조체로, 주요 역할은 포식자의 공격을 받는 상황에서 우리가 발을 차고, 소리 지르고, 도망갈 수 있도록 하는 것이다. 편도체는 신경과학자 야크 판크세프Jaak Panksepp가 '분노 경로RAGE pathway'라 불렀던, 자기감과 안정감이 위협받는 상황에서 활성화되는 신경 회로의 핵심 부분이다. 이 분노 경로는 반응reaction을 유발하도록 진화했는데, 여기에는 합당한 이유가 있다. 지금 사바나 초원에서 사자나 호랑이에게 쫓기고 있다면, 우리의 생존은 오로지 빠르고 본능적인 움직임에 달려 있을 것이기 때문이다.

그러나 오늘날 현실에서는 사자나 호랑이의 위협을 받는 경우가 거의 없으므로, 그 정도로 즉각적인 반응은 별로 필요치 않다. 오히려 기후 변화, 노화, 질병, 직장 내 스트레스, 인간관계 같은 현대의 문제에 그런 식으로 반응하는 것은 역효과를 낳는다. 현재 우리가 겪고 있는 대부분의 어려움에는 신중하고 의도적인 대응response이 필요하다. 물론 분노 경로도 여전히 유용할 수 있다. 만일 곰이 출몰하는 곳에서 하이킹을 한다면 특히 그렇다. 단지 그 유용성이 우리 인간의 진화 초기에 비해 훨씬 드문 상황들에 제한되어 있을 뿐이다. 다행히도 우리에게는 다른 선택지가 있다.

뇌의 또 다른 영역인 기저핵basal ganglia은 선조체striatum라는 작은 구조체를 구성하는 뉴런들을 통해 편도체로부터 직접 신호를 받는다. 선조체는 기저핵을 편도체와 뇌의 다른 부분들로 연결하는 다차선 도로라고 볼 수 있다. 기저핵은 분노 경로에만 관여하는 게 아니라 다른 행동들도 제어하는데, 여기에는 판크세프가 '추구 경로SEEKING pathway'라 이름 붙인 것이 포함된다. 추구 경로는 계획 세우기와 문제 해결을 돕는다. 또, 무력감에 빠지거나 충동적으로 도망치는 대신 주체적으로 행동하고 의식적으로 도전을 향해 나아가는 능력의 기초가 된다. 판크세프의 획기적인 연구는 대부분 정서 신경과학affective neuroscience이라는 분야에서 이루어졌고, 그중에서도 뇌의 특정 네트워크를 사람들이 나타내는 감정과 행동에 연결 짓는 것을 주제로 삼았다. 그의 연구(와 다른 연구자들의 연구)는 분노 경로와 추구 경로가 제로섬 게임 형태로 자원을 두고 경쟁하고 있음을 밝혔다. 즉 추구 경로가 커지면, 분노 경로는 꺼진다는 이야기다.

판크세프와 그의 동료들이 첨단 신경과학을 이용해 보여준 연구 결과는 우리 대부분이 실제 경험에서 공감할 수 있는 것들이다. 우리는 계획을 세우거나, 문제를 해결하거나, 의도적으로 도전을 위해 노력하는 동시에 화내고 분노할 수 없다. 그건 거의 불가능하다. 뇌가 대응과 반응을 병행하지 못하기 때문에, 대응을 유도하는 기능을 활용함으로써 반응이 솟구치는 것을 방지할 수 있다. 하지만 이야기는 거기서 끝이 아니다.

대응에 연관된 신경 회로는 마지 근육과 같아서 사용할수록 강해진다. 뉴런이 다른 뉴런을 자극해 활성화되면, 두 뉴런은 서로 이어진다. 오늘 당신이 어렵고 고통스러운 상황에서도 의도적인 대응을 할 수 있었다면, 내일은 습관적으로 그렇게 하게 될 가능성이 커진다. 우리가 취하는 각각의 계산된 행동은 신경전달물질인 도파민을 분비한다. 도파민은 추구 경로를

대응하라, 반응하지 말고

위한 연료 역할을 하며, 도전적이고 불확실한 길을 걷고 있을지라도 우리가 좋은 기분을 갖고 계속 나아갈 수 있도록 동기를 부여해준다. 추구 경로를 작동하는 데 필요한 연료가 많을수록, 분노 경로가 급발진할 가능성은 줄어든다.

남아프리카공화국의 신경과학자 마크 솜스Mark Solms는 의식의 기원을 다룬 매력적인 저서 『비밀의 샘The Hidden Spring』에서 자신이 '정동의 법칙Law of Affect'이라 부르는 것에 대해 썼다. 정동의 법칙에 따르면, 우리의 생각도 의심할 여지없이 중요하지만 우리의 의식을 지배하는 것은 대개 감정, 즉 우리의 정동이기 때문에 감정에 이리저리 이끌리게 된다고 한다. 이와 같이 우리는 기분이 좋아지는 행동을 반복하는 경향이 있다. 또한 추구 경로와 이를 촉진하는 도파민은 주체성을 발휘하고, 목표를 달성하기 위한 계획을 세우고, 세부 조치를 취하는 등의 행동들과 관련이 있다. 그 결과는 선순환이다. 불확실한 상황에 의도적으로 대응하면 우리의 기분이 좋아지고, 그럼 또다시 의도적으로 대응하게 될 가능성이 높아진다. 기억하라, 추구 경로가 켜지면 분노 경로는 자동으로 꺼진다. 그렇기 때문에 이 선순환은 매우 중요하다. 일단 생산적인 순환 리듬에 들어가면 우리 뇌가 격렬하고 파괴적인 감정에 사로잡힐 가능성이 줄어든다.

인간은 누구나 실수할 수 있기 때문에 우리가 노력한다 해도 분노, 공황, 기타 반응적 감정들이 때때로 우리를 압도할 것이다. 어떻게 해야 할까? 두 가지 사실이 있다. 좋은 소식은 이런 일이 일어날 때를 대비해 뇌에 방어 메커니즘이 내장되어 있다는 것이다. 나쁜 소식은, 그 방어 메커니즘이 우리를 꽤 슬프게 만든다는 것이다.

분노 경로는 고갈되어 없어지기 전까지만 활성화될 수 있다. 이렇게 되면, 일부 신경과학자들이 '슬픔 경로SADNESS pathway'라 부르는 또 다른 신경 회로가 켜진다. 그 결과는 실의와 낙심이다. 우리 중 다수가 그런 경험을 했을 터다. 파트너, 친구, 자녀, 또는 동료에게 그만 냉정을 잃고 화를 냈을 때, 그 순간에는 기분이 좋을 수도 있다. 마침내 억눌렀던 감정을 분출하게 되니 대단히 후련하다고 생각했겠지만, 결국 그렇게 폭발한 후에 대부분은 기분이 영 나빠진다. (분노를 "끝에 꿀을 바른 독 뿌리"라고 했던 붓다의 신랄한 표현이 생각난다.) 그렇다고 마냥 참는 게 능사도 아니다. 울분과 분노, 혹은 또 다른 흔한 반응적 감정인 공황 등이 장기간 해결되지 않은 채 남으면, 그 사람은 번아웃, 만성 피로, 심지어 임상적 우울증에 빠져들어갈 가능성이 높다.

무력감, 절망, 우울 같은 정신 상태가 그토록 교활하고 고약한 지점은, 그것들이 우리 안에 빠르게 뿌리 내리고는 추구 경로 활성화를 극도로 어렵게 만든다는 데 있다. 솜스는 "'항의'에서 '절망'으로의 전환은 화학적으로 도파민을 차단하는 펩타이드의 영향을 받는다. 이것이 바로 우울증이 '추구'로 특징되는 감정들과 정반대 특징을 가지는 이유다."라고 썼다. 나는 그 점이 행동 치료가 종종 인지 치료보다 더 효과적인 이유라고도 생각한다. 인지 치료에서는 새로운 마음 상태로 나아가려는 '생각'을 하는 반면, 행동 치료에서는 새로운 마음 상태로 나아가려는 '행동'을 한다. 물론 그건 일종의 강요처럼 느껴지기도 한다. 그러나 오늘 한 가지 작고 생산적인 행동을 취할 의지를 불러일으킬 수 있다면, 그것이 추구 경로의 스위치를 켤 것이고 그 결과 내일도 한 가지 작고 생산적인 행동을 취할 가능성이 더 높아진다. 도파민이 분비되고, 생산적인 추구 행동이 스스로 나타나게 된다.

여기까지 읽고, 당신은 '계획 세우기는 생각의 한 형태 아냐? 그리고 앞에서 계획 세우기도 추구 경로를 활성화할 수 있다고 하지 않았나?' 하는 의문이 들 수도 있다. 두 질문 모두 대답은 "맞다."로 같다. 하지만 가장 낙관적이거나 전략적인 생각조차도 행동만큼 도파민을 공급하지 못한다. 그렇기에 우울하거나 의욕이 없거나 무감각할 때, 다시 말해 뇌의 슬픔 경로가 주도권을 쥐고 있을 때에는 생산적인 행동이 특히 도움이 되는 것이다.

당신은 그런 감정들을 느끼도록 스스로에게 허락할 수는 있지만, 오래 곱씹거나 운명으로 받아들이지는 말아야 한다. 그 대신 딱 한 가지 행동을 취하는 데 주의를 집중하고, 그 과정에서 자신의 감정을 느껴보라. 그게 어떤 감정이든 말이다. 그렇게 하면 기분을 끌어올릴 최고의 기회를 맞을 것이다. 임상 심리학자들은 이것을 '행동 활성화behavioral activation'라 부르는데, 이 개념은 특히 정체기에 빠져 있을 때 행동이 의지와 긍정적인 감정을 '창조'할 수 있다는 생각을 기반으로 하고 있다. 쉽게 말하자면, 무언가를 시작하기 위해 기분이 좋을 필요는 없다. 자기 자신에게 기분이 좋을 기회를 주기만 하면 된다.

무언가를 시작하기 위한 초기 활력을 '활성화 에너지activation energy'라고 생각하는 게 도움이 될 수 있다. 어떤 경우에는 더 많이 필요하고, 어떤 경우에는 더 적어도 괜찮다. 생산적인 행동은 곧 자기 강화다. 오늘 무언가를 시작하기 위해 자신을 더 많이 밀어붙일수록, 내일 그렇게 하기가 더 쉬워

견고하고 유연한 행동

진다. 분명히 행동 활성화가 우울, 절망, 기타 정신 건강 문제를 겪는 사람들을 위한 만병통치약은 아니다. 그러나 임상 연구들은 만일 당신이 특히 변화와 무질서의 시기에 우울하고 의기소침해져 있다면 행동 활성화가 매우 효과적인 도구가 될 수 있음을 보여준다.

어디서부터 시작해야 할지 모르겠다면, 이전 키워드에서 논의했던 핵심 가치를 생각해보는 것이 좋은 출발점이 된다. 그런 다음, 활성화 에너지를 어떻게 전략적으로 적용할 수 있을지 스스로 물어보자. 어떤 행동이 당신의 핵심 가치에 도움이 되며, 또 어떤 행동이 당신에게 필요한 자극을 줄 수 있을까? 내키지 않더라도 어쨌든 시작하고 어떻게 되는지 지켜보자. 우리는 우리의 존재가 행동에 영향을 끼친다고 생각하게끔 길들여져 있지만, 놀랍게도 그 반대 또한 지극히 사실이다. 우리의 행동도 우리의 존재에 영향을 끼친다.

본질적으로 이 모든 흥미로운 신경과학은 변화가 있을 때 일단 겁에 질린 다음, 공황 상태나 분노의 시기를 거쳐 실의, 피로, 절망에 빠지게 되는 일(드물지 않은 일이다)의 위험성에 대해 우리에게 경고하고 있다. 이는 어째서 의도적으로 가치 중심의 행동으로 대응하는 것이 더 힘들지만 훨씬 더 나은 경로인지, 그 이유를 보여준다. 다음 페이지에서 계속해서 이 경로를 살펴볼 것이다.

크리스티나 마르티네스Cristinal Martinez는 멕시코 카풀루악에서 태어났는데, 그녀의 가족은 그곳에서 전형적인 향토 음식인 바르바코아barbacoa를 만드는 것을 가업으로 삼았다. 바르바코아는 라임즙, 올리브오일, 기타 현지 조미료로 양념한 고기를 화덕에서 천천히 굽는 요리다. 자라면서 마르티네스는 가족 식당에서 일했고, 요리에 정통하게 되었다. 지금도 그녀는 이때를 인생에서 비교적 안정적이고 행복했던 시간이라 여긴다.

열일곱 살이 된 마르티네스는 마찬가지로 바르바코아를 만드는 집안의 남자와 결혼했다. 그러나 그들은 그녀에게 새벽 3시부터 밤 10시까지 가혹한 노동을 강요했다. 결국 남편에게 일을 계속할 수 없다고 말했더니, 그는 그녀를 언어적으로, 신체적으로 학대하기 시작했다. 그녀의 유일한 위안은 자기 삶의 빛인 딸 카를라를 키우는 것이었다. 마르티네스는 딸이 자신처럼 학대받고 끌려가는 삶을 살지 않길 바랐고, 카를라가 자신의 경력을 추구할 수 있을 만한 교육을 받길 간절히 바랐다. 명문 교육을 받게 하려면 카를라를 기숙학교에 보내야 했는데, 이는 수업료 마련을 위해 마르티네스가 돈을 더 벌어야 한다는 뜻이었다. 불행하게도 남편은 한푼도 보태주지 않았다. "카를라가 겨우 열세 살이었을 때, 아이 아빠가 '내 딸을 좋은 신붓감으로 만들고 싶네.'라 하더군요. 그 말이 가슴에 박혔고 저는 '맙소사, 이러다 내 딸까지 잃겠구나.'라고 생각했지요." 마르티네스는 넷플릭스 다큐멘터리 시리즈 「셰프의 테이블Chef's Table」에서 이렇게 회상했다. "저는 카를라한테 이야기했죠. '네가 이런 인생을 답습하지 않길 바란다.'라고."

남편이나 시댁 가업과 별도로 수입을 마련할 방법이 필요하다는 사실이 분명해졌다. 다른 선택의 여지가 없었던 마르티네스는 집과 가족을 떠나 미국으로 이민 가기로 결정함으로써 대응했다. 그녀의 계획은 남편의 형제가 살고 있는 필라델피아에서 일자리를 구해 번 돈을 카를라에게 보내고, 카를라가 안전하게 이주하도록 하는 것이었다. 마르티네스는 국경 넘는 걸 도와줄 현지 '코요테'(중남미의 밀입국 브로커를 일컫는 말-옮긴이)를 찾았고, 그들은 몇 달 안으로 떠날 참이었다. 그녀는 매일 달리기 훈련을 하고, 길고 힘든 여정에 필요한 에너지를 충분히 확보하기 위해 잘 먹으려 애썼다.

2006년 약속의 날, 마르티네스와 일행 23명은 비행기를 타고 국경도시 시우다드후아레스로 날아갔다. 그리고 거기서부터 걷기 시작했다. 그들은 보름 동안 사막을 횡단하며 비바람과 싸우고, 빈약한 휴대용 식량으로 버티면서도 결국 성공해냈다. 국경을 무사히 넘은 마르티네스는 밀입국 브로커가 수배한 차를 타고 일주일 동안 미국을 가로질러 필라델피아에 도착했다. 그녀는 즉시 주방 일자리를 알아보았고, 한 이탈리아 레스토랑에 고용되어 음식 준비를 돕게 되었다. 마르티네스는 영어를 모르고 레스토랑 셰프는 스페인어를 몰랐다. 그래서 그녀는 어깨너머로 일을 배워야 했는데, 마치 여기에 인생이 달린 것처럼 임했다. 그녀의 경우에는 실제로 인생이 달린 일이었다. 마르티네스는 뛰어난 능력을 발휘해 빠르게 페이스트리 셰프로 승진했다. 그녀는 주방에서 자신의 두 번째 남편이 될 미국인 동료, 벤저민 밀러를 만났다. 몇 개월간의 연애 끝에 밀러가 마르티네스에게 청혼했고, 그들은 곧 결혼했다.

두 사람이 결혼한 뒤 밀러는 마르티네스가 영주권을 얻도록 도우려 노력했지만, 변호사는 그녀의 고용주로부터 서한을 받아야 한다고 말했다. 레스토랑 주인에게 부탁하자, 그는 마르티네스가 불법 체류자인 줄 몰랐다며 서한 작성을 거부하고는 즉시 그녀를 해고했다. 일자리를 잃은 마르티네스는 갑자기 카를라에게 돈을 보낼 수 없게 되었다. 그녀는 이에 분노로 반응하는 대신 자신이 무엇을 할 수 있을지 생각해보았고, 자신의 동네에 멕시코 이민자들이 많이 살고 있지만 바르바코아 식당은 하나도 없다는 사실에 주목했다. 그리고 바로 그 안에 그녀의 계획적인 대응이 있었다. "현지 식당 메뉴에는 해산물, 고기, 전통 요리 등 다양한 선택지가 있었지만 바르바코아는 없었어요. 그래서 저는 생각했죠. '어쩌면 내가 여기서 바르바코아를 팔아도 되겠다.'" 그녀의 삶에 대한 인터뷰에서 마르티네스는 이렇게 회상했다.

마르티네스는 밀러와 함께 살고 있던 아파트에서 바르바코아를 요리하기 시작했다. 밀러는 아내가 명함을 만드는 걸 도와주고 요리를 살 만한 사람들에게 명함을 나눠주었다. 인근에서 정통 식재료를 구할 수 없다는 것을 알게 된 그들은 펜실베이니아주 랭커스터의 한 농부와 협력해 직접 작물을 재배하는 것으로 대응했다. 사람들은 그녀의 음식을 좋아했다. 특히 멕시코 이민자들은 바르바코아를 먹고는 고향 생각이 나서 울컥하기도 했다. 그녀의 요리가 너무 유명해져서 두 사람의 아파트가 아닌 곳에 제대로 된 주방을 마련해야 했다. 운 좋게도 레스토랑을 운영하는 한 친구가 식당을 옮기게 되어 마르티네스가 그 자리에 들어갈 수 있었다. 밀러가 사업 운영을 도왔고, 마르티네스는 전에 없이 강렬한 정열과 즐거움으로 요리했다. 레스토랑은 날로 인기가 높아져 사우스 필라델피아에서 빠르게 성장하는 이민자 사회의 중심점이 되었다.

2016년, 인기 요리 잡지 『본아페티Bon Appétit』는 그녀의 동네 식당을 미국의 새로운 10대 레스토랑 가운데 하나로 선정했다. 마르티네스도 그날을 기억한다. "갑자기 라디오, TV, 잡지에 나오게 되었어요." 그녀는 자신의 이야기를 공개하고 이주 노동자의 권리를 옹호함으로써 매스컴의 관심에 대응했다. 매스컴 덕분에 그녀의 목소리에 힘이 실리게 되었을 뿐만 아니라, 그녀의 요리 역시 더더욱 유명해졌다. 현재 마르티네스는 이주 노동자 처우 개선을 거침없이 외치는 활동가 역할을 하고 있으며, 그녀의 레스토랑 '사우스 필리 바르바코아South Philly Barbacoa'는 주말마다 1,500명이 넘는 손님들을 맞고 있다. 그동안 그녀는 딸 카를라의 적절한 교육에 충분한 자금을 지원했고, 카를라는 현재 간호사로 일하며 경제적으로 자립할 수 있게 되었다.

이민은 복잡한 문제다. 하지만 개인적 차원에서, 나는 우리가 선의를 가진 사람이 자신의 안전과 존엄성을 보장받는 것이 그렇게 어렵지 않아야 한다는 데 동의할 수 있기를 바란다. 앞서 살펴본 케이티의 이야기와 [키워드 2]에서 소개한 브라이언 스티븐슨의 이야기에서 보았듯, 사람들이 그런 영웅적인 행위에 의지하도록 강요받는 것은 안타까운 일이다. 하지만 우리는 그런 세상에 살고 있다. 이전에 내가 쓴 내용을 기억해보라. 망가진 세상을 개선할 기회를 얻고자 한다면, 망가진 사람이 되지 않은 채 망가진 세상을 헤쳐 나갈 방법을 먼저 배워야만 한다. 여기, 절망에 빠지지 않고 극심한 무질서를 극복할 수 있었던 마르티네스 같은 사람에게 배울 것은 얼마든지 있다. 그녀는 자신이 직면한 드라마틱한 도전과 장애물에 맞서 반응하지 않고 대응함으로써 그렇게 했다.

마르티네스의 여정에는 여러 순간들이 있었다. 그동안 그녀는 쉽게 분노 경로에 사로잡힐 수 있었지만 대신 추구 경로를 작동시켰다. 첫 번째 남편과의 폭력적인 관계에 갇힌 채 사랑하는 딸 카를라가 비슷한 미래로 향하는 걸 보았을 때, 그녀는 무의미한 반항 대신 스스로 딸에게 수업료를 보낼 수 있는 미국으로 이주할 계획을 세웠다. 고용주에게 영주권을 받게끔 도와 달라 부탁했다가 해고라는 반응을 돌려받았을 때도, 그때까지 그의 레스토랑에서 아주 열심히 일해 왔던 만큼 쉽게 분노에 빠질 수 있었다. 그러나 마르티네스의 대응은 동네 요식업 현장에 없는 메뉴가 무엇인지 궁금해하는 것이었고, 이것이 그녀를 바르바코아 요리로 이끌었다. 적절한 식재료를 충분히 얻을 수 없었을 때는 직접 식재료를 재배하기 위해 현지의 연줄이 닿는 사람을 찾았다. 우리는 어려움, 변화, 무질서의 시기에 계속해서 뭔가를 보여주며 가능한 한 신중하게 대응했던 4학년 교사 케이티의 이야기에서도 같은 패턴을 볼 수 있다.

의심할 여지없이, 이 여성들은 때때로 분노에 찼을지언정 그중 누구 하나 분노 경로가 자신의 의식을 완전히 장악할 기회를 주지 않았다. 오히려 자신들의 분노를 생산적인 행동을 위한 연료로 삼았다. 그들은 통제할 수 있는 것과 없는 것을 구분한 뒤 통제할 수 있는 것에 집중했고, 반응 대신 대응함으로써 주체성을 행사했다. 이것을 반복하면 어려운 시기에도 '나는 나를 드러내고 신중한 행동을 취할 수 있다'는 경험 증거가 쌓이고, 그

믿음으로부터 확고한 자신감, 심리학자들이 말하는 자기 효능감self-efficacy
이 발달하기 시작한다. 수십 년에 걸친 연구에 따르면, 자기 효능감 측정에
서 높은 점수를 받은 사람들은 변화와 무질서의 시기를 더 잘 이겨낸다고
한다. 일리가 있다. 변화에 대응하는 자기 능력에 확신이 없으면, 모든 것을
통제해야 한다고 여기기 쉽고 변화는 위협의 대상이 될 뿐이다. 상황이 통
제 불능으로 느껴질 때, 우리는 그저 자동 모드 반응으로 일관한다. 그러
나 변화에 대응하는 자신의 능력에 확신이 있으면 당신은 변화와 점점 더
사이좋게 지내게 되고, 그에 따라 인생에 무슨 일이 일어나든 능숙하게 대
응해 나갈 가능성이 커진다.

4P: 자기 효능감을 위한 증거 기반 방법

당신이 지적으로 무언가를 알고 있다고 해서 그에 따라 일관되게 행동하
는 것은 아님을 알 것이다. 특히 격양된 상황에서는 더욱 어렵다. 내가 코
칭 고객들과 공통적으로 논의하는 주제는 반응하지 않고 대응하는 것의
이점뿐만 아니라 그것을 실제로 실천하는 방법이다. 그래서 나는 이를 돕
기 위한 경험적 방법인 '2P vs. 4P'를 개발했다. 우리는 반응할 때 당황해
서Panic 무작정 나아가며 마구 부딪치지만Pummel, 대응할 때는 일단 멈추고
Pause, 처리하고Process, 계획한Plan 다음에야 행동으로 옮긴다Proceed.

반응은 빠르다. 느낀 다음 하는 것이다. 대응은 그보다 느리다. 어떤 사
건과 그 사건과 관련해 무언가를 하거나 하지 않는 행동 사이에 더 많은

여유가 있다. 바로 그 틈에 잠시 멈춰 서면pause 즉각적인 감정에 숨 돌릴 짬이 생기고, 당신은 그 사이에 무슨 일이 일어나고 있는지 더 잘 이해하게 된다. 다시 말해 처리process하게 되는 것이다. 그 결과, 당신은 비로소 뇌에서 가장 진화된 인간 고유의 기관을 사용해 핵심 가치에 부합하는 계획plan을 세우고, 그에 맞추어 진행proceed할 수 있다. 다시 말하지만 대응이 반응보다 어렵다. 특히 처음에는 더 많은 정신적 에너지가 필요하다. 즉각적으로 무언가 하고 싶은 충동에 굴복하지 않고 그 자리에 머물러야 하기 때문이다. 그러나 노력이 필요한 대부분의 일과 마찬가지로 대응에는 우리가 이미 살펴본 모든 이유 때문에 한층 유리한 측면이 있다. 어려운 상황에 자동적으로 반응한 것은 종종 후회하게 되는 반면, 의도적으로 대응한 것을 후회하는 경우는 거의 없다.

멈춤 | Pause

누구라도 잠깐은 멈출 수 있다. 하지만 감정이 고조되면 압도되기 너무나 쉽고, 순식간에 다시 반응의 늪에 빠지고 만다. 어려운 상황을 제대로 처리하려면 시간과 여유가 필요하다. 시간과 여유를 만드는 강력한 방법은 자신이 느끼는 감정에 이름을 붙이는 것이다.

UCLA에서 한 일련의 연구에서, 연구자들은 실험 참가자들로 하여금 낯선 청중 앞에서의 즉흥 연설처럼 계획되지 않은 괴로운 상황을 겪게 만들었다. 참가자들의 절반은 자신의 감정을 느끼고 거기에 이름을 붙이라는 지시를 받았다. 예를 들면 "가슴이 답답함을 느낀다"라

긴급하고 유연한 행동

거나 "목구멍에서 불안이 치미는 게 느껴진다", "손바닥에 열감이 느껴진다" 같은 식이었다. 다른 절반의 참가자들은 특별히 아무것도 하지 않도록 지시받았다. 연구자들이 '정서 명명affect labeling(감정 라벨링)'이라 부르는, 감정을 느끼고 이름을 붙이는 일을 한 참가자들은 반응(분노 경로)과 관련된 뇌 부분인 편도체의 생리적 각성과 활동이 현저히 적었다. 이 정서 명명자들은 또한 연설 중에 주관적으로 더 편안하게 느꼈다고도 보고했다. 여기서 상당히 중요하게 짚어봐야 할 점은, 감정을 깊이 느꼈지만 이름을 붙이지는 않은 사람들이 실제로 '더 많은' 불안을 느꼈다는 점이다. 달리 말하면, 이름을 붙이는 행위가 자극과 대응 사이에 여유를 만든다. "자신의 감정을 느껴라."라는 흔한 격언은, 어쩌면 그 감정에 이름을 붙여야만 효과를 보는 건지도 모른다.

나는 그 원인을, 일어나고 있는 일을 단순히 경험한다면 그 경험에 지나치게 관여하거나 심지어는 거기에 녹아들 수 있기 때문이라고 생각하고 있다. 불안이나 절망, 초조함을 마음 깊이 느끼는 건 재미없다. 하지만 이런 감정들에 이름을 붙임으로써 그 감정들로부터 자신을 분리하게 된다. 그리고 일어나고 있는 일을 단순히 경험하는 대신 자신이 무엇을 경험하고 있는 건지 '알게' 된다. 간혹 '메타 인식meta-awareness'이라고도 불리는 이러한 인식에 대한 인식 행위는, 당신에게 일어나고 있는 일이 무엇이든 처리할 수 있는 더 많은 자유를 준다.

정서 명명 연구 자체는 10년도 채 되지 않았다. 하지만 그 발상은 수백 년 전 고대 신화와 민속에 널리 퍼져 있던 개념으로 거슬러 올라간다. 이른바 '이름의 법칙law of Names'이란 것으로, 무엇의 진정한 이름을 알면(대략 아는 건 안 되고 정확하게 알아야 한다), 그것을 지배할 힘을 가지게 된다는 믿음이다. 예를 들면, 스칸디나비아 설화의 신비한 짐승은 그것의 진짜 이름을 부름으로써 물리칠 수 있었다. 노르웨이의 성 올라프Saint Olaf 전설은 어떻게 한 성인聖人이 트롤에게 강압되고 붙잡혔는지 이야기한다. 성인이 빠져나올 수 있는 유일한 방법은 트롤의 진짜 이름을 아는 것이었다. 아마도 가장 널리 알려진 예시인 독일의 동화 「룸펠슈틸츠헨Rumpelstilzchen」에서는 여자 주인공이 첫 아이를 악한에게 내주어야 하는 입장에 처한다. 그 악한은 단 한 가지 조건 아래에서만 자신의 권리를 포기하겠다고 했는데, 그 조건이란 자신의 진짜 이름을 맞히는 것이었다. (스포일러 주의: 그 이름은 룸펠슈틸츠헨이다.)

그걸 감안한다면, 우리는 아마도 이 현대 과학과 고대 지혜의 또 다른 융합 사례에서 UCLA 연구자들이 발견한 것에 대해 놀라지 말아야 할지도 모른다. 그들은 감정에 더 세밀한 이름을 붙이는 사람일수록(예를 들어 '슬픔' 대신 '갈망', '불안' 대신 '긴박감'처럼), 감정 자체와 그 감정을 야기한 상황 모두에 더 잘 대응할 수 있다는 사실을 발견했다. 무언가의 이름을 아는 것은 실제로 그것을 지배할 힘을 주고, 당신이 붙이는 이름이 더 정확하고 '진실'할수록 당신은 더 많은 힘을 가지게 된다. 그렇게 추가된 힘이 더 많은 여유가 되고, 그 덕분에 주체성과 자기 효능감이 더욱 솟아나 결국 반응하는 대신 대응할 수 있게 될 것이다.

처리와 계획 | Process and Plan

일단 감정에 이름을 붙이고 자신과 감정을 야기하는 상황 사이에 여유를 확보했다면, 다음 단계는 처리하고 계획 세우기다. 이를 도울 몇 가지 구체적인 심리적 전략이 여기 있다. 첫 번째는 명상 강사인 미셸 맥도널드Michele McDonald가 'RAIN'이라 부르는 기법을 연습하는 것이다. RAIN은 일어나고 있는 일을 인식하고Recognize, 그 상황을 삶이 있는 그대로 받아들이도록 허락하고Allow, 호의와 호기심으로 내면의 경험을 살피고Investigate, 자신의 경험과 동일시하지 않은 채Non-identify, 더 큰 관점에서 바라보는 것이다. 멀리 떨어져 더 큰 관점에서 상황을 바라보면, 능숙하고 대응적인 방식으로 상황에 대처하는 능력이 향상된다. 연구에 따르면, 이는 육체적 고통부터 정서적 고통, 사회적 긴장, 어려운 결정 내리기에 이르기까지 모든 상황에 적용된다. 그럼 이러한 종류의 더 큰 관점을 키울 수 있는 방법 몇 가지를 소개하겠다.

불확실성과 변화에 직면했을 때, 친구나 동료가 당신과 같은 상황에 처해 있다고 상상해보라. 그들이 동일한 상황에 놓인 모습을 마음 깊이 떠올리는 것이다. 당신은 그 친구를 어떻게 바라볼까? 그들에게 어떤 조언을 하겠는가? UC버클리의 연구에 따르면, 이 방법은 모든 종류의 상황, 특히 위험이 큰 상황에서 사람들이 상황을 분명하게 보고 현명하게 대응하도록 돕는다. 아마 10년, 20년, 심지어는 30년 이후 더 나이 들고 현명해진 자신의 모습을 상상해볼 수도 있을 것이다. 어쩌면 미래의 당신은 아늑한 서재에 앉아 버번 위스키나 차를 마시고 있을지 모른다. 아니면 손주들이나 평생의 친구가 놀러 왔을 수도 있다. 그 더 나이 들고 현명한 미래의 당신은, 현재의 당신에게 무슨 조언을 할까? 지금 그 조언을 따르는 것은 어떤 모습일까?

이상의 전략들은 심리학자들이 '자기 거리두기self-distancing'라 부르는 범주에 속한다. 자기 거리두기의 목적은 여유와 침착한 마음 상태를 만들어서 무슨 일이 일어나고 있는 건지 분명하게 보고(처리) 차후의 행동을 생각할 수 있도록(계획) 하는 것이다. 이 훈련은 추구 경로와 분노 경로가 통제권을 두고 경쟁하는 순간에 당신에게 이점으로 작용한다. 더 나아가서는 장기적으로도 도움이 된다. 자기와 거리를 둘 때마다 당신은 순간순간 계속해서 변하는 경험보다 더 크고, 다부지며, 오래 지속되는 관점과 잔심을 기르게 된다. 그렇게 해서 앞서 배운 것처럼 안정적인 자기 효능감과 자신감을 강화하고, 변화와의 편안한 관계를 구축할 수 있다. 잔심, 자기 효능감, 대응, 추구, 정서 명명, 자기 거리두기까지, 지금껏 알아본 모든 개념이 함께 상호 작용하여 견고하고 유연한 행동을 한층 더 북돋는다.

한 가지 더 이야기하자면, 명상도 마찬가지로 반응 대신 대응하는 능력을 개발하는 데 도움이 될 수 있다. 서양에서 흔히 묘사하는 것과 달리, 명상은 편안하고 더없이 행복한 상태에 도달하려는 것이 아니다. 오히려 다양한 생각, 감정, 감각을 가지되 그에 반응하지 않고 앉아 있는 법을 배우는 것이다. 명상 수행이란 신체적으로든 심리적으로든 반응하고 싶어지는 모든 갈망에 안달이 날 때마다, 그 욕구와 함께 그저 고요히 앉아 있는 일이다. 시간이 지나면서 당신은 명상 쿠션 위에서나 밖에서나 삶이 당신에게 주는 무언가를 향한 호기심 어린 태도를 키우게 된다. 그것에 즉각적으로 반응하지 않고, 그것과 함께 있고,

견고하고 유연한 행동

지켜보고, 관심을 가질 수 있게 된다. 또한 수십 년 세월은커녕 정식으로 명상하는 단 15분 사이에 일어나는 생각, 감정, 욕구의 격류 속에 상당한 평정을 유지하는 일조차 얼마나 어려울 수 있는지 깨달으며, 자기 자신과 타인에 대한 연민도 발달시키게 된다. 명상은 관습적 자기를 언제나 너무 진지하게 받아들이지 않는 데도 도움을 준다. 그리고 스스로를 웃어넘기거나 심지어는 놓아줄 수도 있게끔 자기를 강화해 뢰빙거의 자아 발달 단계를 오르도록 등을 밀어준다.

불확실성 속에서 처리하고 계획하는 또 다른 방법은 '경외감awe'을 경험하는 것이다. 경외감은 자연 속에서 시간을 보내거나, 감동적인 음악을 듣거나, 호소력 있는 예술 작품을 감상하는 등 아주 많은 경로를 통해 찾을 수 있다. 올더스 헉슬리Aldous Huxley가 썼듯이, 반응과 그에 관련된 분노 경로가 의식의 "감압 밸브"를 나타낸다면, 경외감은 우리가 다시 마음을 여는 데 도움이 된다. UC버클리의 심리학 교수 대처 켈트너Dacher Keltner는 경외감이 감정의 여유로움에 직접적으로 연관되어 있음을 보여주었다. 경외감은 우리가 인식하고 생각하는 방식만 개선하는 게 아니라 신체도 향상시킨다. 학술지 『이모션Emotion』에 실린 2015년 연구에 따르면, 경외감은 다른 어떤 감각보다도 스트레스 및 염증에 관여하는 인터류킨-6Interleukin-6이라는 분자의 수치를 낮추는 데 관련이 있다고 한다.

불행하게도 우리는 점차 경외감을 잃어가고 있다. 2016년에 발표한 에세이에서 켈트너가 쓰기를, "성인은 일하고 통근하는 데 더 많은 시간을 보내고, 야외에서나 다른 사람과 함께 보내는 시간은 적다." 그는 계속해서 우리가 "더 개인주의적이고, 자기도취적이고, 물질주의적으로 되었고, 타인과 덜 연결되게 되었다."라고도 했다. 그렇다면, 우리 중 그렇게 많은 사람이 반응 대신 대응하려 애쓰는 것이 정말 놀랄 만한 일인가? 구조화된 환경에서 여유를 만들 기회조차 주지 않으면서 어떻게 무질서한 환경에서 여유를 만들길 기대할 수 있겠는가? 켈트너의 주장이 옳다면(나는 그렇다고 생각한다), 자연 속에서 하는 매주 한 번의 산책이야말로 일상생활에서 반응 대신 대응하는 우리의 능력에 기적을 이룰 것이다. 나는 이것을 직접 경험했다. 내가 큰 변화나 잠재적인 불확실성을 파악하려고 분투하고 있을 때, 밖에서 오랫동안 걷는 일만큼 상황을 능숙하게 처리하고 차후 계획을 세우는 데 도움이 되는 것은 달리 없기 때문이다.

진행 | Proceed

일단의 연구자들이 미로에 생쥐를 넣고, 먼 목표를 향해 가는 동안 세부 목표를 달성할 때(예를 들면, 올바른 방향 전환) 생쥐의 뇌에 무슨 일이 일어나는지 관찰한 적이 있다. 그들은 생쥐의 뇌에서 동기 부여, 추진력, 추구 경로와 연관이 있는 신경전달물질인 도파민이 분비되는 것을 발견했다. 도파민 생성을 완전히 차단하는 화합물을 투여했더니, 쥐들은 무관심해지고 목표를 포기하게 되었다. 이러한 연구가 인간을 대상으로 안전하게 재현될 수는 없지만, 과학자들은 우리의 뇌도 같은 방식으로 작동한다고 추측한다. 진보의 신경화학은 우리가 계속해서 나아갈 수 있도록 준비시킨다.

대응 모드보다 반응 모드에서 시작하는 것이 훨씬 쉽다. 반응은 본능적이기 때문이다. 그냥 하게 된다. 말했다시피 문제는 '그냥 하는' 것이 항상 최선의 다음 단계로 이어지지 않는다는 점이다. 대응할 때, 당신은 스스로에게 더 신중하게 앞으로 나아가기 위한 시간과 여유를 준다. 문제는 당신이 무슨 접근법을 떠올렸든지 그것에 대해 스스로 자문할 시간과 여유도 가지게 된다는 점이다. 따라서 이것저것 따지다가 아무것도 못 하거나, 의심만 하다가 제대로 해내지 못할 수 있다.

이런 문제에 대한 최고의 해독제는 당신의 행동을 실험이라고 생각하는 것이다. 의도적으로 결정한 이상, 거기에 옳거나 그른 결정이란 없다. 나중에 돌이켜봤을 때 당신의 행동이 유용했다는 게 입증되면, 계속 같은 길을 가면 된다. 만약 반대로 부적절했다고 판명되면, 길을 조정하면 된다. 아마 다시 진행Proceed하기 전 처음 3P, 즉 멈춤Pause, 처리Process, 계획Plan만 반복하면 될 것이다. 이 순환을 거칠 때마다 당신의 추구 경로가 강화되고 분노 경로는 축소된다. 그리하여 반응 대신 대응으로써 변화와 무질서와 맞서는 종류의 사람(또는 조직)으로 준비되는 것이다. 다양한 분야에서 이루어진 지속적인 개선에 관한 연구에 따르면, 4P 같은 순환 고리를 통과하는 것은 분명 변화와 무질서의 시기에 최선의 결과를 이끄는 길이다.

미디어는 메시지다

1964년, 캐나다의 커뮤니케이션 이론가 마셜 매클루언Marshall McLuhan은 자신의 저서 『미디어의 이해Understanding Media: The Extensions of Man』 첫머리를 "미디어는 메시지다."라는 문장으로 시작한다. 그는 계속해서 이렇게 설명했다. "미디어라는 자기 확장의 개인적, 사회적 결과는 우리 각각의 자기 확장이나 어느 새로운 기술에 의해 우리 문제에 도입되는 새로운 저울에서 비롯된다." 쉽게 말하면, 주어진 기술 매체를 더 많이 사용하거나 소비할수록 우리 행동에 그것을 더 많이 드러내게 된다는 말이다. 혹은 안타깝게도 오늘날 현대 세상에서는 우리의 '반응'에 드러나게 된다.

변화와 무질서 속에서 정보를 얻기 위해 우리가 가장 많이 찾는 두 곳은 소셜 미디어와 케이블 뉴스다. 이 두 매체가 효과적인 속보 수단이 될 수 있지만, 즉 이런저런 일이 있었다고 우리에게 빠르게 알려주긴 하지만, 그 이상의 가치가 있는지는 아무래도 의심스럽다. 소셜 미디어와 케이블 뉴스는 느리고 신중하며 사려 깊은 분석보다 맥락에서 벗어난 주관적 논평과 서로에게 고함치는 사람들, 더 나쁘게는 허공에 대고 소리치는(어쩌면 실제로 이게 더 나을 수도 있다. 잘 모르겠다.) 사람들이 지배하고 있다. 소셜 미디어와 케이블 뉴스의 거의 모든 것이 대응하기보다 반응하도록 우리를 가르친다. 케이블 뉴스에서 미묘하고 중요한 주제들은 프로그램이 다음 꼭지로 넘어가기 전 기껏해야 최대 몇 분간만 다뤄진다. 이 짧은 시간 동안 콕 집어 극적인 감정과 분노를 일으키기 위해 사전 섭외한 '전문가'를 부르는 게 일반적이다. 한편 소셜 미디어에서 사용자는 요점을 전달하기 위한 글자

수를 제한받는다. 게다가 게시물이 빠르게 퍼져 나갈 가능성에 크게 기여하는 두 가지 요소가, 게시물이 올라가는 속도와 그것이 부추기는 분노의 양이라는 연구도 있다. 반응이 장려되고 보상받는 것이다.

뇌과학은 뉴런들이 서로 자극해서 활성화되면 상호 연결된다는 사실을 알려준다. 생각, 감정, 행동의 특정 패턴에 관여할수록 그 패턴은 더 강해진다. 그리고 분노 경로를 연결하는 데 소셜 미디어와 케이블 뉴스보다 더 좋은 곳을 떠올리기는 어렵다. 미디어가 메시지라면, 이 두 가지 미디어가 보내는 메시지는 반응 충동을 일으키는 엄청난 메시지인 것이다. 다행히 반응 대신 대응하는 역량을 키울 수 있는 다른 소통 수단도 많이 있다. 몇 가지 예로는 독서나 존경하는 사람과의 방해 없는 토론을 들 수 있고, 인터넷을 해야겠다면 장문 기사 읽기와 소셜 미디어 피드에서 바보들 제외하기 정도가 있겠다.

거듭 말하건대 출처의 진실성을 확인하는 한, 소셜 미디어나 케이블 뉴스를 통해 소식을 접한다고 해서 근본적으로 잘못될 것은 없다. 그러나 소위 '분석'을 위해 그 너머를 서성거리면 순식간에 해로워진다. 문제는 이러한 매체들이 의도적으로 우리를 끌어들이게끔 고안되었다는 데 있다. 결국 우리의 관심을 사로잡아 수익화하는 것이 그들의 핵심 목표다. 이때 2P vs. 4P가 도움이 된다. 언제나 스스로에게 물어보도록 하라. "이 매체가 나를 당황하게 만들고 마구잡이로 부딪치게끔 유인할까, 아니면 잠시 멈추어 처리하고, 계획하고, 앞으로 나아가도록 장려할까?"

당신이 반응의 바다에서 헤엄치고 있으면, 반응적인 사람이 되는 것은 필연적이다. 그러나 만약 주변을 대응성으로 둘러싼다면, 당신 역시 대응적인 사람이 되기 쉽다. 이는 개인적 차원뿐만 아니라, 사회적 차원에서도 마찬가지다.

이번 키워드에서 우리는 견고한 유연성이 어떻게 끊임없이 변화하는 삶의 흐름에 신중한 참여를 요구하는지 논의했다. 그리고 통제할 수 없는 것과 통제할 수 있는 것의 차이를 배웠으며, 통제할 수 있는 것에 집중하게 되면 어떤 이점이 있는지 살펴보았다. 또한 '잔심'이라 불리는 폭넓은 인식이 어떻게 우리가 변화와 무질서에 대해 성급하고 자동적으로 반응하지 않고 능숙하고 의도적으로 대응할 수 있도록 돕는지를 탐구했다.

아울러 우리는 대응과 반응의 신경과학을 살펴보았으며, 어떻게 추구 경로와 분노 경로가 자원을 두고 경쟁하는지, 추구 경로의 활성화가 어떻게 분노 경로의 축소로 이어지는지 보았다. 또한 분노 경로가 고갈되면 그 결과는 실의와 우울증이 될 수 있다는 사실도, 이런 경우 새로운 마음 상태에 도달하려는 '생각'보다 '행동'이 더 효과적이라는 사실도 알았다. 이상의 이론을 바탕으로 변화와 무질서에 대응하고 자기 효능감을 강화하는 증거 기반 방법, 4P(멈춤, 처리, 계획, 진행)를 자세히 알아보고, 각 요소를 수행하기 위한 구체적인 수단도 배웠다.

마지막으로, 우리가 변화와 무질서에 대한 정보를 소비하는 매체가 우리 삶의 대응과 반응 선택 여부를 어떻게 형성하는지도 이야기했다. 우리가 변화와 어려움에 능숙하게 대응하는 사람이 되고자 한다면 더 느리며 분별력이 있는, 대응적인 매체에 많은 시간을 할애하고, 그만큼 치열하고 빠르며 반응적인 매체에서 보내는 시간을 줄여야 한다.

견고하고 유연한 행동

불편한 진실과 함께 이 키워드를 마무리하게 되겠지만, 다음 키워드에서 나는 약간의 위안을 제공하려 한다. 좋든 싫든, 변화와 무질서는 때로 우리의 핵심을, 그 이상으로 많은 것을 뒤흔든다. 이 책에서 이야기한 모든 방법을 시도하는데도 여전히 울적하고, 우울하고, 지치고, 성장과 의미의 공허함을 느낄 수 있는 특정한 상황들이 있다. 어쩌면 너무 크고 압도적인 무언가에 직면해서 우리가 통제할 수 있는 것이 거의 없고(적어도 처음에는 그렇게 보인다) 능숙하게 대응하는 것조차 소용없다고 느낄지도 모른다. 어느 시점에서든 우리 모두 이런 어두운 시기를 겪는다. 인간 경험에서 피할 수 없는 부분이다.

다음 키워드는 우리가 시인 단테 알리기에리Dante Alighieri가 "얼마나 거칠고 혹독하며 헤어나기 어려운지 이루 말할 수 없는" "길이 없어진 곳"이라 쓴 악명 높은 어두운 숲에 놓인 자신을 발견했을 때 무엇을 해야 하는지에 대한 것이다. 이런 상황에서 일어나고 있는 일을 이해하려는 노력은 종종 역효과를 낳는다. 때로 견고한 유연성의 힘은 그저 의지와 행동을 보여주며 있는 그대로 상황을 헤쳐 나가는 것이다. 누구에게도 의미는, 성장은 강요될 수 없다. 그것들은 제때가 도래함과 함께 스스로 나타나야 한다. 앞으로 살펴보겠지만, 다행히도 의미와 성장은 거의 항상 따라온다. 우리가 우리 자신의 길을 막지 않는 방법을 배울 수만 있다면.

- 변화와 무질서의 시기에는 통제할 수 없는 것과 통제할 수 있는 것을 구분하고, 전자에 시간과 에너지를 낭비하지 않도록 노력하며 후자에 집중하라.

- 주어진 경로나 결과에 집착하면 최적이 아닌 결과만 나오는 경우가 종종 있다. 대신 잔심, 즉 더 넓고 호기심 많고 포괄적인 인식을 개발하기 위해 노력하라.

- '분노 경로와 반응'으로부터 '추구 경로와 대응'으로 전환하는 최고의 방법은 4P를 실천하는 것이다.
  - 감정에 이름을 붙임으로써 잠시 멈추기(Pause)
  - 거리를 두고 상황을 바라보며 자신의 경험과 동일시하지 않음으로써 처리하기 (Process)
  - 자기 자신과 거리를 두고 더 넓은 관점으로 선택지를 평가함으로써 계획 세우기 (Plan)
  - 세부 조치를 취하면서 각 조치를 하나의 실험으로 대하고 조정해 나가며 진행하기 (Proceed)

- 반응 대신 대응하는 습관을 들이면, 변화와 어려움 속에서도 스스로 서서 신중한 행동을 취할 수 있다는 증거에 기반한 믿음으로 이루어진 확고한 자신감을 가지게 된다. 이는 심리학자들이 말하는 자기 효능감으로, 이것이 발달할수록 변화와 무질서의 위협이 줄어든다.

- 당신이 정보를 소비하는 매체는 당신의 기질을 형성한다. 대응적인 매체를 우선시하고 반응적인 매체를 피하라. 당신의 건강, 어쩌면 사회의 건강이 거기에 달려 있다.

성장, 의미 그리고 시간에 너그러워져라

2017년, 극심한 강박장애Obsessive-Compulsive Disorder, OCD와 이차성 우울증이 나를 덮쳤다. 강박장애는 종종 사람의 심신을 쇠약하게 만드는 질병인데, 대개 잘못 이해되고 있다. 사실 병적 강박장애는 주변을 꼼꼼하게 정리하거나 문이 잠겼는지, 토스터 플러그가 뽑혀 있는지 줄창 확인하는 경향과는 거리가 멀다. 대신 침투적인 생각과 감정이 생활을 지배하며 기분을 무너뜨리고, 자기감을 왜곡하는 것이 특징이다. 강박장애 환자는 침투적인 생각과 감정이 무엇을 의미하는지, 그것들을 어떻게 완화할 수 있는지 해독하려고 노력하며 깨어 있는 모든 시간을 보내지만, 그럴수록 생각과 감정은 더 강하고 격렬해져 돌아올 뿐이다. 그것들은 머리부터 발끝까지 전기가 통하듯 발작적인 불안감을 유발한다.

반대로 침투적인 생각과 감정으로부터 주의를 돌리기 위해 '강박적으로' 노력해봐도, 그것들은 항상 뒤편에 숨어서는 닮을 수도, 최소화할 수도 없는 컴퓨터 창처럼 하루 중 비어 있는 모든 시간을 착취한다. 매일매일 정신과 몸을 온통 기어다니는 침투적인 생각과 감정을 안고 잠자리에 들고, 같은 방식으로 잠에서 깬다. 그것들은 식사 중에도 거기 있다. 일을 할 때도 거기 있다. 가족들과 시간을 보내려 할 때도 거기 있다. 심지어 잠들어 있는 동안에도 거기 있어 꿈마저 괴롭힌다. 침투적인 생각과 감정은 너무나 끈질겨서, 이윽고 환자는 혹시 그것들을 믿고 있는 건 아닌지 스스로 의심하기 시작한다. 그것은 혼란스럽고 끝도 없는 고통과 공포의 소용돌이다. 치료가 긍정적 효과를 발휘할 때까지 그리고 다른 훈련들이 내 일과 삶을 더 좋게 바꾸었음을 스스로 깨닫게 되기 전까지, 이것이 거의 1년 동안 나의 일상적 현실이었다.

강박장애가 시작되기 전에 나는 낙관적이고, 성장 지향적이며, 의미를 추구하는 사람이었다(지금도 상당 부분은 그렇긴 하다). 내가 진단 4개월 후 받았던 치료가 뚜렷하게 기억난다. 나는 여전히 어두운 곳에 있었다. 나는 담당 치료사 브룩에게 내가 겪고 있는 일이 도대체 어떻게 의미나 성장으로 이어질지 알 수 없다는 사실이 나를 괴롭게 한다고 털어놓았다. 모든 일이 너무 무의미하게 느껴졌고, 목적도 없고 가르쳐줄 교훈도 없는 고통 같았다. 나의 실제 경험은 내가 과거에 접했던 심리학이나 개인 성장 관련 책들과는 극명히 대조되었다. 그 책들은 하나같이 독자들에게 의미 발견의 중

---

* 강박장애에 대해 더 알고 싶다면, 나의 이전 책 『나는 단단하게 살기로 했다』에 나의 경험이 더 자세히 설명되어 있다. 이 책에서의 목적으로 돌아가서 요점은 강박장애가 고통스럽고 전반적으로 끔찍한 경험이라는 것이다.

요성, 어쩌면 특별히 깊은 어둠 속에서 찾은 의미의 중요성을 일깨우는 내용이었다. 나는 그게 규칙이라고 생각했다. 성장은 투쟁으로부터 나온다, 그렇지 않은가? 하지만 강박장애는 그 어떤 목적과도 관련이 있는 것처럼 보이지 않았다. 그것에 만약 목적이란 게 있다면, 내가 아무것도 없다고 느끼게 만드는 것이리라. 나는 이 모든 이야기를 브룩과 공유했다. 브룩 또한 한때 우울증을 겪은 적이 있는 사람이었다. 눈물이 그렁그렁해진 눈으로, 그녀가 내게 물었다. "모든 것이 의미 있을 필요는 없고, 당신이 꼭 성장해야 하는 것도 아니에요. 왜 지금 당신이 경험하고 있는 일이 커다란 목적을 가져야만 하나요? 그냥 짜증 나는 일이면 안 되나요?"

성장 지향의 자세를 갖추고, 삶에서 강한 의미와 목적의식을 구축하는 것은 반박의 여지없이 건강한 일이다. 이러한 태도는 부모, 의사, 작가, 교사, 창업가, 당신이 무엇을 하든 웰빙과 지속 가능한 우수성의 토대가 되어준다. 그러나 삶이 당신에게 이러한 자질들이 통하지 않을 정도로(나중에 여기에 대해 더 설명하겠지만, 최소한 그 순간만큼은 통하지 않는) 예상 밖의 변화구를 던질 때가 있다. 심리 치료사 제임스 홀리스James Hollis는 "우리는 공통적으로 우리 마음의 저택에 있는 방에 우울, 상실, 슬픔, 중독, 불안, 시기, 수치심 같은 이름을 붙인다."라고 썼다. "그것이 우리의 인간성이다. 통제 불가능하다는 사실을 더 이상 부인할 수 없기 때문에 우리는 불안에 휩싸인다."

이렇게 참혹한 경험에서 성장과 의미, 목적을 찾기를 강요한다면 상황은 더욱 악화될 수 있다. 상처받거나 겁먹거나 슬퍼질 뿐만 아니라, 경험에서 얻을 가치 있는 것이 없다는 이유로 자기 자신을 비판하게 될 위험이 커지기 때문이다. 그럼 당신은 압도적으로 부정적인 상황에 처한 채, 무심코 두 가지만 생각하게 된다. 지금 자신이 겪고 있는 일의 끔찍함 그리고 자기계발서가 시키는 것들을 할 수조차 없다는 사실. 이 경우 감사하라는 것은 최악의 조언일 것이다. 이것은 아주 극명한 예시이므로 잠깐 짚고 가겠다. 의심할 여지없이 감사의 실천은 대부분의 상황에서 유익하다. 많은 과학 연구가 이를 뒷받침한다. 그러나 방금 정리해고를 당했거나, 심한 우울증에 빠졌거나, 최근 자녀나 배우자를 잃었는데, 감사를 느끼는 세 가지를 억지로 적으라는 건 말이 되지 않는다. 우울이나 슬픔에 잠긴 사람에게 "지금 감사한 마음을 가지고 삶을 되돌아보는 건 어떨까요?"보다 더 나쁜 말은 별로 없을 것 같다.

　이것은 딜레마다. 성장, 의미, 목적, 감사 같은 특성은 진정으로 유익하고, 적극적으로 함양할 가치가 있다. 하지만 이러한 특성을 결실로 얻으려는 지나친 노력이 역효과를 내고 방해가 될 때는, 이런 개념들로부터 완전히 벗어나는 것이 도움이 되기도 한다. 우리 모두 조금 더 미묘한 심리적 차이에서 이득을 보게 될 것이다.

최근 브룩에게 의미와 성장을 그만 찾아도 된다고 했던 치료 세션을 기억하는지, 기억한다면 왜 그런 조언을 하게 되었는지 물었다. "그때 제가 했던 말은 고통스러운 경험 속에서 의미를 찾도록 사람들을 도우려 했던(때로는 헛되이) 제 경험에서 우러나온 것이었어요." 그녀가 대답했다. "때로는 그게 도움이 될 수 있지만, 다른 때는 그렇지 않아요. 특히 강요하거나 설득하려 하면 더욱 그렇죠. 의미를 찾고 성장을 실현하는 건 예측 불가능한

견고하고 유연한 행동

시간 척도에서 펼쳐지는 더 긴 과정이 될 수 있어요."

질서, 무질서, 재질서의 순환 중 일부는 눈에 띄는 성장과 의미 있는 느낌으로 빠르게 이어질 것이다. 그러나 이것을 인생의 모든 변화구를 통해 향상되려는 끊임없는 욕구와 혼동해서는 안 된다. 때때로 재질서는 특별히 어려운 변화에 뒤이어 즉각적인 이득이나 뚜렷한 가치 없이 점차 안정적인 상태로 이동하는 것을 의미한다. 시간이 지나면 우리는 이러한 사건들로부터 의미를 찾고 성장하게 될 것이다. 하지만 그 순간에는 인내를 가지고 자기 자신에게 관대해지는 것이 최선의 길이자 아마도 유일한 길일 것이다.

의미와 성장은 때가 되면 스스로 나타난다

우리 몸이 질병과 부상을 막고 치유하기 위해 면역 체계를 발달시키는 것처럼, 우리의 정신도 그렇게 한다. 둘은 비슷하게 작동하므로, 몸과 생물학적 면역 체계를 간단히 살펴보는 것으로 시작하자. 경미한 부상과 질병은 빠르게 해결되는 경향이 있다. 그러나 중대한 부상과 질병은 낫는 데 더 오랜 시간이 걸린다. 이전에 면역 체계가 비슷한 문제를 다뤄본 적이 없다면 더욱 그렇다. 생물학적 면역 체계를 속일 수는 없다. 당신이 하는 생각이나 말, 행동 중 그 어떤 것도 깊게 찔린 상처를 사소한 베인 상처라고 납득시키거나, 신종 코로나바이러스를 보통 감기라고 설득할 수 없다. 우리의 면역 체계는 수천 년의 진화를 거쳐 정교하게 조율된 놀라운 배열이다. 면역 체계의 중심 역할은 우리를 살아있게 하고 회복할 수 있게 하며, 예기치 못한 생물학적 혼란 속에도 앞으로 나아갈 수 있게 돕는 것이다. 그렇기 때문에 그것은 가능한 한 빠르고 효율적으로 작동한다. 하지만 간혹 적절한 대응을 준비하는 데 오랜 시간이 필요할 때도 있다.

하버드의 심리학자 대니얼 길버트Dan Gilbert가 처음 만든 용어인 '심리적 면역 체계psychological immune systems'도 마찬가지다. 심리적 면역 체계는 우리가 삶을 필터링하고 이해하는 데 도움을 준다. 길버트는 이렇게 썼다. "세상을 정확히 있는 그대로 경험한다면, 너무 우울해서 아침에 침대 밖으로 나올 수 없을 것이다. 하지만 세상을 정확히 우리가 원하는 대로 경험한다면, 지나치게 기만적이어서 슬리퍼를 찾을 수 없을 것이다." 삶이 뜻대로 되지 않을 때, 심리적 면역 체계가 대처하고, 치유하고, 앞으로 나아가도록 우리를 돕는다. 심리적 면역 체계는 대부분 그저 성가시다고 볼 수도 있는 경험을 의미와 성장으로 해석함으로써 그러한 목표를 달성한다. 생물학적 면역 체계와 비슷하게, 더 작고 친숙한 심리적 난관은 크고 낯선 심리적 난관보다 더 빠르게 의미와 성장을 가져온다. 처음으로 출판사가 내 글을 거절했을 때는 그것이 큰 손실처럼 느껴졌다. 이제 그런 일이 일어나면, 나의 하루를 시작하기 전에 2분 정도 속상해하고 그 거절로부터 한두 가지 교훈을 얻었기만을 바란다. 상실, 질병, 정체성의 위기처럼 특히 충격적이고 전례 없는 변화에는 심리적 면역 체계가 바로 작동하지 않는다. 충분히 강한 대응을 하기 위해 필요한 자원을 모으는 데 시간이 걸리기 때문이다. 이런 상황에서는 긍정적인 전망이나 의미, 목적, 성장을 강요하는 성급한 시도가 우리의 기분을 더욱 악화시킨다. 길버트에 따르면, "이러한 시도는 속이 너무 뻔히 들여다보여서 우리가 하찮다는 느낌을 받게 만든다."

아무리 노력해도 생물학적 면역 체계를 속일 수 없듯이, 기만으로 심리적 면역 체계를 속일 수 없다. 의미와 성장은 때가 되면 스스로 나타난다. 그렇다고 해서 원하는 결과를 가져오는 데 도움이 될 수 있는 특정 전략이 없다고 말하는 게 아니다. 전략은 있고, 곧 함께 살펴볼 것이다. 하지만 브룩이 현명하게 조언했듯이, 그것을 강요할 수는 없다. 그런 시도는 역효과를 낳는다.

힘든 시간은 왜 영원할 것만 같을까

내 인생에서 내가 "강박장애에 빠져 있었다."라고 막연하게 정의하는 기간은 약 8개월 정도 지속되었다. 그동안 나는 이틀 이상 연속으로 괜찮은 하루를 보내기 위해 애썼고, 그것은 대개 괜찮은 두 시간처럼 느껴졌다. 영원히 지속될 것 같았던 시절이었다. 지금에 와서 6년도 더 지난 그때를 돌이켜보면, 그 8개월은 그리 긴 시간이 아니었던 것 같다. 오히려 나는 그때를 한참 작은 시간의 얼룩으로 기억하고 있다.

나의 경험은 흔한 일이다. 연구에 따르면 어려운 상황에 처해 있을 때 우리는 시간을 실제보다 느리게 인지한다고 한다. 그러나 어느 정도 지난 뒤 그 어려운 상황을 다시 떠올리면, 오히려 시간이 꽤 빠르게 지나간 것처럼 기억한다. 이러한 시간의 왜곡은 어둡고 불확실한 시기에는 괴로운 생각과 감정이 매순간을 밀도 높게 채운다는 사실에 기인한다. 이는 '몰입flow' 또는 '절정peak' 경험과 정반대인데, 이런 때에는 우리가 거의 생각하지 않고 무아지경에 있으므로 시간이 빠르게 흐른다. 영화를 프레임 단위로 보는 것과 연속으로 보는 것의 차이로 빗대어 생각해볼 수 있다. 특히 어려운 시기에 우리는 인생을 프레임 단위로 경험한다. 의미 있는 결론을 만들기는커녕 아무 데도 도달할 수 없을 것 같은 느리고 비압축된 진행이다. 그러나 나중에 어려운 시기를 되돌아볼 때는 압축되고 맥락화된 것으로 기억한다. 따라서 엄청나게 길다고 느껴지지 않고, 일관되고 의미 있는 이야기를 구성하기 더 쉽다. 그것이 힘든 시기를 있었던 그대로 기억하지 못하도록 우리를 보호하는 심리적 면역 체계의 방법이다. 힘든 시기를 그대로 기억하면 앞으로 나아가기가 괴로울 정도로 힘들 것이다.

극단적인 예가 외상 후 스트레스 장애Post-Traumatic Stress Disorder, PTSD다. 이를 개념화할 수 있는 한 가지 방법은 심리적 면역 체계의 오작동으로 보는 것이다. 외상 후 스트레스 장애로 고통받는 사람들의 신경계는 트라우마를 처리하고 더 광범위한 이야기에 통합해 효과적으로 무뎌지게 하기보다는, 공포스러운 사건을 생생하고 자세하게 계속 재현한다. 흔한 증상으로는 플래시백 현상, 악몽, 극심한 불안 그리고 트라우마적인 사건에 대한 통제 불가능한 생각 등이 있다. 그래서 많은 증거 기반 외상 후 스트레스 장애 치료법에서는 환자들이 트라우마적 사건을 더 넓은 기억망과 다른 인생 경험에 포함시키도록 돕는다. 외상 후 스트레스 장애의 회복은 극히 어려운데, 그들의 신경계가 과잉 각성 상태에 갇혀 있기 때문이다. 곧 알게되겠지만, 그 상태 자체가 시간의 흐름을 늦추고 불안을 고착화시킨다.

베일러 대학교 신경과학 교수 데이비드 이글먼David Eagleman은 시간 인식 분야의 세계적인 전문가 중 한 사람이다. 그는 '뇌 시간brain time'과 시계상 시간을 구별하고, 독창적인 실험을 통해 후자는 객관적인 반면 전자는 전혀 그렇지 않다는 것을 보여준다. 흥미로운 연구를 위해 이글먼은 실험 참가자들을 텍사스주 댈러스에 있는 제로 그래비티 스릴 놀이공원Zero Gravity Thrill Amusement Park으로 데리고 갔다. 코로나19 시기 동안 폐쇄된 이 놀이공원에는 아마도 세계에서 가장 무서운 놀이기구일 '서스펜디드 캐치 에어 디바이스Suspended Catch Air Device, SCAD'가 있었다. 놀이기구 탑승자들은 45미터 공중으로 들어 올려져 등은 땅을 보고 눈은 하늘을 향하는 자세로 지면과 평행한 상태가 된다. 그런 다음 부드러운 그물 쿠션 위로 자유 낙하해 떨어진다. 놀이기구를 통해 낙하한 실험 참가자 전원은 공포 척도 10점 만점 중 10점으로 승차감을 평가했다. 이글먼은 착륙 직후 각 참가자에게 자유 낙하가 얼마나 오래 지속되었는지 물어보았다. 참가자들은 평균적으로 실제로 걸린 시간보다 36퍼센트 더 긴 시간을 보고했다. 그러나 이글먼이 참가자들에게 다른 사람들이 놀이기구를 타는 것을 지켜보고 낙하가 얼마나 오래 걸리는지 추정하도록 했을 때, 그들의 추정치는 놀랍도록 정확했다. 참가자들은 매우 흥분되고 불안한 상태에 있을 때만, 즉 자신이 낙하하는 동안과 그 직후에만 시간이 느려진다고 느꼈다.

이글먼의 연구는, 특히 힘든 무질서의 시기 동안 모든 것이 오래 걸리는 듯 느껴지는 이유를 일부 설명한다. 놀이기구에서 떨어지는 것만큼 급격하지는 않더라도, 큰 변화는 극도로 높은 경계심을 불러일으키고 우리를 과잉 각성된 상태로 만든다. 이런 일이 언제 일어나는지 파악하고, 우리자신에 대해 인내하는 것이 핵심이다.

법정 변호사들이 최후변론을 공들여 작성하고 다듬는 데는 그럴 만한 이유가 있다. 그것은 배심원이 평결을 내리기 전에 듣는 마지막 진술이고, 이는 결과적으로 해당 변론이 평결에 지대한 영향을 미칠 것임을 의미한다. 어떤 사람이 소중한 누군가와 최근 말다툼을 했을 때, 설령 그 두 사람이 프로 볼링 선수라도 "선 넘지 말라."는 말이 자꾸 간섭하지 말라는 뜻으로 해석될 가능성이 있는 이유도 이와 같다.

'최신 편향recency bias'은 우리가 사건을 해석하는 방식에 있어 가장 중요한 요소는 마지막에 일어난 일이라고 말한다. 최근 사건이 우리 정신에 아주 큰 영향력을 가지고 있다는 점으로 미루어 보아, 지금 우리가 느끼는 감정은 미래에 느낄 감정이기도 하다고 추정할 수 있다. 그러나 이러한 추정은 심리적 면역 체계의 힘을 고려하지 않기 때문에 거의 항상 오류가 생긴다. 시간이 지남에 따라 객관적인 자극, 즉 지금 일어나고 있는 일과 그에 대한 우리의 생각 및 감정은 주관적인 기억으로 필터링되고 개인적인 이야기로 짜여진다. 이러한 이야기는 거의 항상 성장과 의미의 요소를 가지고 있다. 가장 중대한 시련과 고난이 의미를 갖지 못한다면 삶은 너무 고통스러울 것이고, 우리는 모두 허무주의자가 될 것이다.

뇌 시간과 최신 편향, 심리적 면역 체계의 작용을 결합하면 다음과 같은 결과를 얻는다. 각성 또는 우울, 불안, 상실, 슬픔 같은 강렬한 부정적 감정을 유발하는 변화를 경험하는 동안과 그 직후에는, 그 변화가 완전히 무의미하고 영원히 지속될 것처럼 느껴질 수 있다. 그러나 며칠, 몇 달, 어떤 경우에는 몇 년이 지나고 나면, 우리는 그러한 경험을 최소한 어느 정도의 의미와 성장을 거둔 시기로 되돌아보는 경향이 있다. 변화가 힘들수록 보통 더 많은 시간과 여유가 필요하다. 그러므로 어려운 상황에 갇혀 있고 미래가 없는 것처럼 느껴질지라도 정말 그런 경우는 거의 없다는 사실을 스스로 상기하는 게 중요하다. 우리의 인식과 미래에 어떤 일이 일어날지 정확하게 예측하는 능력은 왜곡되어 있다.

일련의 연구에서, 하버드 대학교(길버트 포함)와 버지니아 대학교의 연구자들은 사람들이 현재의 어려움이 미래에 어떻게 느껴질지를 얼마나 잘 예측하는지 조사하기 시작했다. 그들은 중대한 어려움(예를 들면, 이혼이나 정리해고, 부모님의 죽음)을 겪고 있는 실험 참가자들에게 앞으로 몇 달, 몇 년 후에 자신의 삶의 만족도, 행복도, 웰빙이 어느 정도일지 추정하도록 했다. 그들의 결론은 다음과 같았다. "미래를 상상하고, 사건에 대해 질문하고 설명하면서 그 사건이 겪게 될 변화를 예측하는 우리의 능력은 제한적이다. (…) 우리는 종종 충격 편향impact bias을 보이며, 그런 사건에 대해 우리가 보일 감정적 반응의 강도와 지속 시간을 과대평가한다."

연구자들은 계속해서 사람들이 "스스로 정서적 회복을 가속화함으로써 자신에게 일어나는 일을 얼마나 빠르게 이해하게 될지 예측하지 못한다. 이는 특히 부정적인 사건에 대한 반응을 예측할 때 더욱 그렇다."라고 썼다. 진지하게 만난 남자친구/여자친구에게 차였거나 직장을 잃어본 적 있는 사람이라면 누구나 이미 경험으로 알고 있을 것이다. 처음 며칠, 몇 주, 어쩌면 몇 달은 몹시 괴롭다. 그러나 10년이 지나면 대부분은 이별이나 정리해고가 잘된 일이었다고, 아니면 최소한 그렇게 나쁘지는 않았다고 스스로 말한다. 기원전 400년에 쓰여진 『도덕경』에서 노자는 "진흙이 가라앉고 물이 맑아질 때까지 기다릴 인내심이 있는가?"라고 물었다. 당신이 마주하고 있는 어둠이 무엇이든 아마 당신이 간신히라도 붙잡고 있어야 할 가장 중요한 지식은, 지금 영원하게 느껴지는 것이 미래에는 그렇지 않을 거란 사실이다. 이 통찰이 당신에게 계속해서 자신에 대해 생각하고 행동할 힘을 준다면, 그것은 천금 같은 가치가 있다.

"시간이 모든 상처를 치유한다." 이 유명한 격언은 진리를 담고 있다. 하지만 그것은 시간만의 문제는 아니다. 당신이 그 시간에 어떻게 하는가도 중요하다. 아무것도 하지 않는 것과 의미와 성장을 섣불리 강요하는 것 사이에는 아주 많은 선택지가 있다.

고통에서 목적으로

내가 제이 애시먼Jay Ashman을 처음 만난 건 그가 나의 이전 책『나는 단단하게 살기로 했다』를 읽고 나서 자신이 공감했던 책의 특정 부분을 언급하며 내게 이메일을 보냈을 때였다. 본문에는 그가 "나쁜 일을 겪었다."라고 쓰여 있었다. 나는 시간 내어 내 책을 읽고 연락해준 데 감사한 마음으로 답장을 보냈다. 몇 주 뒤, 제이는 자신의 어려움, 특히 정체성과 관련된 어려움에 대해 더 긴 이메일을 보냈다. 다시 한번 그는 "나쁜 일을 겪었다."라고 모호하게 언급했지만, 이번에는 "갱단에 있었음"을 넌지시 말했다. 그 무렵 나는 이 책을 위해 조사하고 보고서를 쓰는 일에 몰두하고 있었기 때문에, 제이에 대해 조금 더 알아보고 그에게 이야기할 의사가 있는지 물어볼 가치가 있다고 생각했다. 내가 인터넷에서 제이를 찾아봤을 때, 그는 완전히 거친 사람처럼 보였다. 헐크 같은 근육질에, 온몸에 문신이 있고, 코에 피어싱까지…… 내 말이 무슨 말인지 알 것이다. 또, 나는 그가 미주리주 캔자스시티에 잘나가는 체육관을 소유하고 있다는 것도 알게 되었다. 내가 얻은 정보에 따르면, 그의 체육관은 근력 훈련에 대해 미묘하고 상냥한 접근 방식을 취했다. 이 모든 것이 나의 흥미를 자극했음은 말할 필요도 없다. 나는 제이에게 이메일을 보내 나와 채팅할 의향이 있는지 물었고, 그는 곧장 그러겠다고 대답했다.

대화를 시작하고 몇 분 후, 나는 그에게 과거, 특히 그가 말했던 어두운 시기와 갱단 연루에 대해 물었다. 그는 퉁명스럽게 대답했다. 나는 말하기 불편한 이야기를 해 달라고 강요하고 싶지는 않지만, 그가 조금 더 마음을 열고자 한다면 비판 없이 그의 말을 들어주겠다고 약속했다. 그는 잠시 주저하더니 자신이 전국적으로 알려진 미국 네오나치 단체의 리더였다고 고백했다. 나는 '아, 그래서 그렇게 막연한 단어로 쓰고 말하는 거였구나.' 하고 혼자 생각했다. 나는 재빨리 생각을 처리하고 심호흡 한 뒤, 그에게 "제이, 나는 당신을 잘 모르지만, 나는 전보다 지금 당신을 더 존경하게 됐어요. 거기서 벗어나려 노력했다면 분명 당신은 외면만큼이나 내면도 강할 거예요."라고 말했다. 그러자 그는 대꾸했다. "그건 모르겠지만, 지금은 거기서 벗어났으니 이야기를 시작할게요."

나는 제이가 펜실베이니아주 레딩에서 자랐다는 것을 알게 되었다. 그곳은 다른 많은 도시처럼 미국 제조업의 오프쇼어링(기업의 업무를 해외에 아웃소싱하는 일-옮긴이)으로 어려움을 겪은 공업 도시다. 어린 시절 그는 청각 질환이 있어 보청기를 착용해야 했고, 이로 인해 끊임없이 괴롭힘을 당했다. 제이가 열다섯 살 때, 그의 아버지가 암으로 세상을 떠났다. "말 그대로 제 품에서 돌아가셨어요." 그는 우울과 분노에 휩싸였고, 격분과 격노가 그를 가득 채우게 되었다. 다행히 그는 그런 감정들을 미식축구로 돌려서 우수한 성적을 거두었고, 결국 르하이 대학교에서 미식축구를 하게 되었다. 하지만 대학을 졸업할 무렵 변화가 생겼다. 제이가 말하기를, "제가 누군지 알 수 없었어요. 어디에도 속하지 않는 듯한 느낌이 들었죠. 어쨌거나 저는 운동선수들도 좋아하지 않았어요. 정말 불안하고 화가 났습니다. 결국 아주 많은 어리고 상처받고 화난 백인들이 하는 일을 했어요. 네오나치에 가입한 거죠." 이때가 그의 나이 스물두 살이던 1996년이었다.

제이는 카리스마 있고 활동적인 사람이다. 체격이 크고, 마음은 그 이상으로 넓다. 당연히 그는 네오나치 단체 대열에서 혜성처럼 떠올라 성공을 거뒀다. 그러나 제이는 자신이 언제나 약간의 인지부조화cognitive dissonance를 겪었다고 말했다. "흑인과 유대인을 혐오하라고 배웠어요. 나쁜 방식으로요. 그런데 저는 흑인 친구들이 있었고, 랩 음악을 들었어요. 유대인에 대해서는 별로 아는 바가 없었는데, 확실히 전체 민족은 고사하고 한 개인에 대한 어떤 의견을 형성하기에도 충분하지 않았어요." 그가 의미, 지위, 다른 네오나치 동료들의 인정을 좋아했던 만큼, 제이는 "이봐, 이게 정말 네가 하고 싶은 일이야? 네가 정말 이런 사람이야?"라고 말하는 작은 부분이 언제나 존재했다고 회상한다.

백인 우월주의자가 된 지 6년 정도 되었을 때, 제이가 술집에 갔는데 옆자리에 한 흑인 남성이 앉아 있었다. "저는 네오나치 셔츠를 입고 있었어요. 어딜 가든 그걸 입고 다녔죠. 애착 담요 같은 거였어요."

그 남자가 "셔츠에 있는 그게 뭡니까?"라고 물었다.

"저는 솔직하게 밝혔어요. 그게 네오나치의 상징이라고." 그 남자는 고개를 끄덕였고, 두 사람은 온갖 주제로 토론하며 이야기를 더 나누게 되었다. 한 시간쯤 지나서 그 남자가 일어났고, 제이의 눈을 바라보며 말했다. "당신은 그 셔츠보다 더 나은 사람이에요. 본인이 생각하는 것보다 더 나은 사람이고요."

그 무렵 제이의 인지부조화는 점점 더 심해지고 있었다. "저는 너무 많은 폭력을 보고 저질렀어요. 그건 제가 아니었어요." 그날 밤, 제이는 가지고 있던 네오나치 셔츠를 모두 버리고, 유명한 백인 우월주의자 인터넷 포럼인 스톰프런트Stormfront에서 탈퇴했다. "그 남자가 제 목숨을 구했어요. 저는 그의 강인함, 친절함, 용기 그리고 연민에 평생 고마워할 거예요."

당시 스물여덟이던 제이는 자신이 섞여서 사라질 수 있는 데라는 이유 하나로 뉴욕으로 이사했다. 그는 전기 기술자로 취직하고, 부업으로 개인 트레이너 일을 시작했다. 네오나치 단체에서 제이를 위로 끌어올려주었던 처세술과 요령, 에너지, 카리스마가 똑같이 힘을 발휘해 그를 훌륭한 트레이너로 만들어주었고, 그는 이후 10년 동안 성공을 거두었다. "겉으로 저는 좋아 보였어요. 완전 조각 같은 몸매를 자랑했고, 수준 높은 운동선수들을 코치했고, 돈도 벌었죠. 하지만 내적으로는 여전히 제가 누군지 감조차 못 잡고 있었어요. 여전히 마음이 아팠습니다." 아직 끝이 아니었다.

'머릿속에 이 모든 고통스러운 이미지를 안고 어떻게 앞으로 나아갈 수 있을까?' 내가 이전과 같은 사람이 아니라면, 지금 나는 누구인가?' 이것이 제이가 고심하던 질문들이었다. 그는 꼼짝없이 갇힌 기분이었지만, 그래도 여전히 삶을 위해 의지와 행동을 보여주었다. 그는 심리 치료에 등록했다. 남성 그룹 치료에도 가입했다. 그는 계속 바쁘게 지냈다. 지금껏 미신이라고 생각했던 방식으로 명상하고 영성에 마음을 열기 시작했다. 고객들과 자기 자신의 훈련에 모든 것을 바쳤다. "기분이 좋지는 않았지만, 하루에 한 번씩 계속 뭔가를 보여주려 했어요."

2014년, 네오나치 단체를 떠난 지 10년이 흘렀을 즈음 제이에게 빛이 보이기 시작했다. "온전함을 느낄 수 있는 좋은 날들을 계속 보낼 수 있었고, 그건 대단한 일이었어요." 그는 캔자스시티로 이사해 체육관을 열었고, 새 친구들을 사귀기 시작했다. 2016년, 제이는 자신에게 너무나 친숙한 극우 단체가 미국의 주요 정당 중 하나를 장악했음을 발견했다. "정치 캠페인에서 '미국 우선'이라는 단어를 들었는데, 저는 그게 무엇을 의미하는지 정확히 알고 있었어요. 제가 예전에 말하던 것과 똑같은 헛소리였죠." 그가 설명했다. 제이는 더 넓은 정치 문화에 소름 끼치는 백인 우월주의가 침투하지 못하도록 맞서 싸우기 위해 무언가 해야 한다고 느꼈다. 그는 자신의 과거를 공개하기 시작했고 더 정치적으로 활동하게 되었다.

제이가 네오나치를 떠난 지 거의 20년이 지난 2022년에 우리가 이야기를 나눴을 때, 그는 괜찮게 지내고 있었다. "제가 지금 사람들을 가르칠 수 있으면, 혐오 확산을 막기 위한 작은 역할을 할 수 있는 거예요. 이게 제 치유의 핵심이라고 생각해요." 그가 말했다. "마침내 모든 고통 속에서 어떤 의미가 제 눈에 보이기 시작했어요."

연구에 따르면, 트라우마의 가장 일반적인 결과는 회복탄력성과 성장이다.

이는 트라우마에 따르는 고통과 괴로움을 부정하는 것도 아니고, 외상 후 스트레스 장애의 공포를 무시하는 것도 아니다. 심지어 가장 깊은 어둠 속에 가라앉은 후에도, 대부분이 끝내는 회복하고 의미를 찾는다는 것이 단순한 사실일 뿐이다. 2010년, 위스콘신 의과대학의 연구자들은 트라우마 생존자 330명을 오랜 시간 추적했다. 이들 중 다수는 레벨1 외상 센터에서 수술을 받아야 했던 사람들이었다. 연구자들은 생존자 대다수가 그렇게 큰 트라우마 사건을 겪고도 6개월이 되는 순간 이미 '회복탄력성 궤도 resilience trajectory'라 불리는 치유와 이해의 경로에 올라 있다는 사실을 발견했다. "그렇게 많은 수의 피험자가 그렇게 낮은 수준의 (심리사회적 고통) 증상 심각도를 보고했다는 것은 상당히 놀라운 일이다." 연구자들은 밝혔다. 심리적 면역 체계에 대해 우리가 알고 있는 사실들을 고려하면 전혀 놀라운 일이 아니지만, 흥미롭게도 많은 실험 참가자에게서 외상 후 스트레스 장애 증상은 점차 심화되어 3개월 차에는 정점에 이르렀다가, 그 후에야 서서히 감소하기 시작했다.

의미 탐색과 성장 과정에 천편일률적인 궤도 따위는 없다. 신체적 트라우마와 정서적 트라우마는 밀접한 관련이 있지만 서로 다르기도 하다. 만성 스트레스는 급성 스트레스와 다르다. 폭행으로 인한 부상은 사고로 인한 부상과 다르다. 강간당한 후보다 정리해고된 후에 미래의 의미와 성장을 경험하는 편이 더 쉽다. 어떤 끔찍한 사건들은 정말로 무의미하기 때문이다. 그렇지만 문헌들을 살펴보면, 한 가지 공통된 주제가 있다. 대다수 사람이 종국에는 어려움으로부터 의미를 찾고 성장한다는 것이다. 변화가 인생을 더 많이 흔들수록, 앞으로 거쳐야 할 과정에 더 오랜 시간이 걸리지만 말이다.

지금까지 이번 키워드에서 펼친 논의는 전부 모든 일이 언제나 의미 있어야 한다는 말에 대한 반박이다. 이는 명백히 거짓이다. 견고한 유연성은 때때로 상황이 의미 없게 느껴질 수 있다는 사실과 심리적 면역 체계가 효과적으로 작동하기 위해서는 그에 필요한 시간을 주어야 한다는 점을 받아들인다. 그렇다, 시간이 필요하다. 때로는 며칠에 불과하지만, 몇 주이기도 하며, 간혹 몇 개월, 심지어 몇 년이 요구될지도 모른다. 하여 다음 절에서는 성급하게 강요하지 않고도 의미와 성장을 이끌어내는 데 도움이 되는 가장 중요한 증거 기반 전략 몇 가지를 자세히 설명할 것이다. 각 전략은 다양한 변화에 적용될 수 있고, 단기적 처리와 장기적 사고 모두에 도움을 준다.

'해결'의 한계와 절대적 겸손함

심리 치료사 제임스 홀리스James Hollis는 크고 고된 변화가 그토록 힘든 것은 "통제 불가능하다는 사실을 더 이상 부인할 수 없기 때문"이라고 썼다. 이전에 다룬 전략들 중 어느 것도 통하지 않는 시점이 온다. 우리가 마음을 열고 지금 일어나고 있는 일을 받아들이고, 힘들 거라고 예상하고, 우리 자신을 유동적으로 정립하고, 반응하지 않고 대응한다고 해서, 그것이 우리가 무엇을 해야 하는지 항상 알 수 있다는 뜻은 아니다. 이런 상황이 벌어질 때 때때로 최선의 시도는 항복이다. 이는 삶을 포기하거나 희망을 버린다는 뜻이 아니다. 나쁜 상황을 고치거나, 문제를 해결하거나, 통제하거나, 심지어는 이해하려는 노력을 멈춘다는 뜻이다.

항복보다 더 큰 겸손의 원천도 없고, 항복 이상으로 자아를 최소화하는 것도 없다. 처음에는 포기처럼 느껴질 수 있지만, 장기적으로 보면 이것은 우리가 취할 수 있는 행동 중에서도 대단히 생산적인 행동 중 하나다. 강박장애와 관련한 나의 경험에 비추어 보면, 내가 마침내 진정한 진보를 이루기 시작한 것은 내가 어떤 통제와 의미, 개인적 성장에 대한 갈망을 모조리 버렸을 때였다. 어떻게든 이 경험으로 자신을 성장시키고 구체화할 수 있다는 생각을 붙들고 있던 나의 일부는, 강박장애에서 회복하는 것뿐만 아니라 십중팔구 인생의 다른 많은 부분에서 나 자신을 방해하는 일부이기도 했다. (신경과학자들은 이 '일부'가 뇌의 후측 대상 피질과 관련이 있다고 할지 모른다. 여기에 대해서는 나중에 조금 더 설명하겠다.)

스탠퍼드의 정신과 의사 애나 렘키Anna Lembke는 어떤 사람이 길을 잃었거나 망가졌다고 느낄 때, 그 사람은 그녀가 '근본적인 영적 방향 전환fundamental spiritual pivot'라 부르는 것에 대한 준비가 된 것이라고 설명한다. "그때 우리는 우리 외부에 있는 무언가에 (우리의 방향을) 넘겨줄 수 있습니다. 그것은 다양한 형태일 수 있어요. 하지만 핵심은 우리에게 통제권이 없다는 점, 그리고 우주에, 말하자면 우리를 인도하거나 도와달라고 요청할 때 단순한 방향 전환이 의사 결정을 완전히 바꾸게 된다는 점을 인정하는 것입니다. 그것은 우리가 인생을 살아가는 방식에 있어 아주 많은 것을 변화시킵니다." 심각한 약물 남용 장애와 행동 중독 환자 치료를 전문으로 하는 진지한 과학자 렘키는 환자들이 이렇게 근본적인 영적 방향 전환을 경험할 때, 항복하고 자신보다 더 큰 무언가에 도움을 청할 수밖에 없을 때야 비로소 앞으로 나아갈 길을 찾는다고 말한다. "그렇게 방향 전환을 하면, 이건 정말로 상황을 완전히 바꿔 놓아요." 그녀가 팟캐스트 진행자 리치 롤Rich Roll에게 설명했다. "그리고 거기서 좋은 결과를 얻을 수 있다는 건 놀라워요."

전통적인 버전의 '익명의 알코올 중독자들Alcoholics Anonymous' 사례처럼, 항복에 관한 이야기는 종종 '위대한 힘higher power' 또는 신과 관련이 있다. 그게 당신과 당신의 신앙에 잘 맞는다면, 좋은 일이다. 그렇지 않다면 '위대한 힘'이나 '신'이 '우주' 또는 '자기 외부의 힘'을 대신하는 표현이라고 생각해보라. 이러한 유형의 항복이 매우 효과적인 이유 중 하나는, 그것이 후측 대상 피질posterior cingulate cortex, PCC이라는 뇌 부분의 활동을 감소시키기 때문이다. 후측 대상 피질은 자기준거적 사고self-referential thinking와 관련된 뇌 영역으로, 자신의 경험에 사로잡히는 현상에 대한 과학적 설명이다. 누군가의 후측 대상 피질 활동이 활발하다면, 그 사람은 자신의 생각에 갇혀 행동에 제약을 받을 가능성이 더 높다. 신경과학자 저드슨 브루어Judson Brewer에 따르면, "우리가 상황이나 우리의 삶을 통제하려 하면, 우리가 원하는 결과를 얻기 위한 무언가를 하는 데 몰두해야 한다." 그러나 "반대로 우리가 상황이 전개되는 대로 그저 그 상황과 함께 존재하며, 애쓰거나 분투할 필요 없이 (우리 인생을) 즐기는 듯한 태도로 긴장을 풀 수 있다면, 제 갈 길을 갈 수 있다."

항복은, 또 그것이 낳는 겸손은 통제를 포기하고 혼란스러운 상황에서 성급하게 성장과 의미를 강요하려는 헛된 노력을 그만두는 데 도움이 된다. 또한 도움을 요청하고 받을 수 있도록 우리를 준비시켜준다.

도움 요청하고 도움받기

신항상성에 대한 연구에서, 신경과학자 피터 스털링은 시스템이 주요한 변화에 직면했을 때 겪는 3단계 과정을 확인했다. 우선, 시스템은 변화를 흡수하고 '정상적인 가동 범위'로써 적응하려고 노력한다. 그것이 효과가 없을 때, 시스템은 적응하기 위한 자원을 '빌려' 온다. 무질서 강도가 지속적으로 높게 유지되면, 시스템은 '뉴 노멀new normal'을 예측하고 점차 변화 수용력을 확장해 간다. 달리 말하면, 자원을 빌리는 것은 무질서에서 재질서, 즉 새로운 안정 상태로 가는 다리 역할을 한다. 우리 삶의 도전에 적용해 보면, 그것은 우리의 심리적 면역 체계가 변화 수용력을 확장하는 동안 도움을 요청하고 받는다는 것을 의미한다. 제이 애시먼 역시 바닥을 치고 완전히 길을 잃었다고 느꼈을 때, 심리 치료사에게 도움을 구하고 남성 그룹 치료에 가입했다.

이 주제에 대한 많은 인기 있는 글과 달리, 회복탄력성은 혼자만의 싸움이 아니다. 자기 계발만으로는 거의 충분하지 않다. 연구들에 따르면, 도움을 요청하고 받는 일은 회복탄력성에 대한 가장 예측 가능한 특성 중 하나다. 내가 『나는 단단하게 살기로 했다』에 썼듯이, 거대한 미국삼나무 (땅에서 60미터 높이로 솟아 있고, 기둥 지름이 3미터가 넘는다)의 뿌리 길이는 겨우

1.8~3.6미터밖에 안 된다. 이 뿌리는 아래로 자라는 대신 바깥쪽으로 자라서 옆으로 몇 십 미터까지 뻗고, 이웃 나무의 뿌리까지 감싼다. 궂은 날씨를 만나면, 긴밀하게 연결된 뿌리들의 광대한 연결망이 각각의 나무가 꿋꿋하게 설 수 있도록 지지해준다. 우리도 똑같다.

1년 동안 노라 맥키너니Nora McInerny는 두 번째 유산을 겪었고, 아버지와 남편도 암으로 잃었다. 상상할 수도 없는 고통을 겪고서 그녀는 사회가 슬픔과 슬픔에 빠진 사람들을 대하는 방식에 많은 문제가 있다는 것을 깨달았다. 사랑하는 사람을 잃는 일은 아마 누구든 언제라도 겪게 될 최악의 경험이다. 거기에 더해 사회적 규범이 고립감을 느끼게 만든다. 그녀는 많은 사람이 경험한 슬픔에서 핵심적인 부분인 수치심, 낙인, 비현실적인 기대, 외로움에 맞서 싸우고자 했다. 맥키너니는 이 주제에 대한 책을 집필하고 자신의 웹사이트에 참고 자료들을 공유하는 외에도 '잘 못 지내고 있어요 Terrible, Thanks for Asking'라는 팟캐스트를 시작했다. 이 팟캐스트에서는 극심한 상실과 슬픔을 견디고 있는 사람들이 자신의 이야기를 공유할 수 있는데, 비슷한 어려움을 겪고 있는 사람들의 전 세계적인 커뮤니티 역할을 하고 있다.

맥키너니는 이 주제에 대한 2018년 테드TED 강연(600만 회 이상 조회됨)에서 "사랑에 빠지거나, 아기를 낳거나, HBO 채널의 드라마 「더 와이어The Wire」를 보는 것처럼, 슬픔은 직접 경험하고 행하기 전까지는 알 수 없는 것"이라고 설명했다. 그녀는 계속해서 그 누구도 이런 길을 혼자 걸어서는 안 된다고 이야기하는데, 이는 그녀의 모든 작업을 이끌어 온 원칙이다.

맥키너니의 말은 내가 우울증에 대해 어떻게 생각하는지를 상기시켜 준다. 우울하다는 것은 강의 한쪽에 있는 것과 같은데, 그곳은 강 건너편과 정확히 똑같이 보이지만 '느낌'이 매우 다르다. 건너편에 있는 사람들은 "기분 풀어", "괜찮을 거야", "걱정 마, 누구나 슬플 때가 있으니까!" 하고 말한다. 하지만 그 어느 것도 실제로 도움이 되지는 않는다. 도움이 되는 건 당신이 있는 강 이쪽 편에서 시간을 보내본 적 있는 누군가가 강을 뛰어넘어 와 당신과 함께할 때다. 어쩌면 '저 사람이 대체 뭐 하는 거지? 왜 굳이 여기로 와서 나랑 같이 이곳에 있는 거지?' 하는 생각이 들 수도 있다. 그리고 그때 그 사람은 당신에게 이렇게 말한다. "내가 여기 온 건 나도 예전에 이곳에 있어 봤고, 그게 얼마나 끔찍한지 알기 때문이에요." 이어서 그 사람은 당신의 손을 잡고, 가능하면 당신이 그곳을 헤쳐 나갈 수 있도록 도울 것이다.

갑작스러운 상실로 망연자실했든, 그저 세계 정세나 운동 경기 때문에, 또는 중요한 프레젠테이션을 망쳐서 슬퍼졌든 간에, 도움을 요청하고 받는 것은 당신에게 자신이 느끼는 바가 진짜라는 사실을 붙들 힘을 준다. 그뿐 아니라 당신이 계속해서 의지와 행동을 보여준다면 비록 지금은 불가능처럼 느껴지더라도 언젠가 앞으로 나아갈 수 있을 거란 확신도 준다. 어쩌면 어려움을 공유하는 것 이상으로 사람들을 하나로 모으는 수단은 또 없을 것이다. 인간이란 종이 집단을 이루어 살도록 진화한 이유는 왜인가? 그렇지 않고서는 살아남는 게 거의 불가능하기 때문이다. 통증과 고통은 절대 쉽지 않지만, 함께 뭉치면 조금 덜 힘들어진다.

자발적 단순성

권위 있는 학술지 『네이처Nature』에 발표된 연구에서 버지니아 대학교의 학제 간 연구자 라이디 클로츠Leidy Klotz와 동료들은 실험 참가자들에게 다양한 주제에 걸쳐 일련의 문제를 제시했다. 여기에는 디자인 계획, 에세이, 요리법, 여행 일정, 건축, 심지어는 제대로 작동하지 않는 미니어처 골프 홀까지 포함되었다. 그런 다음 그들은 참가자들에게 각각을 개선하기 위한 변화를 만들어 달라고 요청했다. 그들이 발견한 것은 대다수의 사람이 일부분을 빼는 선택지는 간과하는 경향이 있다는 점이었다. 빼는 것이 분명 더 나은 선택지일 때조차도 참가자들은 곧바로 최선의 개선 방법은 더하는 것이라 가정했다. 내가 클로츠에게 왜 이렇게 되는지 물었을 때 그는 이렇게 말했다. "우리 문화의 아주 큰 부분은 더 많이 가지고, 더 많이 하고, 더 많이 되는 거예요. 그래서 사람들은 더 많은 것이 언제나 정답이라 생각하지만, 사실은 그렇지 않죠."

클로츠의 연구는 명상 강사 존 카밧진Jon Kabat-Zinn이 '자발적 단순성 voluntary simplicity'이라 부르는 것을 떠오르게 한다. 자발적 단순성이란 신체적, 정신적, 또는 사회적 잡동사니들을 제거하여 의도적으로 삶을 단순화하기로 선택하는 것을 말한다. 우리는 해야 하는 일과 신경 써야 하는 일이 너무 많다는 것이 얼마나 많은 일상적 스트레스로 이어지는지 깨닫지 못한다. 그중 대부분은 필수적이기는커녕 할 가치도 없는데 말이다. 특히 우리 주변의 세상이 크고, 혼란스럽고, 압도적으로 느껴질 때, 규모를 작게 줄이고 최소화하는 것이 도움이 될 수 있다. 이것은 우리가 완전히 문을 닫거나 격리하거나 차단해야 한다는 뜻이 아니다. 오히려 우리는 가장 중요한 것, 우리의 기분을 좋게 하고 계속해 나갈 기회를 주는 것들에 집중하고, 그렇지 않은 모든 것(또는 최소한 할 수 있는 모든 것)을 빼도 괜찮아야 한다. 자발적 단순성을 시작하는 가장 좋은 두 가지 방법은 루틴routine과 의식ritual이다.

___은 예측 가능성의 기반이 되며, 무질서 속에서 질서의 감각을 만들어낸다. 또한 그것은 행동을 자동화하고, 마음을 가다듬거나 무엇을 해야 하는지 생각하기 위해 추가 에너지를 짜낼 필요 없이 행동을 시작하게 함으로써 인생을 단순화한다. 이전 키워드에서 이야기했듯이, 한 문장을 쓰고, 잠깐 달리기 위해 외출하고, 퀼트를 한 칸 뜨고, 밀린 빨래를 하는 등 가장 작은 승리조차 신경전달물질인 도파민을 분비하며, 이것은 우리가 하는 일이 무엇이든 계속하기 위한 추진력과 삶 자체의 연료를 제공한다.

연구에 따르면, 코카인으로 활성화되는 뇌 영역(선조체)은 성취로도 동일하게 활성화된다. 이것은 왜 그렇게 많은 사람이 그들의 고통을 무디게 하기 위해 일에 몰두하고, 때로는 일 중독자가 되는지를 설명해줄 것이다. 이것이 이상적이지 않을지도 모르지만 누가 뭐라고 할 수 있겠는가? 그 일이 의미 있다는 가정하에, 그보다 나쁜 배출 수단은 얼마든지 있는데 말이다. 또 다른 예시는 스포츠다. 예를 들면, 많은 울트라마라톤 러너가 중독으로부터 회복 중인 사람들이다. 아마도 한 가지 중독을 다른 중독으로 바꾼 것뿐이지만, 장거리 달리기는 불법 약물 사용보다 훨씬 건강한 편이다. 이런 전환에 대한 가장 좋은 사고방식은, '일(또는 다른 활동)에 몰두하는 것이 인생의 가장 혹독한 도전 속에서 버티는 데 도움이 되는 좋은 전략이기는 하지만, 장기적인 진통제로서 그것에 의존하고 싶지는 않아.' 정도일 것이다. 더 간단히 말하면, 하나의 활동에 우리 자신을 완전히 던져 넣는 것이 우리에게 도움이 되는지 아니면 해가 되는지, 그것이 우리의 삶을 확장하는지 아니면 축소하는지 물어볼 수 있다. 전자로 시작한 것이 후자로 바뀔 수도 있다.

루틴과 밀접하게 관련 있는 것은 의식, 즉 안정적인 시기와 변화의 시기에 동일하게 사람들이 주기적인 간격으로 수행하는 특정한 활동이다. 작가 캐서린 메이Katherine May는 이렇게 설명한다. "(의식은) 바보 같거나 어리석다고 여겼을 만한 생각들을 품을 여유를 만들어준다. 시간의 흐름을 향한 무언의 경외인 것이다. 그것은 모든 것이 변화하는 방식이고, 모든 것이 그대로 유지되는 방식이다." 의식의 예로는 주일 예배, 매달 이웃과 하는 저녁 식사, 매일 아침 촛불 켜기, 매주 일요일 단체로 자전거 타기 등이 있다. 루틴과 마찬가지로 의식은 우리를 둘러싼 모든 것이 변화하는 동안 구조와 안정성을 제공하며, 신뢰할 수 있는 자발적 단순성의 원천이 된다. 세상이 혼란스러울지 모르지만, 나는 매주 금요일 아침 반려견과 함께 숲으로 산책을 가고, 그 시간과 공간에서 인생은 더 단순하고 관리하기 쉽다고 느낀다.

피터 스털링은 신항상성의 개요를 설명하는 저서 『건강이란 무엇인가?What Is Health?』에서 자신이 '신성한 실천sacred practice'이라 부르는 것에 대해 이렇게 썼다. "여기서 '신성한'이란 '형언할 수 없는 것에 대한 숭배', 즉 일상적인 말로는 표현할 수 없는 것을 의미한다." 예를 들면 노래 부르기, 춤추기, 운동하기, 기도하기, 음악 듣기 같은 활동이 있다. "이러한 활동을 생산하고 처리하는 회로는 (뇌) 피질의 상당한 영역을 차지한다.” 그의 설명이다. “음악, 미술, 드라마, 유머를 만들고 처리하는 데 신경 회로가 쓰인다는 것은, 그런 활동들이 우리 성공에 핵심적으로 중요하다는 점을 나타낸다.”

쉽게 말해 스털링은 신성한 실천이 우리의 생존에 본질적으로 유리하지 않았더라면, 진화는 이 귀중한 뇌 회로를 다른 것을 위해 재배선했으리라 주장한다. 그리고 현재 우리는 그 회로를 잘 갖추고 있다. 이는 아마도 우리가 완전히 자유롭지 못하다 느끼는 엄청난 혼란의 시기에, 신성한 실천이 안정감을 제공하여 우리의 발을 땅에 단단히 붙여주기 때문일 터다. 이처럼 의식은 우리의 지속력에 매우 중요하다.

진짜 피로 vs. 가짜 피로

나의 코칭 고객 중 39세 기업가가 있는데, 편의상 멜라니라고 부르겠다. 당시 멜라니는 일련의 변화를 겪는 중이었고 피로에 시달리고 있었다. 그다지 심각하지는 않았으나 분명 탈력감이 늘 있었다. 그녀의 말을 빌리자면, “원하는 만큼 예리하고 활기차게 느껴지지 않았다.” 가장 먼저 떠오른 해결책은 간단했다. 바로 휴식이다. 곧장 한 달 넘게 업무와 개인적인 할 일들을 줄이고 휴식을 취했지만, 그녀는 여전히 나른함을 느꼈다.

멜라니의 상황은 흔한 일이다. 이는 두 유형의 피로, 즉 심신 체계가 진정으로 피로한 경우(내가 '진짜 피로'라고 부르는 것)와 슬럼프에 빠져 있어서 심신 체계가 마치 피로를 느끼는 것처럼 당신을 속이는 경우(내가 '가짜 피로'가 부르는 것) 사이의 차이점을 보여준다. 각각에 요구되는 대응 방법이 완전히 다르기 때문에, 이 두 가지 감각을 구분하는 것은 중요하다. 진짜 피로가 왔다면 일을 중단하고 쉬어야 한다. 반면 가짜 피로의 경우에는 피로감을 너무 심각하게 받아들이기보다 현재 상황에서 벗어나 스스로를 행동하는 방향으로 밀어붙이며, 뭔가를 보여주고 계획한 바를 시작하려고 노력해야 한다.

육체에 발생하는 진짜 피로와 가짜 피로는 구분하기가 더 쉽다. 이 경우 피드백은 근육이 아프거나, 심박수가 증가하거나, 걷거나 달리는 속도가 감소하는 식으로 보다 객관적인 경향이 있다. 그러나 더 일반적이고 주로 심리적인 피로에는 뚜렷한 지표가 부족하다. 이는 당신이 올바른 대응 방법을 찾아 나가야 한다는 뜻이다. 때때로 그 방법은 침대나 소파에 머무는 것이며, 다른 때는 어떻게든 시작하게끔 스스로의 등을 떠미는 것이다.

일반적으로는 진짜 피로를 밀어붙이는 비용이 가짜 피로를 묵인하는 비용보다 훨씬 크다. 너무 오랫동안 무리해서 열심히 하고 반복적으로 자신을 한계까지 밀어붙이는 행위는 번아웃을 초래하는데, 연구에 따르면 이를 되돌리는 데는 수개월, 심한 경우 수년이 걸린다. 그렇다면 아마 가장 안전한 시도는 탈진의 시작을 진짜 피로인 것처럼 대하는 것이다. 하루 혹은 며칠 쉬고, 조금 더 많이 자고, 디지털 기기 사용을 중단해라. 할 수 있다면 자연에서 시간을 보내라. 루틴을 재검토하고, 뭔가 문제가 있는 것 같다면 조정해라. 이 모든 걸 하고도 여전히 무력감을 느낀다면, 그때는 스스로 행동하도록 자극할 때 어떤 일이 일어나는지 탐구해볼 가치가 있을 것이다.

가짜 피로의 일반적인 예는 상실, 슬픔, 이직, 이사 또는 은퇴 같은 큰 삶의 변화를 동반하는 탈진이다. 그럴 때 뇌는 당신을 하루 종일 침대에 머물게 하려고 할 수 있는 모든 수를 쓴다. 기분을 나아지게 할 최선의 수는 오히려 침대에서 일어나 움직이거나, (이전에 배웠던) 행동 활성화에 참여하는 것일 수도 있는데 말이다. 무기력하고 침울한 감각이 진짜가 아니라는 말은 아니다. 그것은 진짜이고 우리를 완전히 마비시킬 수 있다. 하지만 우리가 아는 한 그러한 감각은 일반적으로 신체만의 문제는 아니며, 수면 부족이나 생리적 자원의 소모, 신체 이상으로 발생하지도 않는다. 만일 그렇다면 행동을 취하는 것이 상황을 더욱 악화시킬 터다. 그러나 연구가 보여주듯이, 특히 당신이 도움을 구하고 공동체의 지원을 받을 때 이루어지는 행동 활성화가 이런 상황을 개선하게 되는 경향이 있다.

가짜 피로는 중대한 혼란뿐만 아니라 작은 규모의 혼란 이후에도 흔하다. 예를 들면, 내가 이전 책을 홍보하는 것에서 이 책을 쓰는 것으로 초점을 옮겨야 했을 때, 나는 그 일을 계속 미루었다. 결코 거대하거나 고된 변화는 아니었지만 그렇더라도 그것은 변화였다. 글쓰기를 시작하기로 계획한 모든 날에 나는 피로를 느꼈다! 그래서 쉬었다. 그리고 조금 더 쉬었다. 이렇게 3주 정도가 지나고 나는 좋든 싫든(물론 싫었다) 스스로 이 상황을 받아들이고 그냥 움직이기로 결심했다. 3일 후, 글이 술술 써지더니 그 상태가 한 달 이상 지속되었다. 더 오래 휴식을 취했다면 정체기는 더 길어지기만 했을 것이다. 내게 필요했던 건 바로 탈출구였다.

여기에는 미묘한 차이가 하나 더 있는데, 중요한 것이다. 만성적인 탈진과 무력감에서 벗어나기 위해 때때로 앞서 말한 두 전략을 결합해야 할 때가 있다. 당신은 진짜 피로를 경험하고 있을 수 있고 그로 인해 휴식이 필요할 수 있다. 일주일 휴식을 취하면 심신 체계는 회복되겠지만 대신 아무것도 하지 않는 타성에 젖을 수 있다. 이 시점에서 전략은 행동 활성화로 전환된다. 이것은 스포츠에서 테이퍼taper(큰 경기 전에 가지는 장기적인 휴식기)가 일반적으로 신체를 깨우고 다시 행동에 돌입하기 위한 몇 가지 짧고 강렬한 활동으로 끝나는 이유다. 나는 우리의 마음도 같은 방식으로 작동한다고 생각한다. 중대한 변화를 경험한 후에는 더 긴 휴식기가 필요할 수 있다. 그리고 그 늘어난 휴식기는 큰 효과를 발휘한다. 그대로 우리를 방해하는 걸림돌이 되기 전까지는.

결국 우리는 무엇을 해야 하는가? 아마도 최선의 방법은 피로 관리를 지속적인 연습으로 삼는 것이다. 당신이 느끼는 감정, 그에 대한 대응, 그로부터 당신이 얻는 것에 세심한 주의를 기울인다면, 시간이 지나 당신은 진짜 피로와 가짜 피로를 더 잘 구별하게 될 것이다. 그리고 첫 번째이자 가장 중요한 단계는 모든 피로감이 같은 것을 의미하지 않는다는 사실을 깨닫는 것이다. 항상 자신을 탈진까지 밀어붙이는 데 익숙한 사람들에게는 조금 더 휴식이 필요할 수 있다. 항상 휴식하는 데 익숙한 사람들은 조금 더 자신을 밀어붙이는, "기분은 행동을 따른다." 라는 사고방식을 추구하는 것이 도움이 될 것이다. 제각기 맞는 때와 장소가 있다.

＊　나의 친구 리치 롤Rich Roll에게서 처음 들은 격언이다.

내가 좋아하는 책『선禪과 모터사이클 관리술Zen and the Art of Motorcycle Maintenance』에서 중년의 화자와 그의 어린 아들 크리스는 오토바이를 타고 국토 횡단 여행을 한다. 몬태나주의 산에 도착했을 때 그들은 낙석음을 들었고, 크리스는 아버지에게 왜 이런 일이 일어나는지 묻는다.

"그건 산이 깎여 나가는 과정의 일부란다." 화자가 설명한다.

크리스는 "산도 닳아 없어지는 줄 몰랐어요." 하고 대답한다.

"닳아 없어지는 게 아니라 '깎여 나가는' 거야." 화자가 말한다. "둥글고 완만해지는 거지. (…) 산은 아주 영원하고 평화로워 보이지만 항상 변하고 있고, 그 변화가 언제나 썩 평화로운 건 아니란다."

이야기의 해당 시점에 정체성 위기를 겪고 있던 화자가 하는 이야기가 단지 산에 대한 게 아니라, 그 자신 그리고 우리 모두에 대한 것이라고 나는 생각한다. 그 누구도 상처 하나 없이 살 수는 없다. 삶에서 가장 크고 가혹한 변화는 산이 겪는 궂은 날씨와 비슷하다. 변화는 우리의 모난 부분을 깎아 더 부드럽고 온화하게 만든다. 그 결과로 우리는 자신과 타인에 대한 연민을 얻게 된다.

난관 극복에 대한 일반적인 통념을 보면, 한쪽에서는 책임감을 갖고 자력으로 일어서야 한다고 하는데, 다른 편에서는 여유를 가지고 자신에게 무한한 사랑을 보여주어야 한다고 말한다. 이것들은 종종 서로 충돌하지만, 사실 이들은 상호 보완적이다. 대부분의 상황에서 두 가지 조치가 최소한 어느 정도씩은 다 필요하다. 여기서 또다시 이 책의 숨은 주인공인 비이원적 사고가 등장한다. 가장 좋은 접근법은 치열한 자기 수양 '그리고' 맹렬한 자기 연민을 결합하는 것이다. 주기적으로 자기 연민을 실천하면 두려움이 없어진다. 자신에게 친절할 수 있다면, 힘든 곳으로 갈 수 있다. 내가 나를 지지하고 있음을 알기 때문이다. 무질서의 시기에 뭔가를 보여주는 것은 확실히 힘들 수 있다. 그러나 자기 연민이 있으면 조금 더 쉬워진다. 고난과 역경 속에서 자신에게 친절을 베푸는 것은 당신이 견디고, 지속하고, 번영하는 데 필요한 회복탄력성을 마련해준다.

자기 연민은 자동으로 생기지 않으며, 다른 중요한 자질들과 마찬가지로 개발되어야 한다. 특히 자신에게 가혹할 때 주목하라. 그것이 당신의 기분을 어떻게 만드는가? 혼잣말을 바꾸면 어떤 모습일 것 같은가? 필요한 건 모든 실수를 없었던 일로 하는 게 아니다. 자신을 채찍질하면서 에너지를 낭비하지 않는 것이다. 반추나 자기 비판의 소용돌이에 빠질 때, 스스로에게 물어보라. "이런 상황에 있는 친구에게 나는 뭐라고 말할까?" 우리는 우리 자신에게 조언할 때보다 친구에게 조언할 때 훨씬 친절하고 현명한 경향이 있다. 당신을 머릿속에서 끌어내 현재 순간으로 되돌려주는 만트라를 욀 수도 있다. 내가 늘 나 자신에게, 코칭 고객들에게 사용하는 만트라는 간단하다. "이게 지금 일어나고 있는 일이다. 나는 내가 할 수 있는 최선을 다하고 있다." 이 특별한 만트라의 또 다른 이점은, 이것이 사실이 아닐 경우, 즉 최선을 다하고 있지 않은 경우에도 그것을 깨닫고 자신에게 더 잘할 기회를 친절히 제공하게 된다는 점이다.

우리가 단테의 어두운 숲속에서 길을 찾지 못할 때, 항복과 그로 인한 절대적 겸손을 경험할 때, 도움을 요청하고 받을 때, 의지와 행동을 보여주며 가장 기본적인 루틴이나마 지속하려 애쓸 때, 그 결과로 우리가 똑같이 고통받고 있는 타인에게 최소한 조금이라도 더 친절해지기를 바란다. 뿌리는 대로 거두는 법이다. 우리가 우리의 무질서 시기에 위로와 위안을 얻고자 의지하는 사람들은, 언젠가 그들의 무질서 시기에 똑같이 우리에게 의지할 것이다. 고통의 경험을 타인과 더 가까워지는 데 활용하지 않는다면, 고통이 대체 무슨 소용인가? 우리가 공유하는 무상함, 때때로 그에 수반되는 모든 고통과 어려움을 시간이 지남에 따라 우리 모두를 지지하게 될 인간관계 안전망을 엮는 데 활용하지 않는다면 말이다. 빠르게 진행되는 '최적화'와 '효율성'의 시대에, 우리가 속도를 늦추고 친밀한 인간관계와 공동체를 육성하는 필수적인 노력을 하지 않는 것은 어리석은 일이다. 상황이 어려워지면 그보다 중요한 일은 틀림없이 없을 터이기 때문이다.

그의 제자들이 존경을 담아 '타이Thay'(베트남어로 '스승'을 뜻함-옮긴이)라고 부르던 틱낫한은 "진흙 없이는 연꽃도 없다."란 유명한 가르침을 남겼다. 연꽃은 매우 아름다운 꽃이다. 그 색은 밝고 인상적이며, 꽃잎은 벌어져 있고 유혹적이다. 그러나 연꽃을 그렇게 매력적으로 만드는 것은 무엇보다도 그 꽃이 진흙 속에서 피어난다는 사실이다. 타이가 가르치길, 고통은 진흙과 같지만 우리는 고통을 아름답고 환한 연꽃, 즉 연민으로 바꿀 수 있다고 했다. 힘든 경험을 하고 있을 때는 그런 전환이 보통 일어나지 않는다. 그러나 몇 번이고 계속해서 의지와 행동을 보여줄 수 있다면, 결국에는 극복하게 될 것이다. 일단 그렇게 되면, 그 과정에서 상당한 연민을 얻게 될 가능성이 있다. 우리가 견뎌내는 각자의 중요한 질서, 무질서, 재질서의 순환마다 우리는 우리 자신에게 조금씩 더 친절하고 부드러워지고, 타인에게도 조금 더 친절하고 부드러워진다. 고통으로 얻는 게 있다면 바로 이것이다.

힘든 시간은 언제나 어렵지만, 연습하면 쉬워진다

『성격 및 사회 심리학지』에 게제된 18~101세 성인 2,000명 이상을 대상으로 한 다년간의 연구가 있다. 이 연구에서 버팔로 대학교 심리학자 마크 시어리Mark Seery와 동료들은 중간 수준의 역경을 경험한 사람들이 극도로 높은 수준의 역경을 경험했거나 어떠한 역경도 경험하지 않은 사람들에 비해 더 많은 능력을 발휘하고 자신의 삶에 더 만족한다는 사실을 발견했다. 이와 동일하게 중요한 사실은 중간 수준의 역경을 경험한 사람들이 미래의 어려움에도 더 잘 대처했다는 점이다. 니체와 관련한 증거 기반 연구에서 얻은 이상의 결과로 말미암아 연구자들은, "적당하게, 우리를 죽게 하지 않는 모든 것은 실제로 우리를 더 강하게 만들 수 있다."라는 결론을 내리게 되었다. 이 연구는 우리가 시간이 지남에 따라 무질서에 더 능숙하게 대처하게 된다는 사실을 보여준다는 점에서 중요하다. 그러나 동시에 극단적인 종류의 무질서(예를 들면 강간, 폭력, 살인, 전쟁 같은)는 결코 바람직하지 않다는 사실도 함께 보여주고 있다.

나는 우리가 그 어떤 종류의 고통도 찬양하거나 미화해서는 안 된다는 것을 절실히 느낀다. 고통은 불쾌하다. 더 말할 것도 없다. 하지만 그것은 인간 경험의 일부이자 무상한 세상에서 살고, 배려하고, 사랑하는 데 따른 타협 불가능한 결과이기도 하다. 상실, 비탄, 슬픔은 사랑, 배려, 의미, 기쁨을 위해 지불하는 대가다. 견고하고 유연하다는 것은 양쪽 모두를 위한 마음의 여유를 마련하고 견딘다는 뜻이다.

우리가 경험하는 각각의 무질서 시기 동안, 우리는 미래의 무질서를 헤쳐 나가는 데 조금씩 더 능숙해진다. 다음 번 거대한 변화가 우리의 핵심까지 뒤흔들 때, 처음에는 여전히 끔찍하다고 느낄 수 있다. 하지만 우리 안의 일부분, 어쩌면 매번 1퍼센트씩이라도 더 늘어날 그 일부분은 무상함의 좋은 점이 차별하지 않는 데 있음을 잘 알고 있다. 힘든 시기 또한 지나가며, 시간이 걸릴지라도 우리는 십중팔구 그 경험으로부터 최소한 어떤 의미와 성장을 이끌어낼 것이기 때문이다. "고통과 겸손으로 얻어지는 정신의 성장도 어쨌거나 성장이다. 처음에는 이것이 썩 좋지 않을 수 있지만, 거기에 도달하는 동안 우리는 더욱 성장할 것이다." 제임스 홀리스는 그리 썼다. 모든 것이 무너져 내릴 때, 홀리스의 말을 믿고 그 말에 의지하고자 최선을 다해 노력해야 한다. 가장 도전적인 시련과 고난을 극복하여 그 건너편에 갈 수 있다면, 틀림없이 강인함, 의미, 성장, 친절 그리고 연민이 우리를 기다리고 있을 것이다.

- 의미와 성장은 때가 되면 스스로 나타난다. 우리는 심리적 면역 체계에 우리 삶의 중대한 변화와 혼란을 처리할 시간을 주어야 한다.

- 우리의 시간 인식은 어려움을 겪는 동안 느려진다. 이 사실을 아는 것만으로도 힘든 시기를 인내하고 견디는 데 도움이 된다. 오늘 끔찍하게 느껴지는 것이 먼 미래에는 그렇게 나쁘게 느껴지지 않으리란 것은 거의 확실하다.

- 의미와 성장을 강요할 수는 없지만, 몇 가지 구체적인 전략을 사용하면 의미와 성장을 유도하는 데 도움이 될 수 있다.
  - 겸손과 항복을 실천하라. 이는 아무것도 하지 않는다는 뜻이 아니라 개선할 수 없거나 통제할 수 없는 상황을 개선하거나 통제하려는 욕구에서 벗어난다는 뜻이다.
  - 도움을 요청하고 받아라. 우정을 쌓고 공동체를 구축하는 것을 희생해 가면서까지 극단적인 최적화와 생산성의 소용돌이에 빠지지 않도록 주의하라.
  - 자발적 단순성을 실천하고, 루틴을 개발하고, 의식ritual을 거행하라.
  - 진짜 피로와 가짜 피로를 구분하라. 진짜 피로인 경우에는 휴식이 필요하고, 가짜 피로인 경우에는 스스로 행동에 나서야 함을 기억하라.
  - 당신의 고통을 자신과 타인을 향한 연민으로 바꾸기 위해 할 수 있는 일을 하라.

- 우리가 큼직한 질서, 무질서, 재질서의 순환을 헤쳐 나갈 때마다, 그다음에 오는 순환은 조금 더 쉬워진다.

견고한 유연성을 위한
다섯 가지 질문 &
열 가지 도구

FIVE QUESTIONS AND TEN TOOLS

우리의 가장 큰 개인적이고 집단적인 도전들은 변화를 중심으로 이루어진다. 개인의 경우에는 여기에 노화, 질병, 이득, 손실이 포함된다. 조직의 경우, 그것은 사람들이 일하는 장소, 사람들이 일하는 방식, 애초에 사람들이 왜 일하기를 원하는지에 대한 변화를 의미한다. 사회적으로는 기후 변화, 인구학적 변화, 지정학적 변화를 뜻한다. 신항상성 개념을 발전시킨 펜실베이니아 대학교 교수 피터 스털링Peter Sterling은 건강을 "적응적인 변이를 위한 능력"으로 정의하고, 질병은 "이 능력의 감소"라고 썼다. 우리 문화가 신체적으로, 정서적으로, 지적으로, 사회적으로 그리고 영적으로 불건강하고 불편한 주된 이유는 우리에게 변화를 헤쳐 나가기 위해 필요한 기술이 부족하기 때문이다. 나는 이 책이 꼭 필요한 교정자의 역할을 하고 그런 기술을 조명해주기를 바란다.

지금까지 해온 것처럼 계속하기에는 위험부담이 너무 크다. 기계적으로 변화에 저항하는 것도 도움이 안 되지만, 마치 우리보다 더 큰 힘의 결정에 따르는 로봇처럼 무분별하게 변화를 좇는 것도 도움이 되지 않는다. 만약 이 두 가지 지배적인 접근 방식 중 하나를 취한다면, 우리는 비만 위기(식량 공급 변화), 주의력 위기(기술 변화), 외로움 위기(사회적 규범 변화), 민주주의의 위기(정치 변화), 환경 위기(기후 변화) 그리고 정신 건강 위기를 계속 악화시켜 이 모든 위기를 복합적으로 초래할 것이다. 번영 기회를 얻는 것은 고사하고 건강이라도 되찾으려면, 변화와의 관계에 더 적극적으로 참여하고 변화가 우리를 형성하는 만큼 우리도 변화를 형성할 수 있다는 사실을 이해함으로써 변화와의 관계를 바꾸어야 한다.

2022년 중반, 내가 이 책의 첫 번째 초안을 마무리하고 있었을 때, 리베

카 솔닛Rebecca Solnit이 「우리는 왜 사람들이 변할 수 있다는 믿음을 그만두었는가Why Did We Stop Believing That People Can Change」라는 아름다운 에세이를 썼다. 이 에세이는 이제 그 어느 때보다 우리가 변화에 정통해야 한다고 주장한다. 그녀는 "인간 본성의 유동성보다는 불변성에 대한 (우리의) 믿음이 도처에 나타나" 큰 해를 끼치고 있다고 썼다. 우리는 현재 또는 과거의 자기 안에 스스로를 가두고, 타인과 세상 전체에도 똑같이 한다. 그 결과 성장과 진보 그리고 성장과 진보의 발판이 되는 기본적인 희망을 억누른다. 솔닛은 계속해서 '이것 아니면 저것' 식 사고에 지나치게 의존하는 것이 매우 위험하다고 강조한다. "어쩌면 문제의 일부는 범주적 사고categorical thinking 혹은 생각의 대안으로서의 범주에 대한 (우리의) 열정이다." 그녀가 분명하게 언급하고 있지는 않지만, 가장 좋은 해독제는 우리가 이 책에서 내내 논의했던 일종의 비이원적 사고다. 솔닛은 "사람들은 변화하고, 우리 대부분은 변화했고 앞으로도 그럴 것이며, 이 많은 변화는 우리가 모두 이 변혁의 시대에 변화의 강을 따라 흘러가고 있기 때문이라는 인식"을 요구하며 에세이를 마무리한다.

나는 이에 전적으로 동의한다. 그게 내가 코로나19 팬데믹, 서양 민주주의의 후퇴, 일터의 변화, 유럽 대륙의 전쟁 속에서 어린 내 아들이 빠르게 성장하는 걸 지켜보고, 새로 딸을 낳고, 전국 방방곡곡을 누비고 다니고, 작가로서의 큰 성공 한편으로 가까운 몇몇 식구들과 소원해지는 고통스러운 시기를 경험하는 와중에, 친구, 고객, 동료, 이웃에게 자기 삶의 모든 압도적인 변화에 대한 이야기를 들으며 이 책을 쓴 이유다. 지금으로부터 10년 뒤에는 핵심 변화 대상이야 다를진 몰라도, 어쨌거나 변화는 있을 것이다. 나는 견고한 유연성과 그 바탕에 있는 자질들이 우리가 각자 자신의 질서, 무질서, 재질서의 순환을, 다시 말해 삶을 능숙하게 헤쳐 나갈 수 있도록 돕고, 더 나은 공동체 구성원이 되는 데도 도움이 될 수 있다고 믿는다.

변화를 수용하기 위한 다섯 가지 질문

우리가 배운 내용을 확실히 다지고 구체화하려면 다음 다섯 가지 질문을 자문해보는 게 도움이 될 수 있다. 언어는 강력한 도구다. 이름 없는 생각, 감정 또는 개념에 단어를 붙이면, 거기에 불을 비추어 실체화하게 된다. 그리고 그에 따라 새롭고 의미 있는 방식으로 그 생각, 감정, 개념과 씨름할 수 있다. 즉각적으로 대답하지 못하더라도, 단순히 이 질문들을 묻는 것만으로도 삶의 구조에 견고한 유연성을 엮어 넣는 데 도움이 될 것이다.

1. 삶에서 변화의 가능성(경우에 따라서는 회피 불가능성)을 열어두는 편이 유익한데도 불변성을 추구하는 곳은 어느 부분인가?

1960년대 초 미국에서 동양 철학 대중화에 일조한 선사 스즈키 슌류 Shunryu Suzuki는 단 한 마디로 그의 모든 가르침을 요약할 수 있다고 말한 것으로 알려져 있다. "모든 것은 변한다." 물리학에서 이것은 시간이 지남에 따라 총 엔트로피, 즉 생명체에서 변화와 무질서의 정도가 언제나 증가한다고 말하는 열역학 제2법칙이다. 이 기본적이고 쉽게 관찰될 수 있는 사실에 대한 저항은 불필요한 고통을 초래한다. 변화 자체가 고통스러울 수 있다는 점은 부인할 수 없다. 그러나 특정 상황을 유지하는 게 불가능할 때 그것을 유지하려고 매달리고 그렇게 되길 간절히 바라는 것은 고통을 더 악화시킨다. [키워드 2]에서 배운 수식을 다시 생각해보라. 고통은 통증 곱하기 저항이다.

또, 스즈키는 어떤 현상을 깊이 들여다보면 결국 그 안의 진리가 보일 것이라고 가르쳤다. 긴장감을 느끼는 삶의 영역에 주의를 기울여보라. 그러면 변화에 대한 적어도 약간의 저항을 발견하게 될 가능성이 높다. 우리는 노화, 인간관계, 직장에서의 대형 프로젝트, 성공의 외부 척도, 미래 계획, 과거의 사건 등 일반적으로 우리를 불편하게 하는 것에 대해 논의했다. 저항을 일으키는 특정 영역을 확인할 때, 아주 조금이라도 집착을 느슨하게 해보면 어떨지 생각해보라.

우리의 진보는 변화를 수용하고, 화합하고, 통합하는 우리의 일부분을 길러내어, 변화에 고집스럽고, 때로는 위험하게 저항하는 우리의 또 다른 부분보다도 더 강하게 만드는 데 달려 있다. 불변성을 위해 투쟁하는 것은 엄청난 부담이다. 그것을 덜어낼 수 있는지 시도해보라.

2. 삶의 어떤 부분에서 비현실적인 기대에 매달리고 있는가?

우리가 배운 바와 같이, 행복은 기대를 뺀 현실의 함수다. 현실에 대한 최선의 정의가 '변화'라는 주장은 충분히 타당하다. 결론적으로 상황이 절대 변하지 않을 거라 기대한다면, 글쎄, 대단히 잘못된 기대로 인해 인생의 많은 부분을 불행하게 보내게 될 것이다.

당신은 삶의 어느 부분을 장밋빛으로 보고 있는가? 어떻게 하면 더 정확한 관점으로 볼 수 있을까? 더 나아질 수 있다는 희망을 포기하지 않은 채 세상을 있는 그대로 받아들인다면 어떻게 될까?

태국 숲속 수행Thai Forest tradition의 지혜로운 고승인 아잔 차Ajahn Chah에 대한 한 이야기가 있다. 그는 제자들 앞에서 자신이 가장 좋아하는 잔을 들고 말했다. "이 잔이 보이느냐? 내게는 이미 깨진 잔이다. 나는 이 잔을 좋아하고, 이 잔으로 음료를 마신다. 이 잔은 물을 훌륭하게 담아내고, 때로는 햇빛을 반사해 아름다운 무늬도 만든다. 두드리면 아름다운 소리도 내지. 하지만 선반 위에 올려두었을 때 바람이 잔을 쓰러뜨리거나 내 팔꿈치가 잔을 쳐서 잔이 테이블 밑으로 떨어져 깨지면, 나는 말한다. '당연한 일이지.' 잔이 이미 깨졌다는 걸 이해하면, 이 잔과 함께하는 모든 순간이 소중한 게다." 아잔 차의 예는 의심할 여지 없이 고상한 열망이지만 명심할 가치가 있다.

3. 당신이 지나치게 집착하는 정체성 요소가 있는가?

우리는 모두 많은 역할을 한다. 몇 가지 예로는 부모, 배우자, 자녀, 형제, 작가, 직원, 임원, 의사, 친구, 이웃, 운동선수, 제빵사, 예술가, 크리에이터, 변호사, 기업가 등이 있다. 자신만의 정체성 목록을 만들어보라. 그중에 의미와 자기 가치를 위해 지나치게 의존하는 것이 있는가? 자기감을 다양화하면 어떤 모습일까? 하나의 특정한 노력에 '올인'하고 싶을 때조차 다른 것들을 완전히 버리지 않도록 하려면 어떻게 해야 할까? 당신이 지금 달걀을 쏟아 넣고 있는 바구니에 변화가 생길 때 사용할 수 있는 다른 바구니가 있는 한, 하나의 바구니에 모든 달걀을 담는 것도 괜찮다.

그보다 좋은 방법은 정체성의 다양한 요소를 하나의 응집력 있는 전체로 통합하려고 노력하는 것이다. 이는 각각의 시기에 정체성의 특정 부분을 더 강조하거나 덜 강조할 수 있게 해준다. 내 삶에도 아버지, 남편, 작가, 코치, 친구, 운동선수, 이웃으로서의 주요 정체성 각각에 크게 의지하는 시기가 있다. 나는 이들 정체성 중 어느 하나라도 지나치게 최소화하면 상황이 잘 풀리지 않는 경향이 있다는 것을 어렵게 배웠다. 하지만 이 모든 정체성을 강하게 유지하는 데 초점을 맞추면, 삶의 한 영역에서 상황이 불안정해지더라도 다른 데 의지해 활력을 얻고 회복할 수 있었다. 이는 일반적으로 내가 어떤 어려움에 직면하더라도 도망치지 않고 헤쳐 나가도록 도와준다.

4. 삶에서 난관을 헤쳐 나가는 내 핵심 가치(정체성의 견고하고 유연한 경계)를 어떻게 사용할 수 있을까?

핵심 가치는 근본적인 믿음과 삶의 지침을 나타낸다. 그것은 당신에게 가장 중요한 특성과 자질이다. 3~5가지 정도 찾아 두면 도움이 된다(핵심 가치 예시의 전체 목록은 부록에 나와 있다). 각각을 구체적인 용어로 정의하고, 실천할 수 있는 몇 가지 방법을 생각해보라. 핵심 가치를 떠올리는 게 어려우면, 존경하고 우러러보는 사람을 생각하라. 그 사람의 어떤 점을 존경하는가? 더 나이 들고 현명한 버전의 당신이 현재의 당신을 되돌아본다고 상상할 수도 있다. 어떤 특성이 당신을 더 자랑스럽고 현명한 모습으로 나이 들게 해줄 것인가?

변화나 혼란, 불확실성에 직면했을 때, 핵심 가치의 방향으로 나아가면 어떨 것 같은지 자신에게 물어보라. 어떻게 그것들을 지킬 수 있을까? 핵심 가치를 실천하는 방식은 거의 확실히 바뀔 것이다. 새로운 방식과 상황에서 핵심 가치를 드러낼 수 있는 능력이야말로 유연성의 핵심이다. 반드시 그런 건 아니지만 시간에 따라 핵심 가치가 변하는 것도 정상이다. 현재의 핵심 가치를 이용해 세상을 헤쳐 나가는 과정이 당신을 새로운 핵심 가치로 안내한다. 핵심 가치는 개인 발전의 원동력이자 당신이 지금 있는 곳(과 지금의 모습)을 앞으로 있게 될 곳(과 미래의 모습)으로 이어주는 사슬이다.

유연성 없는 견고함은 경직성이고, 견고함 없는 유연성은 불안정성이다. 이 범위 안에서 당신이 어느 쪽으로 쏠려 있는지, 건강한 중도적 위치는 어떤 모습일지 생각해보라. 지금 당신이 너무 유연하다면 핵심 가치를 더 단단히 지키고 실천하려고 노력하라. 반대로 너무 견고하다면 핵심 가치를 적용하는 범위를 넓히려고 노력하라.

5. 대응하는 편이 유익함에도 반응하게 되고 말 때는 어떤 상황이며, 어떤 조건들이 당신을 반응하게 만드는가?

반응은 성급하고, 자동적이며, 부주의하다. 그것은 당신을 자동 조종 모드에 둔다. 대응은 계산적이고 의도적이다. 나를 포함해 많은 사람이 특정 상황에서 다소 예측 가능한 패턴의 반응에 빠지는 경향이 있다. 그건 특정 동료나 가족 구성원과 관계를 맺고 있을 때일 수도 있고, 아니면 특정 토론 주제가 나올 때일 수도 있다. 나쁜 소식을 접할 때마다 그럴 수도 있다. 일단 이런 특정 상황들을 확인하고 나면, 더 많이 주의를 기울이고 속도를 늦춰 반응 대신 대응하려 노력할 수 있다.

또한 어떤 조건이 당신의 반응을 더 쉽게, 잦게 유발하는지도 고려해볼 가치가 있다. 소셜 미디어에서 과도하게 많은 시간을 보낼 때 더 쉽게 폭발하는가? 특정 종류의 텔레비전 프로그램을 시청할 때? 할 일은 너무나 많은데 하루 중 비어 있는 시간이나 여유가 없다고 느껴질 때? 일단 이러한 트리거를 확인하면 그 유발 인자를 삶에서 제거하거나 적어도 최소화하기 위해 노력할 수 있다.

견고한 유연성을 개발하기 위한 열 가지 도구

살아있는 한 우리는 계속되는 질서, 무질서, 재질서의 순환 속에 있게 될 것이다. 이 순환을 훌륭하게 헤쳐 나가는 데는 견고한 유연성이 필요하다. 견고하다는 것은 강인하고, 단호하며, 내구성이 있다는 것이다. 유연하다는 것은 변화된 상황이나 상태에 의식적으로 대응하고, 부러짐 없이 쉽게 적응하고 굽힌다는 것이다. 이들이 합쳐지면 변화를 견딜 뿐만 아니라 그 속에서 번영하는 반취약성anti-fragility인 굳센 지구력이 된다. 일상생활에서 견고한 유연성을 실천하기 위한 가장 중요한 열 가지 방법은 다음과 같다.

인생의 어떤 것들은 정말로 '이것 아니면 저것'이지만, 더 많은 것은 '이것, 그리고 저것'이다. 철학자들은 이런 종류의 사고를 비이원적 non-dual이라고 한다. 비이원적 사고는 세상이 복잡하고, 많은 것이 미묘하며, 진실은 종종 역설과 모순 속에 숨어 있다는 점, 즉 이것 '또는' 저것이 아니라 이것'과' 저것이라는 것을 인정한다. 비이원적 사고는 비록 변화를 포함해 삶의 많은 측면에서 극적으로 오해되고 덜 사용되는 개념이기는 하지만 분명 중요하다.

지식과 지혜의 차이는, 지식은 무언가를 아는 것이고 지혜는 그것을 언제 어떻게 활용할지를 아는 것이라는 데 있다. 많은 개념과 도구는 한때는 도움이 되다가도 언젠가는 우리에게 방해가 되는 때가 온다. 이것을 깨닫는 것이 비이원적 사고에 내재되어 있다. 예를 들면, 견고한 유연성의 목표는 안정적이 되어 절대 변하지 않게 되는 것이 아니다. 삶의 변덕에 소극적으로 굴복하며 모든 안정감을 희생하는 것도 아니다. 오히려 이러한 특성들을 결합하여 언제 어떻게 꿋꿋하게 설지, 언제 어떻게 적응할지를 이해하는 것이다. 노벨상 수상 심리학자 대니얼 카너먼Daniel Kahneman은 제자들에게 이런 말을 하곤 했다. "누가 어떤 말을 하면, 그게 진실인지 자문하지 마라. 무엇이 진실일 수 있는지 자문하라." 자신에게 던져볼 또 다른 유용한 질문은 "이것이 지금 당장 나에게 도움이 되는 관점 또는 접근법인가?"이다. 대답이 "그렇다"라면 계속 그것을 활용하면 된다. 대답이 "아니다"라면, 그 관점 또는 접근법을 전환한다. 그리고 당신의 대답이 아마 시간이 지남에 따라 발전할 거라는 사실을 깨닫도록 하라. 그래도 괜찮다.

2. 존재 지향적인 사고를 취하라

소유 지향은 가진 것으로 자신을 정의하고, 따라서 본질적으로 취약하다. 그러한 사물, 정체성, 목표들은 없어질 수 있기 때문이다. 당신이 그토록 간절히 소유하고 싶어 하는 것들은 필연적으로 당신을 소유하고 만다. 반면 존재 지향은 가장 깊고 지속적인 부분, 즉 핵심 가치와 어떤 상황에든 대응하는 능력으로써 자신을 정의한다. 존재 지향은 역동적이므로 변화에 대처하기 유리하다. 자신이 어느 한 사람이나 장소, 개념, 사물에 지나치게 집착하게 된다면, 스스로 말하는 자신에 대한 이야기를 넓혀라. "나는 X, Y, Z를 가진 사람이다." 대신 "나는 X, Y, Z를 하는 사람이다."라고 생각해보라.

3. 현실에 맞추어 자주 기대를 업데이트하라

인간의 뇌는 끊임없이 현실을 예상하려는 예측 기계처럼 작동한다. 현실이 기대와 일치하거나 어쩌면 기대보다 조금 더 나을 때 우리는 기분이 좋고 최선을 다한다. 적절한 기대치를 설정하려고 노력하되, 확신이 없을 때는 지나치다 싶을 정도로 신중하고 보수적인 기대치를 설정하라. 예상치 못한 변화가 일어나면, 그게 무엇인지 확인하고 가능한 모든 수단을 동원해 그에 따라 기대치를 적절하게 업데이트하라. 과거의 기대치에 오래 매달릴수록 기분이 나빠지고, 대신 눈앞에서 일어나는 일을 처리하느라 더 많은 시간과 에너지를 낭비하게 된다. 자, 말해보라. "이건 내가 바라거나 일어날 것으로 예상했던 일이야. 이건 실제로 일어나고 있는 일이야. 나는 머릿속에서만 사는 게 아니라 현실에서도 살고 있으니까 현실에 집중해야 해."

4. 비극적 낙관주의를 실천하고, 현명한 희망에 전념하고, 현명한 행동을 취하라.

71세 가수 브루스 스프링스틴Bruce Springsteen은 자신의 앨범 「레터 투유Letter to You」가 발매된 직후 가진 『디 애틀랜틱The Atlantic』과의 인터뷰에서 다음과 같이 말했다. 지혜의 핵심은 "세상을 바꿀 수 있다는 믿음을 포기하지 않은 채 세상을 있는 그대로 받아들이는 법을 배우는 것입니다. 그것은 성공적인 성년의 모습이며, 가능성을 포기하지 않고 삶의 한계를 이해하게 되는 시점까지 당신의 사고 과정과 영혼 자체가 성숙하는 과정이죠."

상황이 힘들 수 있으며, 때때로 일시성은 아플 수 있다는 사실을 인정하고, 받아들이고, 예상하라. 스프링스틴의 이 통렬한 조언을 따르도록 부드럽게 자신을 독려하라. 그리고 그 모든 어려움에도 불구하고 긍정적인 태도로써 천천히 앞으로 나아가기 위해 할 수 있는 일을 하라. 비극적 낙관주의라 불리는 이것은 연민과 연대를 발달시키는 심오한 통로다. 과학자들에 따르면, 인간은 앞날을 내다보고 사랑하는 대상을 포함한 모든 것이 변할 거라는 사실을 이해할 수 있는 유일한 종이다. 일시성은 모두가 공유하는 취약성이고, 따라서 우리를 한데 모이게 한다. 이 교감은 우리가 계속 나아가는 데 도움이 될 뿐만 아니라 삶의 가장 좋은 부분이기도 하다. 영적 스승이 된 하버드의 심리학자 람 다스Ram Dass는 이렇게 말하곤 했다. "우리는 모두 함께 서로의 집으로 가고 있을 뿐이다."

비극적 낙관주의가 사고방식이라면, 현명한 희망과 현명한 행동은 그에 따른 구체적인 결과다. 현명한 희망에 전념하고 현명한 행동을 취한다는 건 절망에 빠져 허우적거리지도, 폴리애나가 되지도 않음을 의미한다. 대신 생산적인 무언가를 하는 것이다. 현명한 희망과 현명한 행동을 위해서는 우선 상황을 있는 그대로 분명하게 받아들이고 바라보아야 하고, 그런 다음 희망적인 태도도 가져야 한다. 자, 이렇게 말하는 것이다. "그래, 이게 지금 일어나고 있는 일이야. 그러니까 나는 내가 통제할 수 있는 것에 집중하고 할 수 있는 최선을 다할 거야. 나는 다른 도전들도, 의심과 절망의 시기에 직면했을 때도 잘 극복해냈는걸." 희망을 갖고 버티기 어려운 상황에서는, 희망이 무엇보다도 진정으로 중요하다는 것을 기억하라.

5. 적극적으로 자기감을 분화하고 통합하라

변화와 무질서의 시기를 견디기 위해서는 복잡성이 대단히 중요한데, 복잡성에는 분화와 통합이 모두 필요하다. 분화란 구조나 기능에 있어 다른 것과 구별되는 부분으로 구성되는 정도다. 통합은 그 구별되는 부분들이 하나의 응집력 있는 전체를 만들기 위해 서로 소통하고 각각의 목표를 강화하는 정도를 말한다. 자기 삶에서 뚜렷하게 구별되는 요소들을 떠올리고, 그것들이 어떻게 협력하는지 생각해보라. 자신이 충분히 분화되지 있지 못한가? 그렇다면 어떻게 더 분화될 수 있을까? 당신은 어떤 목표를 시작하거나, 유지하거나, 함께 더 많은 시간을 보낼 수 있을까? 통합도 마찬가지다. 정체성의 뚜렷한 부분들을 어떻게 하나의 응집력 있는 이야기로 만들 수 있을까?

6. 독립적이면서 상호 의존적인 관점으로 세상을 바라보라.

사람들은 자신이 살고 있는 환경 및 그들이 가진 다양한 역할을 고려해, 두 가지 자기 중 하나를 채택하는 경향이 있다. 독립적인 자기는 자신을 개인적이고, 고유하고, 타인과 자신의 환경에 영향을 주며, 제약으로부터 자유롭다고 본다. 상호 의존적인 자기는 자신을 상관적이고, 타인과 비슷하며, 상황에 적응하고, 전통과 의무에 뿌리를 두고 있다고 본다.

이러한 관점을 인식하고 나면, 각 관점을 언제 활용할지 선택할 수 있다. 자신의 삶에서 독립적인 자기와 상호 의존적인 자기를 언제, 어떻게 전환할 수 있을지 고민해보라. 독립적인 자기는 어떤 일이 일어나도록 만들고 높은 수준의 통제력을 갖고자 할 때 유리하다. 상호 의존적인 자기는 더 혼란스러운 환경에서 유리하다. 대형 프로젝트를 시작할 때, 어떤 관점이 자신에게 가장 도움이 될지 살펴볼 수 있다. 커다란 장벽이 당신 앞을 가로막고 있다면, 자신이 어떤 관점을 활용 중인지 파악하고, 그 상황을 다른 관점으로 접근하는 것이 도움이 될지 알아보라. 비이원적으로 생각하는 것을 잊지 마라. 단일 프로젝트에서도 각각의 관점을 적재적소에 배치함으로써 이득을 얻는 순간이 있을 것이다.

변화에 능숙하게 대응하려면 사건 발생과 그것에 관련해 무언가 하거나 하지 않는 행동 사이에 더 많은 여유를 확보해야 한다. '멈춤'이라는 그 여유에서 즉각적인 감정으로부터 숨 돌릴 틈이 생겨나고, 그 결과 당신은 일어나고 있는 일에 대해 더 잘 이해하고 처리하게 된다. 결과적으로, 가장 진화되고 고유한 인간 뇌의 일부분을 사용해 핵심 가치에 부합하는 '계획'을 세우고 그에 맞추어 '진행'하기 위해 심사숙고하고 전략을 짤 수 있게 된다.

감정에 이름을 붙이면 멈춤에 도움이 된다. 처리와 계획에는 '친구에게 조언하기'나 '마음챙김 명상 수행하기', '경외감 경험하기' 같은 자기 거리두기 기법 중 하나를 시도하면 도움이 된다. 진행을 방해하는 가장 큰 장애물은 자기 의심과 분석 마비analysis paralysis다. 이들을 극복하는 좋은 방법은 첫 번째 시도를 실험이라고 생각하는 것이다. 절대적으로 옳거나 완벽한 행동을 취하려는 욕구를 버리고, 새로운 것을 시도하고 그로부터 배운다는 자세로 기준을 낮추어라. 나중에 돌이켜볼 때 당신의 행동이 유용했음이 증명되었다면, 계속 같은 길을 가면 된다. 반대로 부적절했다고 증명되면, 길을 조정하면 된다. 아마 다시 '진행'하기 전 단계들인 3P, 즉 멈춤, 처리, 계획만 반복하면 될 것이다.

주변의 모든 것이 변하고 있을 때, 루틴은 예측 가능성과 안정감을 제공한다. 또한 의사 결정을 자동화하여 활성화하는 데 도움이 되므로, 중대한 어려움 앞에서 쉽게 부족해지는 의지와 동기 부여에 크게 의존할 필요가 없어진다. 그러나 여기에 문제가 있다. 루틴이 마법처럼 작용할 수 있긴 하지만, 마법 같은 루틴은 없기 때문이다. 어떤 사람에게 효과가 있는 루틴이 다른 사람에게는 효과가 없을 수 있다. 최적의 루틴은 빈틈없는 자기 인식과 실험을 통해 개발해야 한다. 그것이 최선의 방법이다. 당신이 하는 일과 그로써 얻어지는 것에 주의를 기울여라. 상대적으로 안정적인 시기에 미리 루틴과 의식(루틴의 사촌)을 개발해 두면 유익하다. 이렇게 하면 루틴과 의식이 몸에 배서 혼란이 닥쳤을 때 쉽게 활용할 수 있다.

물론 운동, 수면, 사회적 참여처럼 보편적으로 효과가 있는 행동들도 몇 가지 있다. 그러나 이런 행동에도 실천을 위한 최적의 시간이나 장소, 방식은 없다. 무엇이 당신에게 적합한지 스스로 알아내야 한다. 또한 루틴에 지나치게 집착하게 될 위험도 존재한다. 여행 중이거나, 당신에게 특별한 커피숍이 문을 닫거나, 좋아하는 팟캐스트 광고에서 주문하던 영약이 폐업으로 사라지는 등, 어떤 이유로든 루틴을 유지할 수 없게 된다면 무엇을 해야 할지 알 수 없을 것이다. 그것은 마치 선문답과 같다. 루틴의 첫 번째 규칙은 루틴을 개발하고 그것을 고수하는 것이다. 그리고 두 번째 규칙은 루틴에서 벗어나도 괜찮다는 것이다.

가끔 감정적으로, 육체적으로, 사회적으로, 영적으로 지쳤다고 느낄 때, 우리가 할 수 있는 최선은 휴식을 취하는 것이다. 그러나 어느 시점에서 휴식은 타성에 젖게 만든다. 우리의 정신과 육체는 회복될 만큼 회복되었는데, 우리는 여전히 기분이 좋지 않다. 이 시점에서는 '행동 활성화behavioral activation'라는 심리학적 개념을 적용하는 편이 우리에게 유익할 것이다. 이 개념은 1970년대 임상 심리학자 피터 르윈손Peter Lewinsohn이 우울, 무감동, 그 밖의 고착된 부정적인 마음 상태를 극복하게끔 사람들을 돕고자 처음 고안했다. 행동 활성화는 행동이 동기를 만들 수 있다는 생각을 기반으로 하고 있다. 특히 우리가 무엇을 해야 할지 모르거나 정체기에 빠졌을 때 말이다.

분명히 말하면 이것은 1952년 『긍정적 사고방식The Power of Positive Thinking』이 초대형 베스트셀러가 되면서 지난 세기 자존감 열풍의 한 축이 된 만트라, "긍정적인 생각을 하라." 같은 노력이 아니다. 그런 책들은 긍정적인 생각만 하고 부정적인 생각을 억제하면 건강해지고, 부유해지고, 행복해질 거라 주장하지만, 이제 우리는 그게 틀렸다는 걸 안다. 오히려 연구는 그런 전략이 종종 역효과를 낳는다는 것을 보여주며, 기분을 바꾸려고 정신적으로 노력하면 할수록 현재의 기분에 더 고착될 가능성이 더 높다고 말한다. 단순히 새로운 존재 상태에 대해 생각하거나 의지할 수는 없다.

행동 활성화의 과제는 당신에게 중요한 무언가를 위한 행동을 시작하기에 충분한 에너지를 모으는 것이다. 우울하거나 의욕이 없거나 무감동할 때, 그런 감정들을 느끼도록 허락하되 오래 곱씹거나 운명처럼 받아들이지는 말아야 한다. 대신, 눈앞에 있는 계획된 일을 시작하는 데 초점을 맞추고, 당신이 느끼는 감정이 무엇이든 그 감정을 그대로 받아들여라. 그렇게 하면 기분이 나아질 가능성이 높다. 초기에 필요한 이 활력을 활성화 에너지라고 생각하는 게 도움이 될 수 있다. 때로는 더 많이 필요하고, 때로는 더 적게 필요하다. 정체되어 있을 때는 아주 사소한 일에도 더 많은 에너지가 필요하다. 그래도 괜찮다. 초기 정체와 마찰을 극복하는 데 약간의 노력이 추가로 필요할 수 있다. 그러나 물리 법칙은 우리의 정신에도 적용된다. 계속할수록 쉬워진다.

10. 의미와 성장을 강요하지 말고, 때가 되면 스스로 나타나게 두어라.

연구에 따르면, 대부분의 사람은 악전고투를 하면서도 성장하고 의미를 찾는다. 하지만 어려움이 클수록 이 과정은 더 오래 걸리며, 성장과 의미를 억지로 찾을 수 있는 것도 아니다. 자기 자신(또는 경험)에게 성급하게 의미와 성장을 부여하려고 하면 거의 항상 역효과가 난다. 실직이나 사랑하는 사람의 상실, 트라우마적인 부상 같은 부정적인 상황을 너무 쉽게 흡수해버리게 되기 때문이다. 그러면 겪고 있는 상황의 끔찍함에 자기계발서가 시키는 대로 할 수조차 없다는 사실까지 더해져 부정적인 결과가 두 배로 불어나고 만다.

삶의 가장 중요한 도전 중에, 당신이 그 곤경에 처하기 전에는 상상조차 할 수 없었던 것들이 심리적 면역 체계에 적절한 대응을 끌어모을 시간과 여유를 제공한다. 자신에게 과도한 압박을 가할 필요가 없다. 그저 자신을 있는 그대로 인정하고 그 시간을 통과하는 것만으로 충분하다. 당신은 예전과 같지 않을 것이고 모든 게 반드시 괜찮아지는 건 아니겠지만, 언젠가는 역경 한가운데 있을 때는 불가능처럼 보였던 의미와 성장을 최소한 약간이나마 찾게 될 것이다. 힘들더라도 자신에게 친절과 인내심을 베풀어라. 그리고 다른 이들에게 도움을 구하기 위해 할 수 있는 일을 해라. 우리는 모두 한 팀이다.

감사의 말

다른 책들과 마찬가지로, 케이틀린 없이는 이 책도 없습니다. 정말 그렇습니다. 아내는 최고의 파트너고, 매일 그녀에게 고마움을 느낍니다. 아들 테오 덕분에 이 과정은 이전 책보다 훨씬 재미있었습니다. 10만 가지 질문을 (정말로요!) 던지는 다섯 살짜리 아이와 함께 있으면 너무 진지해지기 어렵죠. 딸 릴라는 새롭게 등장했습니다. 충분히 많은 독자 여러분이 감사히도 이 책까지 읽어준다면, 아마 다음 책에서는 네가 날 도와주게 되겠지, 릴라! 또한 제가 이 일을 성실하게 하고 있다면, 물론 그렇게 하고 있습니다만, 그건 제 룸메이트 서니(고양이), 안기는 걸 좋아하는 브라이언트(마찬가지로 고양이), 그리고 제 가장 친한 친구인 아난다(개) 덕분입니다. 너희들 모두 내가 글 쓰는 날마다 하루에도 몇 번씩 의자에서 일어나게 만들었지. 그건 (대체로) 좋은 일이었어.

저의 핵심 팀은 제 또 다른 파트너인 스티브 매그니스Steve Magness(와 스티브와 제 통화 시간에 대해 크게 언짢아하지 않은 힐러리), 이 변화무쌍한 출판 풍토에서 최고의 가이드가 되어준 제 담당자이자 출판 코치, 일선 편집자인 로리 앱커마이어Laurie Abkemeier, 스티브와 제가 하는 일을 다음 단계로 발전시키는 데 도움을 주고 그에 합당한 의도와 배려로 '성장 방정식'을 실행하게 해준 크리스 더글러스Chris Douglas였습니다.

이 책에는 정말 엄청난 지지와 노력이 있었습니다. 방금까지 여러분이 읽은 인물 중심의 멋진 이야기들을 조사하는 데 도움을 준 코트니 켈리

250

Courtney Kelly, 초기에 수차례 읽고 피드백을 준(또한 오랫동안 멋진 친구가 되어준!) 마라 게이Mara Gay, 이 책의 서론을 쉽게 쓸 수 있도록 도와주고, 여러 번 숲속에서 길고 멋진 산책을 하게 해준 토니 우베르타치오Tony Ubertaccio, 모두 고맙습니다. 나의 작가 마스터마인드 그룹(과 몇몇 절친한 친구들), 데이비드 앱스타인Dave Epstein, 칼 뉴포트Cal Newport, 애덤 올터Adam Alter, 스티브 매그니스Steve Magness도 있습니다. 또 멘토인 마이크 조이너Mike Joyner와 밥 코처Bob Kocher, 나의 절친 저스틴, '영적 우정'을 나누는 친구 브룩, 나의 형제 에릭에게도 감사를 전합니다. 멋진 이웃분들도요!(이렇게 좋은 동네에 살면 글쓰기가 훨씬 쉬워집니다!) 그리고 잭, 책상 앞에 붙어 있지 않는 동안 내 몸을 건강하게 유지시켜주어 고맙습니다. 데드 리프트에서 두려움이 아닌 즐거운 마음으로 그렇게 무거운 중량을 들 수 있다니 정말로 놀라워요. 당신 덕분이에요.

또한 제 편집자인 애나 포스텐바흐Anna Paustenbach와 하퍼원HarperOne 출판사 전체 팀에도 큰 고마움을 표합니다. 설명할 필요도 없이 즉각 이 책의 가치와 중심 메시지를 알아봐준 사람을 만난 데 특히 고마움을 느낍니다. 애나와 함께 일하는 것은 마치 가족과 함께 일하는 것 같았습니다. 한 번도 싸운 적 없고 배울 점은 아주 많은 남매와 말이죠! 특히 애나는 끊임없이 독자의 입장에 서서 제게 필요한 것뿐만 아니라 독자들에게 필요한 것도 다루는 일의 중요성을 일깨워주었죠. 애나의 이 교훈은 앞으로 제 글쓰기 도구로 삼으려 합니다. 단순하게 들리지만, 단순하다는 게 쉽다는 뜻은 아니지요. 이 노력에 있어 성공한 부분이 있다면 그것은 대부분 그녀 덕분입니다. 모든 실패는 제 탓이고요. 기디언 와일Gideon Weil은 애나의 가정과 저의 가정에 아기가 태어났을 때 매끄럽게 지휘봉을 잡아주었습니다. 샹탈 톰Chantal Tom은 이 프로젝트 전체를 관리하고 모든 디테일에 주의를 기울이는 데 있어 매 순간 도움을 주었습니다. 앨리 모스텔Aly Mostel, 앤 애드워즈 Ann Edwards, 루이지 브래버먼Louise Braverman이 훌륭한 마케팅과 홍보(안타깝게도 책은 혼자서 팔리는 게 아니지만, 다행히 제게는 도움을 주는 이런 멋진 팀이 있었습니다)로 도움을 주었습니다. 모든 책 뒤에 숨어 있는 영웅들, 카피 에디터 타니아 폭스Tanya Fox, 프로덕션 에디터 메리 그란제이아Mary Grangeia, 표지 디자이너 스티븐 브레이다Stephen Brayda가 제 책을 훨씬 더 훌륭하게 만들어주었습니다.

이 책에 이야기가 실린 모든 분, 고맙습니다! 이 책에 연구가 실린 모든 분, 고맙습니다! 제가 쓴 모든 내용이 정말로 효과가 있는지 확인할 수 있도록 시험해준 코칭 고객들, 고맙습니다! 그리고 모든 독자 여러분, 고맙습니다! 우리는 모두 살면서 최선을 다해 인생을 배워가고 있어요. 그 길을 여러분과 함께 걷게 되어 행운이고 영광입니다.

부 록

일반적인 핵심 가치 목록

- 감사
- 개방성
- 결의
- 겸손
- 공감
- 공동체
- 공정
- 공헌
- 구축
- 권위
- 규율
- 균형
- 근면
- 기교
- 낙관주의
- 능숙함
- 대담함
- 도전
- 리더십
- 모험
- 배움
- 봉사
- 부
- 분별력

- 사랑
- 성공
- 성과
- 성장
- 성취
- 세심함
- 소속감
- 시민 의식
- 신뢰
- 실천
- 아름다움
- 안전
- 안정
- 역량
- 연민
- 우정
- 유머
- 의미
- 인내
- 인정
- 일관성
- 자율성
- 재미
- 절제

- 정의
- 정직
- 존중
- 지능
- 지속가능성
- 지속성
- 지식
- 지위
- 지혜
- 진정성
- 창의성
- 책임감
- 추진력
- 충성심
- 친절
- 침착함
- 통달
- 특성
- 평판
- 행복
- 호기심
- 효과성
- 효율성

더 읽을거리

『변화 스트레스 끄기Master of Change』를 보완하고 뒷받침하는 책들은 다음과 같다. 완전한 분류는 아니지만, 『변화 스트레스 끄기』 내용에 최대한 맞추어 각각 분류하고자 노력했다. 이 중 다수는 본문에서 언급되었고, 심지어 이 책의 사상에 영향을 미치지 않은 책들도 있다. (국내 출간된 도서는 국내 출간명이 먼저, 국내 출간되지 않은 도서는 원제가 먼저 오게 정리했다.–편집주)

내 책을 읽는 게 이번이 처음이라면, 내 이전 책인 『나는 단단하게 살기로 했다The Practice of Groundedness』를 읽어볼 것을 강력히 추천한다. 많은 면에서 이 책을 보완하는 책이다. 『변화 스트레스 끄기』가 앞으로의 삶의 길을 헤쳐 나가는 것에 대한 책이라면, 『나는 단단하게 살기로 했다』는 그 과정에서 지속 가능한 탁월함을 위해 탄탄한 기반을 쌓는 방법에 대한 책이다.

*견고하고 유연한 사고방식

- What Is Health?건강이란 무엇인가?, 피터 스털링Peter Sterling
- 슈퍼 해빗How to Change, 케이티 밀크먼Katy Milkman
- 위쪽으로 떨어지다Falling Upward, 리처드 로어Richard Rohr
- 과학혁명의 구조The Structure of Scientific Revolutions, 토마스 쿤Thomas Samuel Kuhn
- 마음챙김 명상과 자기치유Full Catastrophe Living, 존 카밧진Jon Kabat-Zinn
- 받아들임Radical Acceptance, 타라 브랙Tara Brach
- 도덕경道德經, 노자
- Discourses and Selected Writings담화록과 편람, 에픽테토스Epictetus,

로버트 도빈Robert Dobbin

- 명상록Meditations, 마르쿠스 아우렐리우스Marcus Aurelius Antoninus

- 분노와 논쟁 사회에 던지는 붓다의 말In the Buddha's Words: An Anthology of Discourses from the Pali Canon, 빅쿠 보디Bhikkhu Bodhi

- 죽음이란 무엇인가Death, 토드 메이Todd May

- Almost Everything거의 모든 것, 앤 라모트Anne Lamott

- 안티프래질Antifragile, 나심 니콜라스 탈레브Nassim Nicholas Taleb

- 좋은 삶을 위한 안내서A Guide to the Good Life, 윌리엄 B. 어빈William B. Irvine

- 나를 숙고하는 삶What Matters Most, 제임스 홀리스James Hollis

- 천의 얼굴을 가진 영웅The Hero with a Thousand Faces, 조셉 캠벨Joseph John Campbell

- Lost & Found분실물 센터, 캐서린 슐츠Kathryn Schulz

- 빅터 프랭클의 죽음의 수용소에서Man's Search for Meaning, 빅터 프랭클Viktor Emil Frankl

- 그릿Grit, 앤절라 더크워스Angela Duckworth

*견고하고 유연한 정체성

- 소유냐 존재냐To Have or To Be?, 에리히 프롬Erich Fromm

- 세상을 받아들이는 방식Evidence, 메리 올리버Mary Oliver

- 삶의 지혜The Art of Living, 틱낫한Thich Nhat Hanh

- Going to Pieces Without Falling Apart절망하지 않고 무너지기, 마크 엡스타인 Mark Epstein

- 트라우마 사용설명서The Trauma of Everyday Life, 마크 엡스타인Mark Epstein

- The Cancer Journals암 투병 일기, 오드리 로드Audre Lorde

- 불안이 주는 지혜The Wisdom of Insecurity, 앨런 와츠Allan Watts

- 자유로운 마음A Liberated Mind, 스티븐 C. 헤이즈Steven C. Hayes

- 익스텐드 마인드The Extended Mind, 애니 머피 폴Annie Murphy Paul

- 우리는 왜 충돌하는가Clash!, 헤이즐 로즈 마커스Hazel Rose Markus,
  앨래나 코너Alana Conner

- 늦깎이 천재들의 비밀Range, 데이비드 엡스타인David Epstein

*견고하고 유연한 행동

- 도파민네이션Dopamine Nation, 애나 렘키Anna Lembke

- 의미 있는 삶A Significant Life, 토드 메이Todd May

- Dancing with Life인생과 춤을, 필립 모핏Phillip Moffitt

- 생각하지 않는 사람들The Shallows, 니콜라스 카Nicholas G. Carr

- 강인함의 힘Do Hard Things, 스티브 매그니스Steve Magness

- 트라우마여 안녕Surviving Survival, 로렌스 곤잘레스Laurence Gonzales

- The Hidden Spring비밀의 샘, 마크 솜스Mark Solms

- 빼기의 기술Subtract, 라이디 클로츠Leidy Klotz

- 행복에 걸려 비틀거리다Stumbling on Happiness, 대니얼 길버트Daniel Gilbert

- No Cure for Being Human인간이라는 불치병, 케이트 보울러Kate Bowler

- 불안이라는 중독Unwinding Anxiety, 저드슨 브루어Judson Brewer

- The Way of Aikido아이키도의 길, 조지 레너드George Leonard

- 라이프 이즈 하드Life Is Hard, 키어런 세티야Kieran Setiya